安啦！

帶你搞定

禮賓工作 活動企劃 與

梁崇偉 著

目次

PART 3

專業禮賓軟實力

自序

　　個人從事國際禮儀與禮賓事務工作已將近 23 年，除了累積實務經驗之外，對禮儀與禮賓的相關課題與知識，也一直保持著研究的熱情，曾在出版過商務禮儀與宴會管理相關專書之後，獲得許多讀者的鼓勵、提問與迴響，而這也是個人有信心繼續寫作這本專書的動機。在現代的公務與商業職場上，如果將「禮儀知識」實際應用在工作中，便成為廣義的「禮賓」工作，是一種除了專業之外的必備涵養與核心能力，除了公關人員、秘書、幕僚等等工作必須具有「禮賓」知識與能力，一般職場上的上班族，也需要修煉「商務禮儀」與「禮賓工作」的素養，因為對於「人際關係」的往來處理，以及「辦活動」的能力，在當今的職場上，已經成為了一項增加競爭力的成功關鍵。

　　有感於現今在國內出版市場上，對於「活動籌辦」與「禮賓工作」相關的書籍相當缺乏，而相關的禮儀事務工作已逐漸受到各界重視，甚至人才的培育也已經從大學校園中植根，歷史也將近十餘年；因此，基於對「禮儀學」與「禮賓工作」的研究，以及結合本人多年實務經驗與教學心得，希望能夠有系統地將禮賓工作的各種面向一一介紹給讀者，無論是作為企業界人力訓練的教程，或者是對於大學院校中的開課教學，以及相關學習性與服務性社團學生的學習材料，也是本書撰寫與編輯的目的之一。

　　本書各個章節的主要內容，主要是針對公商務禮賓活動中相關的專業工作人員，討論儀態的養成、具備的禮儀學識，以及相關工作要點與分享技巧，再加上商務場合中常見的活動專案，包括活動企畫書的撰擬、賓客接待、會議及簡報、舉辦各式典禮與記者會等等，並且討論禮賓排序的原則與藝術，最後分享在禮賓工作上的心得與體驗。對一般的讀者來說，多加熟悉後在職場生涯上可以有「加分」的效果；而對於公關、交際、秘書、司儀、口語工作與禮賓等從業人員來說，本書的各個章節與字裡行間的每個細節，可都是必修的課程，必須多加充實、反覆練習並且不斷培養寶貴的經驗。

這本書既然要讓你「安啦！」，就是全面性的把所有商務界常見的活動一一介紹，把實際操作的程序與經驗，提綱挈領的列出要點與注意事項，一步一步地帶著您瞭解活動辦理規劃的核心，進而領略執行的重點，讓你不再害怕被交付活動辦理的任務，只要熟悉本書的內容，你的活動可以辦得有模有樣，接下來的便是不斷的累積經驗，說不定你也可以歸納與綜整屬於自己的一套心法喔！

　　本書的兩大脈絡，除了傳授辦理各種公關活動的「理事」能力外，還有「人員的服務工作」也是強調的要點；「公關禮賓人員」是所有活動辦理運行的「有機體」，是為人與人之間搭起親善的橋樑，也是活動與活動間、程序與程序間的傳動齒輪，活動辦理的成效優劣與順暢與否，都跟人員的服務有著密切的關係；因此，本書專注於「理事」與「育才」，把各種常見的公關活動結合訓練有素的禮賓人才，活動辦理自然順利成功！

　　最後，期盼能您將「禮儀學」與「禮賓知能」實際運用在工作上，也期待各個公司企業團體組織也能重視這方面的人員訓練與公關活動事務辦理，因為，這將對整個組織的形象與公關行銷，產生很大的正面效益。

　　在禮儀工作與活動辦理的路上，期勉大家一齊來努力！

梁崇偉

2018 年 4 月　於臺北

PART **1**

公關時代「人」與「事」

學習目標

- 禮賓工作的定義。
- 當今各界公務商業界各種場合，禮賓工作所應秉持的精神與原則。
- 禮賓工作的範圍與對象。
- 禮賓工作的實質內容。
- 為何在現代商務場合中，禮賓工作是如此的重要。

💬 引言 Introduction

人與人之間、國與國之間的接觸交往中，向來注意以「禮」相待，相互表示敬重和友好。而「禮貌」是人際交往中相互表示尊重友善的行為規範，「禮節」則是在日常交往中相互問候、致意、祝願、表達感謝、慰問，以及給予協助與照料的慣用方式。因此，把上面所提到的運用在活動的全部過程，便是所謂的「禮儀工作」。

禮儀，也就是禮節，是長久以來在社會文化生活和國際交往中不斷發展、演變而一致通行的行為模式。而禮儀 （etiquette[註1]） 一詞，指的是通行在國際之間與社會中的行為規範、共識以及公眾生活中的公認準則。自從國家形成之後，也就出現了相應於國家之間交往的禮儀，這就是「國際禮儀」的由來，如果從「國家」的角度來看，就可稱為「外交禮儀」或「涉外禮儀」。就中國的歷史而言，對外的禮儀心態與方式，大致是依循明、清兩代宮廷禮制的基礎上所發展起來。例如，清朝皇帝在接見國外使節時，都要求使節以「臣」的身份[註2]拜見，但隨著國家之間的不斷衝突、發展、融合甚至是「妥協」，禮儀的內容和形式也就發生了變化，逐漸形成了一種普遍的規

唐朝《禮賓圖》高187公分、橫342公分，於陝西唐朝李賢墓中的壁畫所呈現。左起3人皆為唐代負責迎送賓客的鴻臚寺官員、第4人為東羅馬帝國使節、第5人為高麗或日本使節，而第6人則為唐所屬少數民族使節。（圖片來源：https://goo.gl/be3Lya）

範，逐步為大多數國家公認和接受，而且，相互間的對待所秉持的精神是「平等」、「尊嚴」與「互惠」，而從事禮節與掌管儀式進行等等工作的官員，就稱為「典禮官」，至於從事「禮賓接待」的官員，便稱之為「禮賓官」（Protocol official）。現代通行的國際禮儀基本上是從歐洲發軔與發展起來的，在古希臘就有優遇外僑的制度和主掌禮賓的外僑官；而在中國歷史上，早在秦朝就有「典客」一職，根據《後漢書·百官志》的記載，漢代設有「鴻臚寺」，而在漢武帝太初元年，將主司宮廷禮節儀典與接待賓客等工作，設有主官一人，稱之為「大鴻臚」，俸祿二千石，對照現今應相當於元首或皇室的「大禮官」，隋代以後改為「鴻臚寺卿」，是在正式場合與盛大典禮上擔任著重要禮賓、司儀職責等等的工作。因此，禮賓與司儀工作在中國歷史上由來已久，也在中國官吏制度史上扮演相當重要的角色。17世紀以後，由於通商貿易、軍事及外交上的發展，國際間往來愈來愈頻繁，歐洲各國紛紛訂定相關的外交禮儀與禮節等等相關制度。然而，「徒法不足以自行」，雖然當時外交禮節並不是具有約束性的法律規章，但卻是大多數國家一致認同與遵行的慣例（convention, usage）與程序（procedure, protocol），而執行這些禮節上的相關工作，便是「國家禮賓」。

以上所提到的是國與國之間規範性的禮儀工作，您可能會認為層級很高，而且在現代步調極快的商務工作環境下，仍然需要藉由辦理多種活動以增加人與人之間互動來往的機會，而每種不同的活動（events）就需要提對人的接待與服務，因此「禮賓工作」便擔任了極為重要的角色。

第一節
現代禮賓工作的定義

對於「禮賓（Procotol）」這個名詞，其意義並不是近代才出現的詞彙，"Procotol"原義為條約、協定或公文程式，在外交上有兩種含義：一是外交禮儀與典禮、二是條約草案或草約（袁道豐，1982。轉引自呂雄，2007：12）。正如先前所述，在中國及西洋歷史上就已經有掌管「禮賓事務」的官員。那麼，在現代國際社會中，人與人之間、單位對單位之間互動非常頻繁，我們怎麼對「禮賓工作」做解釋與界定其意義？

現代的「**禮賓工作**」，就是為了增進彼此間的友好關係，對於個人乃至與組織單位，所安排一連串的「迎接」、「招待」與「送別」的活動，透過訓練有素的人員，精準掌握事先規劃好的流程與順暢的服務安排，而讓接待的對象感受到「方便」、「舒適」、「尊重」與「榮耀」的感覺，這便是現代禮賓工作的定義。

第二節
現代禮賓工作的精神與原則

(一) 獨立自主

就常規的職能而言，外交禮儀中最重要的功能之一，就是「**禮賓接待**」（呂雄，2007：13），而對於「禮賓工作」而言，不論從層次最高的國家與國家之間的外交接待工作，或者下至民間國內外單位間的接待事務，

「禮賓事務與接待」就是彼此交往活動中的重要工作之一，而且往往成為衡量彼此之間親疏關係的觀察重點。作為主辦接待的政府機關或是民間企業單位，就是主辦單位，就是居於「主人」或者是「東道主」的角色，如果是屬於跨國性的活動，主辦的國家就是所謂的「地主國」，對於活動的舉辦，不管是任何形式的會議、宴會、典禮儀式等等活動，主辦國或主辦單位可依循大會或所屬組織的規章、決議或是慣例，對於相關禮賓工作來做適當的安排，主辦的國家或者是單位，對於參加的代表或成員所提出的希望甚至是要求，有最後決定的權力，雖然「來者是客」，又有所謂「以客為尊」的說法，但是主辦單位必須秉持著「獨立自主」的原則與精神，來決定活動辦理的方式，或者是禮賓接待的規格，也就是事前可以尊重被接待者或是參與者的意見、希望與想法，但是，主辦者才是真正的主人，決定權「**操之在我**」。

(二) 平等對待

對於各種形式的活動籌辦或是禮賓接待的工作中，不管是從國家外交的層次，還是一般公商務活動中的對象，對於訪賓都一視同仁而且平等對待，不會因為接待對象的權力、地位與影響力的不同而有所不同，「**一視同仁**」就是禮賓工作的核心精神。

(三) 態度不卑不亢

在「平等對待」的原則下，主辦單位或者是接待單位必須把握好自己的份際，不但是對於所有被接待的對象都「一視同仁」，也不要有所謂「大小眼」的情況發生，而就「賓」與「主」雙方而言，也必須秉持著「平等原則」，作為主人，不要聽不下建議而剛愎自用，或者是高高在上而存有「主尊客卑」的情況；同樣的道理，當主人的也不需要過度屈從客人無理（或者是「無禮」）的要求而自貶身份，假設如此，也會對其他被接待的對象有失公平。所以，「不卑不亢」就是禮賓接待工作所要拿捏的重要份際。

(四) 「對等」與「平衡」原則

禮儀與禮賓工作講究的是「禮尚往來」，你投之以桃，我便報之以李，你是董事長來函聯絡，我隨之也請我們公司以董事長的名義回覆；就國家之間的外交禮儀來說，你是外交部長來訪，我國也以外交部長的身份與層級接待，安排的活動可包括會談、參訪與款宴。因此，在禮賓工作的安排上，不管是雙方甚至是多方的活動，就「身份」、「職位」或者是「層

級」來說，都要把握著相互「對等」原則與大致上的「平衡」，禮賓事務就好像是承載兩方的天平的「支點」，要取得雙方的平衡點，就不要讓雙方處於「失衡」的狀態。

(五) 依循章法與適當規格

禮賓事務不論是對於國家外交工作，或者是民間單位團體之間的交流與來往互動，都是直接站在第一線的工作，一舉一動動見觀瞻，對於一些重要的原則與節點，都會讓對方甚至是外界有一些敏感的解讀，「禮賓事務」與「活動專案辦理」也是屬於「公共關係」中的一環，各種情況也十分複雜，每一場活動安排都是全然不同的個案。所以，在各項活動與禮賓工作的安排上，如果沒有一定的作業流程與章法，沒有遵循相當的前例與規格，就一定會造成禮賓工作上的紊亂。因此，對各項活動與賓客接待事務都應有嚴謹精細的規劃，甚至在必要時，還要經過多次的預習與演練，以求發現問題與增加熟悉度。當然，在訂定詳實的工作流程中，還需具備靈活機動處理問題的能力（也可稱之為「危機處理」），如此才能使禮賓工作有章法與效率，也不會過於死板被動。

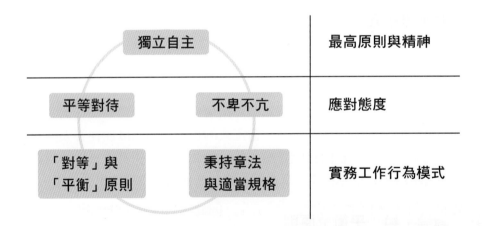

國際間新禮儀的原則與精神

第三節
禮賓工作的範圍與對象

對於禮賓工作的範圍與對象而言，可以用「**上天下地、內外兼具**」八個字來概括形容。因為對於「範圍」來說，禮賓事務的規劃與接待工作，可以包括與適用在各種的場合，例如：集會、典禮、大小型會議、會見會談安排、宴會、記者會、參訪活動與賓客行程食宿交通安排等等，就牽涉到許多的專業工作內容，如國際會議籌辦、餐飲食宿、交通票務、媒體公關、企劃提報、財務計畫、禮賓接待等等，內容十分廣泛，正可謂之「**上天下地**」。

隨著國際間不論是政府單位或民間組織，彼此互動與交往非常頻繁，層級也各有不同，上從各國的元首政要、政府官員、非政府組織（Non-Government Organization,NGO）或是非營利組織（Non-Profit Organization,NPO）、社會知名人士、企業家之間的互訪活動大量增加，這些訪問包括國家之間最正式的「國是訪問」或「官式訪問」，或者是民間單位、公司企業的商務拜會、工作訪問、考察訪問、各種業務訪問以及禮貌性拜訪，甚至是非正式性質的私人訪問等等，除了雙方的訪問活動以外，還有許多屬於多邊性質的國際會議、會晤以及其他的國際活動。因此，世界上許多國家都要經常接待來自其他國家的眾多外賓，而如何做好禮賓接待工作，扮演好「東道主」的角色，就成為當今國際交流中的重要課題。

除此之外，活動參加者或者是訴求對象也不僅是國外人士，有更多的機會與場合，是針對國內人士而規劃設計，因應國內各地區（例如北、中、南、東部）或者是國內屬性不同的群體（學校教育、同鄉會與民間社團，例如國際獅子會、國際扶輪社、國際青商會、國際同濟會、各工商企業團體與政府單位等等），都會籌劃相關的活動與相因應的禮賓接待工作，因此，「禮賓工作」另一個特性，便是「**內外兼具**」。

第四節
禮賓工作的內容

一般人看到「禮賓」兩個字，多半只會從字面上解釋，單純以為僅是「禮待賓客」，做的大多是帶位端茶等等的工作而已。其實，「禮賓工作」的內容層面很廣，可以從國家外交事務中的兩國或多國交往事務，以至民間各公司單位等組織間相互往來的活動，都脫離不了「禮賓工作」，內容可以包括活動專案規劃中對賓客的聯繫、說明、行程安排、住宿安排、餐飲安排、迎賓接待、歡送等等，當然也包括對於這些活動一切的前置作業與後續收尾工作。參與這一切事務流程中的相關工作，特別是站在第一線面對所服務的對象者，便是廣義的「禮賓工作人員」。

第五節
禮賓工作的重要性

(一) 禮賓工作扮演的角色

對於「禮賓工作」而言，在公部門與企業組織裡，是屬於「公共關係」與「組織管理」中的一環，功能就如同「橋樑」一般，是屬於一種「溝通」工具、性質是屬於「程序性」與「儀式性」，讓對方覺得受到尊重與禮遇，作用在發揮黏合內部與外界的關係，期望能達到順暢溝通與結合相互間的力量（甚至是利益），現在的國際社會早已經不是單打獨鬥就能生存的，在彼此交流頻繁的情況下，「禮賓工作」就是擔任這項「接著劑」與「潤滑劑」的角色，而且，從未來的發展趨勢來看，也會愈來愈突顯出它的重要性。

Oil in the cogs：作者曾赴英國考察禮賓制度與業務，英方人員曾告訴作者，「禮賓人員的角色」就好比加入齒輪的潤滑油（oil in the cogs），作者深有同感。

(二) 從「心理學」的角度來看，「禮賓工作」滿足了人類高層次的心理需求

禮儀對人類心理
滿足的層次

自我實現需求
如發揮潛能等

尊重需求
自尊、信心、成就感與感覺受到尊重

社交需求
如對友誼、愛情及隸屬關係的需求

安全需求
如人身安全、生活穩定、免遭痛苦、威脅及疾病等

生理需求
如食物、水、空氣、性慾、健康

如果從「心理學」的角度分析，根據美國心理學家馬斯洛（Abraham Harold Maslow, 1908-1970）所提出的**需求層次理論**（Maslow's Hierarchy of Needs），把人類的需求從低階到高層分成5種層次[註3]，依序為：「生理需求」（Physiological needs，例如對於飲水、食物、居住等等的需求）、「安全需求」（Safety needs，例如對於人身安全、免於受到傷害與病痛，以及追求穩定生活的需求）、「社交需求」（Love needs，這包括對友誼、愛情以及隸屬關係的需求，是尋求人際關係之間的滿足）、「尊重需求」（Esteem needs，包括希望獲得他人的認可與尊重，期望別人按照他所屬的形象與地位來對待），以及「自我實現需求」（Self-actualization，希

望發揮潛能,而達到自我實現的目的)。而就「禮賓工作」的目的與效果來說,就是要使得被接待的對象,無論是個人或團體,能夠獲得「**尊重需求**」這一較高層次的心理滿足,甚至達到「**自我實現**」的感覺,而使得彼此間感受愉悅,互動交流更能順利暢達。因此,「禮儀事務」與「禮賓工作」的必要性與重要性不言可喻。

觀察目前政府單位之中,對於「禮賓工作」建置有專責部門者,外交部設有「禮賓處」,下屬「交際」、「典禮」與「特權」三科室,專司國家的外交禮賓事務,而且對象僅有外賓。其他中央或地方政府單位或設有「交際科」、「公共關係科」、「公關室」,甚至由「秘書室」、「國際事務室」來主管相關禮賓事務。由於「禮儀工作」牽涉到「媒體公關」以及「公共關係」,因此對於「公關單位」或「秘書室」而言,工作執掌又涵蓋「禮賓事務」與「媒體公關工作」,另一原因是因為人員編制有限,也不得不把類似性質的工作統籌辦理。

近年來,「禮賓事務」已逐漸獲得工商業界肯定其重要性,而相關工作的學習與訓練也開始向下紮根,國內各級大學院校因應對於國際與外界的開放,也加強與各界的互動交流,對於活動籌劃與禮賓接待也開始蔚為風潮,校園裡近年來也紛紛成立相關學生的「禮賓社團」,有些學校甚至將這些「學生禮賓人員」組成「親善大使團隊」而納入行政體系之中,附屬於「國際事務室」或「公共關係室」之下,直接由學校指揮調度,肩負校園禮賓接待工作,而成為了「親善禮賓大使」。

由此可知,禮賓工作已經逐漸成為「顯學」,「禮賓」即是「服務」,而這些知能正是當今各大專院校「餐飲」、「觀光」、「航空」、「會展」等科系學生所必須具備的;不單單只針對從事公關相關的專門職業,對於任何公司行號、機關組織的對外事務及顧客服務從業人員,都是必備的工作技能。

第六節
活動專案管理的意義與重要性

(一) 什麼是「專案」?

在這裡我們先對專案下一個定義:「專案」(project)是指因應一個特定的目的與達成既定的目標,所規劃一連串相關的工作,其中對於資金、設備、人力等資源運用,在一定的時間內所完成的任務。再進一步說明,有關於「專案」的特性,包括以下各點:

1. **具有目標性**：對於專案的規劃，必須確定所希望達到的目的與成效。

2. **具有期限**：也就是一項專案的成立，必須要有起迄時間，而且對於每一項分工與細部工作，也都各自有其時效性。

3. **有限資源的整合**：構劃與進行專案時，必須統合多項不同種類的資源（resource），包括：資金或預算、人員、軟硬體設備、場地等等資源。通常專案的進行所能運用的資源都是有限的，因此對於資源的統整運用就是一項專案的成敗關鍵。

4. **專案是屬於非常規性的任務**：如果一項綜合性的工作是屬於日常性質的，就只能稱為一般的行政事務工作。

5. **「獨特性」**（unique）：當專案經理人經營規劃一項專案之前，或許會參考以前曾經辦理過相類似的例子，但是因為所能運用的資源（人力、物力與資金）不同，目標也可能已經調整，甚至連時空環境、人際關係與資訊都已經有了很大的變化，所以每一項「專案」都是獨立的個案，況且許多的活動專案甚至是先前所不曾辦理過的，連相關的經驗與案例資訊都相對缺乏，所以對於專案的經營，還必須要有相當的「創新」（innovation）精神。

6. **專案須有「被服務的對象」**（customer）：專案的訴求者就是被服務的對象，必須站在對方的立場思考，這個對象可能是不特定的大眾或機關團體，也可以是資金或資源的提供者（sponsor）。

7. **具有不確定性**：因為專案的規劃與擬定，是依照事先的預估及假設，所以當進行專案的推動時，常常會面臨到時空環境的變化，而導致資源的

不足或分配比例上的改變，甚至因為突發事故，而使得進行的時間進程產生延遲或中斷的現象。

8. 「分工」與「多工」同時進行：只有一個人的專案無法稱為「專案」，因為一個人做的事情就談不上分工，沒有「分工」就無法依照預定時程進行「多工作業」。

(二) 什麼是「活動專案管理」？

在公商務上所舉辦的活動，就常常符合以上所談到的定義與要件，又因為現今國際間環境快速的變遷、國際化與自由化的腳步加快、人際與團體之間的互動非常頻繁，使得個政府部門及公民營企業常藉由**辦理「活動」**，來加強對外界的溝通、爭取對方的合作、宣揚既定的理念，或者是達到彼此互利互惠的目的。因此，對於「活動專案」加入「管理」的理念，使得活動專案的籌備與執行，具有時效性與達成所想要成果的特性。

對於「活動專案管理」來說，有4項需要掌控與完成的因素：

1. 時間（Time）：專案的執行都會有起迄時間，也就是有一定的時程（schedule），對於這項因素的控管就是「時間管理」。
2. 成本（Cost）：或者稱為「預算」（budget）或「經費」。
3. 範圍（Scope）：所有的專案一定會明確限定或定義所有工作所要處理的界線，以免專案內容模糊不清，因而影響甚至導致專案成果的不彰，範圍通常會針對「被服務的對象（客戶、顧客）」、「地區」、「服務的項目」等等來做清楚的規範，這個因素的性質是屬於「空間」上的。

4. 執行成效（Performance）：針對完整定義的目標（objective），而欲達成的效果，而這個成果多半是可以被「量化」（quantified）而觀察衡量出來。

所以透過以上4項活動專案因素的有效管理，各公部門或企業組織所舉行的各項活動，才能達成預定的成果與功效，這便是「**活動專案管理**」。

(三)「活動專案管理」的重要性

在各單位或公司企業，常常因為人力有限，資金設備等等資源不見得很充裕的情況之下，因應外界的競爭與挑戰，必須不斷地求新求變，常常必須處理一些非例行性、非永久性的，甚至臨時的任務，也是必須跨部門，甚至是跨領域來完成某一項交付的任務（專案形成），而負責這個特殊任務的領導者，就是**專案經理人**（Project Manager），專案經理人必須整合所有的人力及物力資源，掌控時程進度，達成預定的成效目標。「**活動專案管理**」的好處就在於可以運用彈性的原則，在臨時性的組織下運作，以突破原有僵化的部門組織分工，形成一個獨立運作的「**臨時性**」團隊，以期充分利用現有的有限資源，面對不斷變動的環境作出快速的反應。此外，「專案經理人」也可以用較為開放的思維、較為宏觀的眼光，而且多元的角度來執行活動的專案。各位讀者應該可以瞭解，活動專案管理之所以重要，就是因為可以藉由打破既定的組織建置、運用獨立的經費預算、統籌有限的資源、明確的分工與人力規劃、時程的有效管控與任務多工的同時進行，這對於現今公部門、民間組織或營利的公司企業，在面對組織精簡的趨勢之下，一方面可以使人力運用發揮更好的效能，也可以對於臨時與特殊的任務，執行精準與快速的反應，「**活動專案管理**」正可以發揮它的重要性。

「活動專案管理人」是活動專案辦理的靈魂人物，也是本書定義高階的禮賓活動策劃人員。

第七節
公商務場合中常見的活動專案

政府單位或民間組織企業為了達成對外界的良性互動、對外溝通、建立交誼、形象塑造、公開訊息、宣揚理念、互利互惠等等的目的，所舉行各種不同形式的活動，常見以下種類的活動：

1. 典禮　　　　2. 大會　　　　3. 會議　　　　4. 餐宴[註4]
5. 簡報　　　　6. 會見與會談　　7. 新聞發表會或記者會　8. 展覽會

以上就是常見的活動形式，為了籌辦以上各種形態的活動，便可以成立專案來辦理相關的工作。當然，在平常公務或商業界的場合中，還有許多其他形式的活動，例如，你也可以把單位內的員工旅遊當成一項「專案」來辦理。但是，這裡必須要注意的是，本書主要討論的範圍，主要還是針對與外界交流互動的工作場合來討論。

第八節
公關行銷的時代：
活動就是將「活力」轉為「動力」

什麼是公共關係？簡單扼要的來說，就是營造對於自己單位有利的環境、改善與人群之間的關係、增加外界對自身的信賴，藉由溝通、說服與行銷等等的方法，從而影響大眾思想的行為。因此，各個機關公司行號辦理活動的目的，不就是「公共關係」的目的？根據美國行銷協會（American Marketing Association, AMA）對行銷（Marketing）所作的定義如下：
「行銷乃是一種商業活動、一套制度、生產的過程、溝通、運送，而將有價值的貨品交易給顧客、合作夥伴甚至於全社會。」
"Marketing is the activity, set of institutions, and processes for creating, communicating, delivering, and exchanging offerings that have value for customers, clients, partners, and society at large. （Approved October 2007）"

由此觀察「行銷」，重點在於創造一個產品、商品或服務的市場，焦點集中在「商品」上。但是在現今的國際社會，除了以營利為目的單位組織之外，非營利機構（如政府單位，NPO、NGO等等）也需要運用「行銷」的觀念與方法，乃至於運用在個人之上，例如選舉活動、求職與升遷、爭取業績等等行為，「行銷」的觀念一樣適用。如果，我們把自己的單位組織，或者是希望讓社會大眾所廣為周知與接受的「觀念」與「想法」，也當成一項「商品」來包裝，是不是也是「行銷」的一種方式？

根據柯特勒（Philip Kotler）的分析，行銷包括4大要素（4P）：**產品**（Product）、**價格**（Price）、**通路**（Place）、**促銷**（Promotion），對於所有的政府單位與公司企業，都已強調「雙向」甚至「多向」溝通。因此，不管是銷售產品、提供服務或是宣達理念，所舉辦的任何活動也都包含以上4大要素，是不是也需要「行銷」的觀念與技巧呢？

「行銷」可以包含在廣義的「公共關係」之內，現代公商業活動脫離不了「公關行銷」，正可說是：「**何處不公關、事事皆行銷**」！單位組織是一個不斷發展的有機體，不但要成長，更要隨著時代的需要而快速應變，就所舉行的多項「活動」而言，單位組織要「**活**」（存活、保持活力），不就是要「**動起來**」嗎？為了生存而產生無比的「**活力**」，這就是公商務活動的意義與真諦！再進一步說明，這些性質種類不同的公商務活動，因為必須面對外界，因此又必須安排相關的「禮賓工作」以為因應，所以「**活動專案**」是由「**禮賓工作**」實現，而「**禮賓工作**」又必須依附各種活動專案而具體表現出來，兩者為一體的兩面，關係相當密切。

無論政府機構或是公司企業，各式活動的舉行就是宣揚政策、塑造企業形象以及行銷推廣最好的方式。

結 語

身處「何處不公關」、「事事皆行銷」的年代，各式活動的籌劃與辦理攸關公司或機關的創新與發展，也可說是「活動力」的展現，縝密可行的活動規劃也需要訓練過的人員來忠實執行任務，「人」與「事」之間密切配合，結果才會順利暢達。此篇開宗明義第一章，就是要讓你瞭解辦理活動與人才的搭配有多麼的重要，不論你是不是第一次辦理活動或是接待賓客，你便可知道「活動」與「禮賓」是份專業且居關鍵角色的工作；又或者，你經歷多次大大小小的場合，已算是經驗豐富的「老手」，但也請您回顧當初剛被交辦辦理活動時的想法與初衷，是不是有些惶恐、有些迷惘？而至今對於禮賓相關活動的基本認識，是不是也已經理解其重要性與內涵？當你能全心領略活動專案與禮賓工作對單位公關工作的影響，也認為充實禮儀知能以運用到禮賓工作與活動策劃，可以加強自己的職場能力，對於自己的競爭力有著很大的助益，那麼，你就會因為「瞭解」而「認同」，自然而然願意全心全意地投入公關工作的領域，你也會發現活動辦理是那麼地吸引人，當專案完成，你也會有著滿滿的成就感！

要點回顧

一、禮賓工作無所不在，證諸歷史，時至今日，上至國際，普及各界，不論各種內外場合與送往迎來，都需要按照禮儀慣例與既定章法來策劃與處理往來事務，因此，學習禮賓工作是你我在職場上必要的知識與能力。

二、「禮賓工作」的定義：為了增進彼此間的友好關係，對於個人乃至與組織單位，所安排一連串的「迎接」、「招待」與「送別」的活動，透過訓練有素的人員，精準掌握事先規劃好的流程與順暢的服務安排，而讓接待的對象感受到「方便」、「舒適」、「尊重」與「榮耀」。

三、國際間相互往來所一致通行的原則與標準：

(一) 最高的原則與精神：獨立自主。

(二) 應對態度：平等對待、不卑不亢。

(三) 實務上的行為模式：採取「對等」與「平衡」原則、依循章法與適當規格來辦理工作。

四、禮賓工作的範圍與對象，國內外賓客與單位內外都包括在內。

五、「專案」的特性，包括以下各點：

(一) 具有目標性。

(二) 具有期限。

(三) 有限資源的整合。

(四) 專案是屬於非常規性的任務。

(五) 「獨特性」（unique）。

(六) 專案須有「被服務的對象」（customer）。

(七) 具有不確定性。

(八) 「分工」與「多工」同時進行。

六、在商務中，常見舉辦以下種類的活動：

(一) 典禮。 (二) 大會。

(三) 會議。 (四) 餐宴。

(五) 簡報。 (六) 會見與會談。

(七) 新聞發表會或記者會。 (八) 展覽會。

七、公關行銷的時代：活動就是將「活力」轉為「動力」。

問題與思考

1. 什麼是「禮賓工作」的定義？

2. 請說說看，「禮賓工作」在中西歷史上有哪些制度上的沿革典故？

3. 國際間相互往來所一致通行的原則與標準是什麼？如果有層次上的差異，請以示意圖簡要說明之？

4. 公務與商業上因應對外的公關需要或相互往來，試舉出常見的活動類型。

5. 請試著為「行銷」做出定義。

6. 「活動專案管理」有哪4項需要掌控與完成的因素？

註1：此字來自於法文，其同義字亦常用manners,formalities,decorum,propriety等字。

註2：例如，清朝政府一向以「封貢體制」禮儀規定行禮，因其禮儀繼承的是儒家文化傳統，維持綱常倫理的等級關係，由此「天子」便是至高無上的，而中國也以「天朝」自居，對其他來自西方的各海上諸帝國，仍被中國視為「蠻夷之邦」，也從來沒有制訂過一套專門用於外交上以「平等」為基礎國與國之間的「覲見禮儀」，因此爆發多次因外國使節覲見皇帝行禮問題的糾紛（黃一農,2007），如1720年，俄國沙皇彼得大帝派出伊斯梅洛特伯爵（Count Ismailot）率90人使臣出使中國，並聲明他代表本國的皇帝，與清朝順治皇帝在階級上是平等的，因此他只能按照俄羅斯的習慣來完成覲見，不能行跪拜叩首之禮，並要求允許把沙皇的親筆信自交到皇帝的手中。尤有甚者，曾發生葡萄牙使節因拒絕依清廷之禮而死於獄中（唐京軒，1980：190）。到1793年更發生歷史上著名的「覲見禮儀」之爭，起因是英國馬戛爾尼（Lord George Macartney,1737-1806）使團出使中國，而他拒絕對清朝乾隆皇帝行三跪九叩首之禮而引發兩國一連串的紛爭。

註3：馬斯洛於晚年又將此理論修正，往上再加一層次「超自我實現」，而發展成「Z理論」（Z Theory）。

註4：對於「宴會」辦理，作者另著有專書「宴會管理-全方位的新視野」，讀者如對「宴會專案」的辦理有所需要或感到興趣，此書值得您一讀。

PART 2

活動規劃全方位

Chapter 1 活動專案的組織與管理

學習目標

・什麼叫做「企劃」?
・活動專案組織分工的建立。
・現場工作之管控與活動流程管理。

・企劃書的製作要領。
・活動專案籌辦時程控管。

💬 引言 Introduction

對於所有公商務活動的籌辦來說,都必須先進行與完成一些「**統整性**」與「**規劃性**」的前置作業,這便是所有活動專案策劃的組織與管理,在發起一項活動之前,必須先進行「企劃」的規劃工作,而活動的辦理基本上就是對「人」、「事」、「時」、「地」、「物」這五種要素做資源上的調配與選擇的功夫。

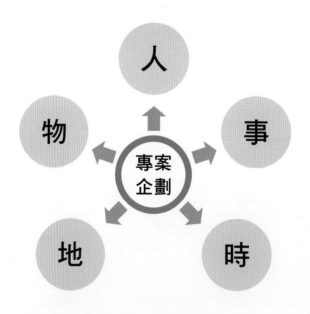

專案企劃就是對5種要素的
合理調配與選擇的工作。

除此之外，「專案企畫」執行人在規劃統籌所有的資源並做配置時，要有一種「預先模擬」的能力，活動該要如何進行，一定要經過類似沙盤推演的討論，把所可能的情況，用「腦力激盪」（Brainstorming）的方式讓策劃參與者都能提出看法，把工作項目一一詳列而出，接下來再把各項工作大致分類，決定工作人員的分工組別，明訂各分組所應該要做的工作內容，如果有不清楚、不明確的項目，就必須要由活動經理人（總幹事）協調與指定，避免「三個和尚沒水喝」的情況，也能消除專案工作的「三不管」地帶，專案負責人從分工確定後，就要管制工作進度與查核完成內容，以確保整個專案的順利進行與圓滿成果。

第一節
活動企劃書的撰擬

(一) 什麼叫做「企劃」？本書來下個定義

為了確定達成的「目標」以及服務的「對象」，對有限的「資源」與「時間」做理性適切的調度籌劃，所進行的行動方案規劃就是「企劃」。

對於活動專案來說，要達到預定的目標或績效，其實有著許多的方法與途徑，對專案提出特定規劃的人，可以有不同的思考方式與進行的作法，正所謂「條條大路通羅馬」，企劃提報人必須反覆思考，怎麼樣才能達到預期的目標，甚至把「績效」最大化。根據上面對「企劃」的定義中，「資源」可以包括「資金」、「人力」與「物力」，而「時間」方面的因素則要求「進度」的管控，因此企劃乃是企圖達成目標與預定成效的周詳策劃。

針對上述對於「企劃」簡單的說明，當某個單位或團體想要舉辦各種活動的專案，為了執行相關的「謀略」與「策劃」，就必須要撰擬**活動企劃書**。面對公商務不同種類的活動，就可以有許多不同種類的企劃書形式。例如：

- 一般企劃案。
- 產品開發企劃案。
- 公共關係（PR）企劃案。
- 行銷企劃案。
- 廣告企劃案。
- 公司內部年度目標企劃案。

以上只是舉例說明企劃案依照其性質與目標，而有著多種不同的分類與態樣，在這裡就必須先界定討論與舉例的範圍，就是針對一般所舉行「會議」、「宴會」與「禮賓專案」等等複合式的活動，性質主要包含上面所提到「一般性企劃」與「公共關係企劃」的性質。

(二) 製作「企劃書」的用途為何？

大致上來說，之所以要擬定活動企劃書，主要有兩大目的：

就用途來說，可分對內與對外：

對內→上級批准（說服）＋內部組織與管理（遵從）。

對外→募款及資源募集（說服）＋爭取外界合作與支援（說服）。

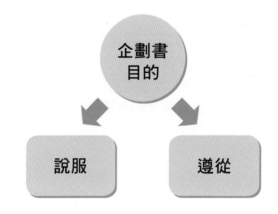

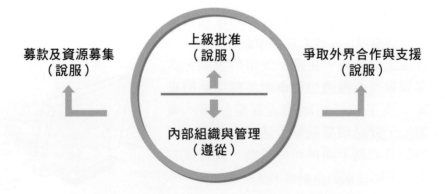

簡單來說，「企劃書」就是對上下與內外的「活動說明書」，擬定適切可行以及具有說服力的企劃書，才是辦理活動專案成功的第一步！

(三) 製作「企劃書」的基本格式及要項

對於一般常見「活動企劃書」的格式而言，通常包含以下的項目：

1. **企劃名稱**：從名稱就可以看出此次活動的意義與目的。
2. **企劃案的達成目標或預期成效**：可包含活動的緣起、目的以及所要達成的目標與效益。
3. **企劃撰擬人（提報人）姓名**。
4. **企劃進行的起迄日期與舉辦時間**。
5. **主辦與協辦單位**。
6. **活動地點或區域**：可以附上場地規劃圖與現場動線圖等等的圖示說明。
7. **參加對象（訴求對象）與預估人數（規模）**。
8. **企劃的詳細說明**：包括**活動流程表**與**現場儀節表**等等。
9. **組織分工編組與工作執掌**：根據活動大小與複雜程度作適當分工編組，例如：行政組、財務組、總務組、文宣組、禮賓接待組、交通組、會場醫護組等等。分工編組不要疊床架屋，分工必須明確。
10. **預算表**：雖是預先估計的金額，但也必須根據舊案往例以及目前合理的市場價格作為推估編列的依據。對於具有經驗與細心的企畫案審核人來說，從預算表的編列就可一窺擬定企畫案的負責人，對於項目與經費的規劃是否過於浮誇，也可一探這個企畫案是否具有可行性。所以預算的編列，對於企畫案的通過准駁與否，是相當重要的決定因素。
11. **工作預定進度表**：可將各單位的聯繫協調、場地勘察、企畫提案、組織分工進度、活動協調會議的召開時間，乃至於當天現場的工作，加以表格化列出，或採取繪製「**甘特圖**」（Ganttchart）的方法表示與列管。
12. **聯絡人姓名、電話與電子信箱**。
13. **其他附註事項**：如有需要強調與附帶說明的事項加以註明，例如相關的「備案」等等。

(四) 如何撰擬出一份具有說服力與可行性的企劃書？

說明白一點，這就是**靈感的產生**與**撰擬能力的培養**。萬事起頭難，剛開始動心起念草擬企畫書，在大部分計畫書的要項中，或多或少要有一些巧思與創意，如何發想？有以下的建議：

1. **傳承與改良**：也許所辦理的活動以前曾經舉行過，看看有沒有舊案可供參考？或者是請教以前承辦活動的人員，甚至是詢問以前曾經參加過活動的人，以前的「優點」與「缺點」各在哪裡？接下來，就可以根據以往寶貴的經驗，傳承過去辦理活動的方法與優點，再針對缺點加以改進與添補其不足，把這些收錄於企畫書中，更能增加說服力。

2. **「單打獨鬥」不如「集思廣益」**：正如俗語所說的「三個臭皮匠，勝過一個諸葛亮」，企畫案撰擬人不妨先行召集日後可能參與活動專案執行的人員，採取「**腦力激盪法**[註1]」（Brainstorming）的方式，相互激發意念與想法，甚至產生創新的構思，思想意見在一陣的天馬行空之後再檢討落實，然後形成共識並且寫入計劃之中。

3. **認清自己所處的環境與瞭解自我的地位**：正所謂「知彼知己，百戰百勝」，您的團隊必須要跟其他人競爭活動的辦理，或是爭取預算的執行，如何省錢而又有效益，這可是很具有說服力的！我們就必須認真思考：我們「自身的條件」與面對「外在的環境」，有甚麼與眾不同的地方？優點與缺點各在哪裡，競爭力又在哪裡？此時，我們可以運用「SWOT分析法」，運用簡單的分析方法認清自己所處的位置與環境。

SWOT示意圖

內部條件	優勢 Strengths	劣勢 Weakness
外部環境	機會 Opportunities	威脅 Threats

如上圖所示，從事活動專案的企劃人員，可以清楚而且簡單的把目前我們所在的地位與條件加以釐清，以下就是運用SWOT分析法來幫助我們擬定企劃書：

1. **內在所擁有「利」與「不利」的條件**：優勢與劣勢分析（SW）
   在擬定計劃書之前，仔細思考一下：我們之前有沒有相關的經驗？目前擁有的資源是多少？時間是否充裕？這些就構成了「內部條件」，也就是目前準備進行某項專案時，所站的位置到底是如何。

2. **面對外在競爭環境**：機會與威脅分析（OT）
   除了審視自己的團隊，也要仔細觀察目前所處的外在環境：是不是對於某項專案的爭取，還有其他的競爭者？是的話，競爭者多嗎？對手實力如何？

再把以上的說明用SWOT分析法，舉例填入表格中：

	優勢（S）	劣勢（W）
內在所擁有的條件	1.團隊與個人具有規劃與執行相關活動專案的經驗。 2.執行專案人力充足。 3.執行專案時間充裕。 4.具有相當的人際脈絡尋求資源協助與整合。	1.團隊與個人沒有規劃與執行相關類似活動專案的經驗。 2.人力不足。 3.時間急迫。 4.人際脈絡資源貧乏，尋求資源協助難度頗大。
	機會（O）	威脅（T）
外在競爭環境	1.競爭者不多。 2.對手實力不強。 3.外界提供許多活動專案機會，專案團隊選擇機會多。	1.競爭者眾多。 2.許多對手實力頗強。 3.外界提供活動專案機會不多，競爭激烈。

所以，在著手撰寫企劃書之前團隊的集思廣益，就可運用SWOT分析法，先來「**認清自我**」，隨之的策略便是：「**避短揚長**」、「**減少缺點**」後，再進一步「**擴大優勢**」！

(五) 企劃書範例

2018年國際青年交流研討會企劃書

一、活動名稱
  2018年國際青年交流研討會
二、活動目的
  希望藉由廣邀國內各校青年學生及其所締結姊妹校之國際青年來臺進行座談與觀念交流，加強多邊之瞭解與溝通，並邀請政府機關、學者與業界代表一同交流與討論，彙集更廣泛的意見與需求，達到我國大學院校增加國際溝通與瞭解之目的。
三、主辦單位
  社團法人新世紀青年發展協會

四、 協辦單位

　　教育部、國立臺灣大學、國立暨南大學、國立中山大學、國立東華大學、淡江大學、實踐大學

五、 活動日期與時間

　　2018年7月14日（星期六）09：30~21：00

六、 地點

　　會議與演講：臺北市福華文教會館1樓前瞻廳與相關會議室

　　歡迎晚宴：2樓悅香軒

七、 參加對象

(一) 協辦單位國際姊妹校共7校聯合青年訪問團師生團員

(二) 國內大學部暨研究所在校學生（報名表如附件）

八、 預計人數：總計約160人

九、 活動流程表

時間	項目	內容	附註
09：00－09：30	報到	與會者進場	
09：30－10：00	迎賓致詞與雙方介紹	1. 教育部部長致詞。 2. 主辦單位理事長致歡迎詞。 3. 國際七校聯合交流團團長致詞。 4. 我國青年代表致詞。 5. 司儀介紹參團與會學校代表	中英文司儀宣布程序
10：00－10：10	休息		備茶點飲料
10：10－12：00	專題演講	主講人：國立暨南大學張教授○○	
12：00－13：30	午餐		供應餐盒
13：30－14：20	第1場交流座談：經驗分享與交流	青年團員座談	分三組場地同時進行
14：20－14：30	休息		備茶點
14：30－15：20	我國高教國際化政策說明會	主講人：教育部國際文教處處長	
15：20－15：30	休息		備茶水與點心

時間	項目	內容	附註
15：30－16：20	第2場交流座談：經驗分享與交流	青年團員座談	分三組場地同時進行
16：20－16：30	休息		備茶水
16：30－17：40	兩岸青年「過去、現今與未來」：展望與合作	簡報：報告人：新世紀青年發展協會執行長	
18：00－20：00	歡迎晚宴		海鴻軒餐廳

十、人力編組及工作職掌

專案總負責人（專案經理）：

主持人：

助理主持人：

財務組（經費預算、補助申請、費用收取、費用結算）：

總務組（採購、餐盒、會場佈置與宴會）：

文宣組（製作活動海報、新聞發布、攝影照相、志工招募）：

活動議事組（製作活動企劃書、活動設計、議程規劃、司儀、主持人、會議記錄）：

禮賓活動組（報名工作、邀請函與邀請事宜、賓客聯繫、賓客統計列冊、禮賓座次排序、現場禮賓接待人員統籌事宜）：

十一、經費預算

支出項目	數量	單價	總價	說明
點心茶水費				
交通費				機票與住宿費用由來訪單位自行負擔
住宿費				
印刷費				
場地租金				
場地佈置				
午餐餐盒				

支出項目	數量	單價	總價	說明
晚宴餐費				（含服務費）
雜項費用				（重要之彈性項目）

十二、報名方式

(一) 網路報名：本報名表公佈於社團法人新世紀青年發展協會網頁，請於網站下載報名表，填寫完畢後e-mail至abcd1234@yahoo.com.tw信箱。

(二) 傳真報名：報名表填寫完成後，傳真至02-2300-6666。

十三、附件（報名表）

姓名	出生日期	性別	服務單位（科系年級）	電話

十四、附註事項（其他附帶說明及提醒，可列於此處）

第二節
活動分工組織的建立

對於一般公商務活動專案的辦理，如何將所有人員「任務編組」，而成為一個有行動效率的團隊？建議可以分成以下的分組組別，工作項目也舉例說明如下：

(一) **秘書組**：議事安排、印刷品、會刊、主持人、司儀。

(二) **聯絡組**：賓客洽邀聯繫、與談人聯繫、國內官員與貴賓洽邀、製柬與寄發。

(三) **總務組**：賓客訂房、餐飲安排、接風宴、惜別宴、歡迎茶會之籌辦⋯⋯

(四) **設備組**：各種活動的場地洽租、影音設備、現場佈置等工作⋯⋯

(五) **交通組**：車輛租賃、路線行進、車輛調度、停車位規劃。

(六) **活動組**：洽辦相關參訪活動、高爾夫球敘、外賓溫泉體驗與夜間觀光行程，並負責「先遣」預置人員。

(七) **禮賓接待組**：茶水服務、會議與晚宴報到與接待⋯⋯

(八) **新聞組（文宣組）**：新聞公關媒體聯繫、新聞稿發佈、攝影與照相安排⋯⋯

當然，以上的分組名稱可以稍加修改，而工作項目內容也可以相互調整，對於複雜且規模龐大、複合式的活動專案，分工組別當然以不只是以上所舉例的這些，應當視專案實際情況與人力調度的情形而定。在執行活動專案一開始，就必須召開協調會議明訂執掌，以避免權責不清、相互交疊，甚至是產生「三不管」的模糊事項，這些對於專案的執行成敗，是相當重要的關鍵。

第三節
時間與工作進程管控

對於專案執行進度的管控與掌握，通常以兩種方式表現與管理，一是以「**工作進度表**」由上而下依序表列，優點是工作項目一一詳列，依序漸進，也可以註明負責組別與負責人員等資訊；第二種則是以「**甘特圖**」（Gantt Chart）方式表示進度以便於掌握，「甘特圖」是由亨利‧甘特（Herny L. Gantt）於1917年發展出來，是屬於一種時間條狀圖（Bar Chart）的表現方式，用以顯示項目、完成進度以及表達出時間相互之間的關係。在專案管理中，甘特圖顯示各個起迄點，由於屬於圖像方式的表現，對於專案經理人的進度掌握與激勵團隊成員工作進程，在心理層面上，會比表列式令人更有感覺而且一目了然，以下是兩種時間管控的範例：

工作進度表（範例1-以會議專案為例）

編號	工作內容	開始時間 月日	完成時間 月日	負責組別 （負責人）	備註
1	會同各有關單位勘察場地				
2	選定會議與宴會場地				
3	擬定專案企畫書（含編擬預算）				
4	召開第1次工作籌備會議				分組與工作協調
5	大會相關證件圖案設計（包括貴賓證、工作證、車輛通行證等）				
6	印製邀請函、專用佩證、專用車輛通行證、大會手冊				
7	依貴賓名單寄出邀請函				
8	聯繫各有關單位核發工作人員佩證				
9	確認出席狀況並安排會議與宴會座次				
10	召開第2次工作籌備會議				各組進度報告與協調事項
11	禮賓接待組實地預演				
12	「大會期間工作手冊」發送				
13	現場工作執行				
14	現場收場工作				
15	經費結報				
16	檢討會議與結案歸檔				

甘特圖（Gantt Chart）（範例2-以會議專案：學術研討會為例）

	工作項目	起日（月日年）	完成日（月日年）	日數	1月	2月	3月	4月	5月	6月	7月	8月	9月	10月	11月	12月	1月	2月	3月	4月	5月	附註
1	撰寫企畫書與提報	01/03/2018	03/20/2018			▓	▓															
2	第1次工作會議	03/22/2018	03/22/2018				▏															
3	場地勘查與確定	03/22/2018	05/10/2018					▓	▓													
4	演講人及研討會學者名單研擬與確定	04/10/2018	10/30/2018						▓	▓	▓	▓	▓	▓								
5	邀請函製作與寄發	11/20/2018	02/20/2019												▓	▓						
6	議程名稱與內容順序確定	08/01/2018	11/20/2019									▓	▓									
7	演講人、與談人及與會貴賓出席確定	01/20/2019	03/15/2019														▓	▓				
8	印刷品製作（證件、會刊與相關資料）	11/01/2018	02/25/2019												▓	▓	▓					
9	印刷品分送	01/01/2019	04/05/2019														▓	▓	▓			
10	第2次工作會議	03/15/2019	03/15/2019																▏			
11	交通聯繫與接送事項	01/20/2019	04/30/2019														▓	▓	▓			
12	接待人員講習與演練	12/10/2019	03/15/2019														▓	▓				
13	現場工作	04/29/2019	04/30/2019																	▏		
14	會後相關工作	05/01/2019	05/31/2019																		▓	

PART **2**

活動規劃全方位

第四節
現場工作之管控與活動流程管理

所謂「養兵千日、用在一時」，活動專案工作在事前所有詳盡的準備與努力，都是為了活動當天與現場，能夠充分表現與確實執行出來，為了讓所有活動專案工作人員都能有書面資料有所依循與備忘，也都會製作「現場工作流程表」（Rundown），以下是某大型晚宴的籌辦專案範例：

○○同業公會2018年全國會員大會迎賓晚宴專案現場工作流程表

	時間順序	行動要點	人員
一	14：30～15：00	工作人員搭乘租賃巴士從公會大樓1樓發車前往圓山大飯店。	1.公會秘書長為專案督導 2.禮賓接待組同仁 3.活動組同仁 4.交通組同仁 5.總務組人員
二	15：00～16：30	1.總務組人員檢查相關擴音設備與燈光狀況，設置歡迎看板。 2.禮賓接待人員熟悉環境設施與接待引導動線。 3.活動組人員放置貴賓座位卡片，檢查宴會現場餐桌擺設。	1.公會秘書長為專案督導 2.禮賓接待組同仁 3.活動組同仁 4.交通組同仁 5.總務組人員
三	16：30～16：45	入口迎賓處接待檯設置完成	1.禮賓接待組同仁 2.活動組同仁
四	16：45～17：30	司儀預習與禮賓人員演練晚宴流程及動作。	1.司儀 2.總務組同仁 3.禮賓接待組同仁
五	18：00～18：30	晚宴賓客陸續抵達，賓客接待工作開始。	1.交通組同仁 2.禮賓接待組同仁
六	18：30	1.賓客入席就坐完畢。 2.司儀預備。	1.司儀 2.禮賓接待組同仁

32　安啦！帶你搞定活動企劃與禮賓工作

○○同業公會2018年全國會員大會迎賓晚宴專案現場工作流程表

時間順序		行動要點	人員
七	18：35～ 18：45	宣布由經濟部部長致詞，致詞完畢，舉杯向賓客祝酒祝福大會圓滿成功。	司儀
八	18：45～ 18：55	宣布由公會會長致歡迎詞，致詞完畢，舉杯向賓客敬酒。	司儀
九	19：00～ 20：30	宴會進行	
十	20：30	宴會結束，指揮調度賓客接駁交通車或轎車離去。	1.交通組同仁 2.禮賓接待組同仁

不論是各種常見的公商務活動專案的辦理，將活動當天的所有工作流程，依時間序列與節點將條綱一一列出，使得所有工作人員都能「**按表操課**」，這樣就可以在活動進行到某一時間點之前，人員都能夠事前「**就定位**」，活動必定能井然有序，好的"Run-down"就成為活動圓滿成功很重要的書面工具！

第五節
備案的擬定

一個完善周全的活動專案企劃，一定會考慮到一些事先未能確定的變因，為了因應這些不能確定的因素而多加制定的計畫，便是「**備案**」；而備案計畫的擬定，也是附屬於全部活動專案企劃，居於一個重要的地位。

如何制定備案？可以再一次把專案企劃的五大元素再次納入考量，並且假設一些情境，例如：

(一)「人」：
   1. 發現參加的人數不足，是否再次加邀他人參與？
   2. 某位演講者倘若臨時不能到，還有哪些在備邀名單上的講者可以緊急代替？

3. 搭配的廠商臨時有狀況，還有哪些廠商可以緊急接手？

4. 分工分組負責人臨時無法擔綱，有誰可以替代？

(二) 「事」：

1. 最常見的備案計畫，便是「雨天備案」。下雨天常常影響活動的進行與專案執行效果，因此，遇到下雨狀況，專案計畫往往會設定場地移往室內，又因應在室內的舉行條件，連帶影響到邀請賓客人數是否有所限制？這也會連動到參與的「人」是否要有所緊縮？相關設備是否也需隨之因應調整？

2. 假如某項活動節目安排或行程因故不能舉行，是否準備另一場節目代替？

3. 假如活動遇到「不可抗力」的情況，例如發佈颱風警報，舉辦的縣市宣布停班停課，那麼活動該怎麼處理？企劃案中是否應該特別註明因應方式？

(三) 「時」：假如因應不可抗力因素必須延期舉行，還有替代的日期與時間嗎？

(四) 「地」：舉行的場所如果有狀況，還有其他的場地可以代替嗎？

(五) 「物」：有關於總務工作，像是器材、影音設備、耗材等等，是否應該多準備一些以備臨時急用？交通車輛如果遇到拋錨的情況，是否有備用車輛以應急需？

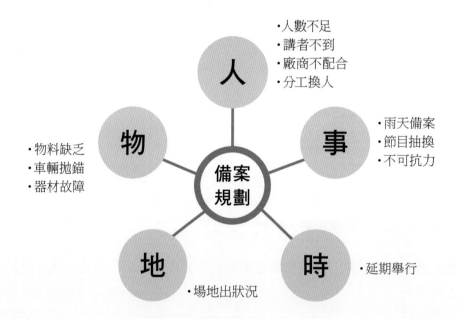

事先擬定「備案」的計畫，就好像研擬好多套劇本，能夠儘量把變數降到最低，也能讓所有工作人員遇到預設狀況時，能有所依循，而不致慌亂而使專案產生不利的影響。

結 語

成功的活動專案一定奠基於規劃詳盡、切實可行的企劃與妥善分工,當你被指派辦理一項活動,可以依照本章的分析,依照「人」、「事」、「時」、「地」、「物」五大要件開始展開構思與規劃,就不會因毫無頭緒而緊張害怕,這裡所附上的範例也可以當成你計畫的參考,您只要將你的專案所屬條件替換範例與表格的內容,專案模型就大致成形,有了規劃雛形,再繼續處理「人事」問題,此時需要你發揮協調所有工作伙伴的功夫,組成樹枝狀的分工系統,將專案交辦下去,依照時效控管工作進度,及時妥善處理突發事故,相信活動專案一定可以圓滿完成。

要點回顧

一、活動的辦理基本上就是對「人」、「事」、「時」、「地」、「物」這五種要素做資源上的調配與選擇的功夫。

二、為了確定達成的「目標」以及服務的「對象」,對有限的「資源」與「時間」做理性適切的調度籌劃,所進行的行動方案規劃就是「企劃」。

三、擬定活動企劃書的主要目的,一是「說服」、二是「遵從」。

四、「活動企劃書」的格式,通常包含以下的項目:
(一) 企劃名稱。
(二) 達成目標或預期成效。
(三) 撰擬人(提報人)姓名。
(四) 專案進行的起迄日期與舉辦時間。
(五) 主辦與協辦單位。
(六) 活動地點或區域。
(七) 參加對象(訴求對象)與預估人數(規模)。
(八) 企劃的詳細說明。

(九) 組織分工編組與工作執掌。

(十) 預算表。

(十一) 工作預定進度表。

(十二) 聯絡人姓名、電話與電子信箱。

(十三) 其他附註事項。

五、對於工作進程的管控，可以擬定「工作進度表」或「甘特圖」，讓工作人員一目了然且有所依循。

六、「備案計畫」的擬定就是對風險的管控，仍可以依「人」、「事」、「時」、「地」、「物」五大要素來構思，計畫可以備而不用，但卻是完整活動企劃中非常重要的一環。

問題與思考

1. 「活動企劃書」的格式，通常包含什麼項目？

2. 製作「活動企劃書」的主要功能有那兩種目的？對內、對外有何作用？請繪圖說明之。

3. 你的公司為響應「歲末年冬送愛心給貧童」募款號召，準備辦理一場名為「耶誕愛心義賣會」的活動，希望公司同仁、客戶與協力廠商共襄盛舉，主管把這場專案繳給你策劃，請你提報一份活動企劃書。現在，就請你構思與設計此一活動，交出這份活動專案的企劃書。

4. 承上，請列出一份義賣活動專案的時間進度表。

5. 承上，請試擬一份義賣活動專案的備案計畫。

附註

註1：何謂腦力激盪法？（Brainstorming），此法是美國人亞歷克斯·奧斯本（Alex F. Osborn）於1938年首創的。其運作方式是由一群人集合在一起，就研討主題有關的想法及見解都提出來，無論彼此間覺得其他人的想法有多麼可笑，都不得打斷與批評，就從相互間的意見激盪而引出許多看法與解決之道，之後經過統整與歸納，藉由團體的力量產生新觀念與解決問題的方法。

Chapter 2　各種場合賓客排序與座位次序的藝術

學習目標

· 什麼是「禮賓排序」？
· 「禮賓排序」為何在活動辦理中如此的重要？
· 國際間一致認定與通用的禮賓名次排序原則。
· 座位安排的「尊位原則」。
· 座位安排的藝術：有哪些微妙又敏感的因素，在各種活動場合座位安排中，必須列入考慮的？
· 會議座位如何安排？
· 會見座位如何安排？
· 舞台座位如何安排？
· 合影位置如何安排？
· 有關國際懸旗實務如何安排？

 引言 Introduction

在所有國際間商務的活動場合中，有一項「關鍵性」又具有相當「敏感性」的工作，那便是「禮賓排序」與「座位安排」！這項工作的重要性，可以說是活動籌辦順利與否與賓主滿意關鍵之所在；就實務來觀察，發覺活動主辦單位與承辦人總是把重點集中在活動內容規劃，著重在事務方面，然而在所有的公關場合，服務的對象是賓客，牽涉到對「人」的工作，總會有著一些微妙且敏感的地方，相關安排是不是可以讓參與者（主人與賓客）都能感覺到受到尊重？活動節目再怎麼熱鬧、

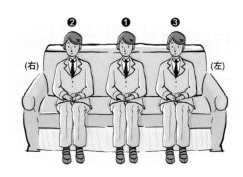

參與人數再怎麼踴躍，假如對於某些重要人士的座位安排不恰當，而招致賓客的不悅，負面的影響反而掩蓋了活動策劃的精心安排，也抹煞了規劃人員的辛勞。就「禮賓工作」的核心精神來說，必須要以賓客的角度來思考，想一想，是否出席的賓客會感受到「尊重」與「榮譽」？而讓人立即感受最深，而又最直接的，便是「禮賓排序」的結果了。那麼，什麼是「禮賓排序」？起源又是如何而來的呢？

第一節
什麼是禮賓排序？

所謂**禮賓排序**（**order of precedence**，或稱「禮賓次序」），指的是國際交往中對出席活動的國家、團體與各國人士的位次或座次，按某些規則和慣例所進行排列的先後次序。

一般而言，禮賓次序表現出地主（國）對賓客所給予的**禮遇**與**尊重**，在一些國際性的集會上，則表示**各國主權平等的地位**。禮賓次序安排不當或是不符合國際慣例，常常會引起對方的不悅、爭執與糾紛，甚至影響雙方乃至於國家之間的關係。

禮賓排序除了在國際間的「外交禮節」中佔了相當重要的位置，在一般公務或商業的往來中，「職位高低」對相互間往來份際的拿捏，也是非常重要的一項考慮因素，如果運用在「禮賓工作」之中，表現出來就成為了「禮賓排序」。由於禮賓排序必須掌握一些原則與技巧，卻又必須根據不同對象、不同時空環境與想要達成的目的，而做一些「彈性」的調整，而不是死板地墨守一些原則，安排的結果也希望能讓所有人都能「接受」（但在實務上，讓所有人都能「滿意」實在很困難），這就是為何本書說「禮賓排序」與「座次安排」，不單是一項「技巧」，而是一項**謀略**與**藝術**的緣故。

第二節
禮賓次序的重要性

本書在之前的章節，已經多次談到「禮賓事務」，就是一種「搭橋」的工作，事務的性質是偏向於「**程序性**」的，但千萬別小看這項工作，因為沒有透過適當程序的安排，雙方或多方就無法進行到「**實質性**」的討論、磋商、會談、協議、合作甚至是談判，所以您說說看，這項工作重不重要呢？

中國自古以來，傳統上都講求「揖讓而升」的禮儀，彼此互相謙讓一番，顯得和氣又客套；但從西洋外交的歷史上來看，恐怕就不是如此的「溫柔敦厚」了！數個世紀以來，外交禮節的重心多在次序先後的問題，因為這個問題牽涉到「**國家人格**」、「**國家尊嚴**」、「**國家光榮**」、「**國家地位**」與「**國家體面**」，在國家平等原則，以及民主主義的基礎還沒有樹立與鞏固之前，外交禮節上次序的問題，往往成為國際交往上最大的阻力與障礙，而且，國際間對於這方面問題的爭執，幾乎都是關係到「次序先後」與「階級」的問題（唐京軒，1980：23）。例如，在歐洲歷史上，法國與西班牙為了彼此在外交上駐外使節的前後次序，誰也不讓誰，數度發生爭執與糾紛；在西元1504年，羅馬教皇朱利鄂士二世（Pope Julius Ⅱ）下令頒佈歐洲各君主的排列序位，但是各國國王大多不滿這項排序的結果，因此實際上常常各行其是。例如，法國政府曾訓令其駐外大使在重要場合，位次千萬不要讓西班牙大使搶先在法國之前。同樣地，西班牙也訓令其大使，不要讓法國大使居於之前（呂雄，2007：22-23）。於是乎，爭執就此發生：

(一)　西元1633年，丹麥王國為王子舉行婚禮，法國與西班牙大使因宴席上座位的先後問題產生爭執，結果西班牙大使一氣之下降旗歸國。

(二)　西元1659年，法、西兩國駐荷蘭海牙大使的馬車在某一狹窄巷道內「狹路相逢」，雙方互不相讓，居然就這樣僵持了3小時之久。後來是荷蘭政府被迫將路邊的房屋拆除，讓西班牙大使的馬車通過，而法國大使的馬車也無須相讓，才結束了這場「糾紛」。

(三) 西元1661年，瑞典駐英國新任大使到任，依照當時的外交禮儀必須舉行盛大的歡迎儀式，英國國王派皇家馬車前往迎接，而其他各國大使也須派出馬車歡迎以壯聲勢。當時瑞典新任大使行進在前，法國大使的馬車隨即緊跟在後，西班牙大使的馬車車伕一看，認為此舉將置西班牙國王的尊嚴於何地，便與法國車夫吵架，結果法國車伕被拉出車外，馬也死了好幾匹，還好護衛大使的百餘位士兵沒有跟著動武，否則事情會鬧的更大。法國國王路易十四（Louis XIV）在當時的歐洲是何等人物，獲知法國大使受辱，便與西班牙斷絕外交關係，並且提出嚴重警告：如果不為此事道歉與賠償，並且懲處西班牙駐英國大使，結果便是「宣戰」。西班牙為了息事寧人，只能勉強答應。

1701年亞森特·里戈（Hyacinthe Rigaud）所繪法國國王路易十四畫像。（圖片來源：https://goo.gl/wKTQJ7）

除了法、西兩國之間為了位次問題爭得你死我活之外，其他國家恐怕也好不到哪裡去。西元1768年冬天，英國倫敦政府舉行正式舞會，廣邀各國使節參加，依當時國際慣例，法國使節的席位是在教皇及皇室所派的大使之後，並且在所有國家的使節之前，然而俄國政府卻訓令其使節席次不可以低於法國。現場俄國大使

先到，法國大使後到，想坐在俄國大使之前，因此發生爭執而彼此動手，最後居然是以「鬥劍」的方式來決定「誰有理」，結果俄國大使還因此受了傷。（唐京軒，1980：4）（呂雄，2007：23）。

以上的案例都是幾個世紀之前所發生的歷史事件，就現代人的角度來看，似乎反應過度而流於「野蠻」。但是，如果將層級拉高到國際外交的高度位階來看，事關國家的尊嚴，以及君主與元首的面子，爭得面紅耳赤甚至拳腳相向，恐怕也不是沒有道理存在。在當今的社會，如果禮賓排序的不當，所引發的結果，雖然沒有嚴重到「兵戎相見」的情況，卻也會嚴重影響到重要場合既定事務的進行。

再舉一個現代國際歷史上的案例：在1973年，由越南共和國（南越）、美國、越南民主共和國（北越）及「越南南方民族解放陣線」（National Front for the Liberation of Southern Vietnam，又稱越共）在法國巴黎簽訂的「巴黎和平協約」，這個和平協議目的，是為了停止越南戰爭以謀求和平，也停止美國的直接介入戰事，以及達成停火的目標。當初在和談準備開始前有個插曲，各方為了談判桌是擺成「長的」、「方的」還是「圓的」而爭執不休，和談因此延宕了近6個月之久。或許這是談判運用的策略手段之一，在談判場合上利用「**程序問題**」來干擾「**實質問題**」，或者是運用「程序問題」為手段，來爭取解決「實質問題」為目的。

在外交上，運用「禮賓層級」的升高（甚至是「破格」），來禮遇來訪貴賓，而培養雙方友好的氣氛，藉此進一步增強雙方鞏固友誼與實質的合作。另一方面，「禮賓層級」也可負面運用，如果我方就對方某一事件或方式不滿，便可以運用降低接待層級，或減少禮遇的方式表達（降格）。換句話說，就國際外交禮儀上，講究的是平等對待與禮尚往來，猶如天平的兩端，「禮賓

> **TIPS**
> 所謂「破格」是指打破以往的慣例與既定規格，對某特定對象提升接待的禮遇程度。

待遇」上的變化，便隱含與表達著外交話語，成為雙方關係的溫度計，「禮賓」與「接待」工作是如此的重要，不但不能忽視它，反而必須加強與重視。

總而言之，「禮賓排序」的重要，在於它是屬於「**前置性**」以及「**程序性**」的工作。「程序性」的工作如果沒有共識，在任何公商務的活動場合就沒有辦法進行到「實質性」的事項，例如進行「會議」、「談判」、「磋商」、「訪問」等等的實際內容與本體工作。如果以圖形來表達，就如下圖所示：

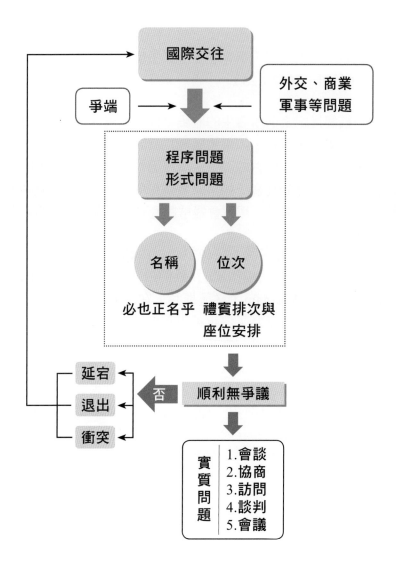

第三節

國際間對於「禮賓次序」原則的確立

如果就西洋歷史來觀察，早先國際間的外交「禮賓次序」先後順序的決定，大致
是由以下的條件與原則所決定的：

(一) 宗教因素與國勢強盛與否。

(二) 政體與尊稱。

(三) 階級高低。

(四) 抵任先後：亦即同一階級則以報到履新的時間先後，來決定禮賓次序的順序。像當今駐某一國使節，彼此之間的排名次序，就是依照「抵任」先後來決定的（更精確來說，以使節向元首呈遞「到任國書」的那一天開始起算）。

(五) 依照「字母排列」（Alphabetical Order）及「上位交互辦法」（或稱「輪流制」，the alternate system）。

近一世紀以至現代，自從宗教影響力式微，以及民主政治代替了貴族政治，再加上國際間提倡各國「獨自自主」與「平等對待」的精神，國際外交上「禮賓排序」的原則只剩下以上的「**職位高低**」、「**抵任先後**」與「**字母排列**」的方式而已。所以，讀者也可從國際間「禮賓排序」原則演變嬗遞的歷史中，察覺到從「神權」、「君權」乃至於「民權」的演進。

然而，奠定今日具有平等與平衡精神之「禮賓排序」原則的里程碑，到底是從何時發軔的呢？主要是在西元1815年的「維也納會議」所訂立的國際條約《維也納會議議定書》（Final Act of the Congress of Vienna）中，規定「外交代表等級規則」（Réglement sur le rang entre les agents diplomatiques），以及西元1818年所召開的「愛拉夏伯爾會議」中所訂立的《愛拉夏伯爾會議議定書》（Final Act of the Congress of Aix-la-Chapelle），確定了國際間外交官的階級與次序，雖然當時只規範於歐洲地區，但是後來日漸通行於全世界，直到現在，也為世界各國所採行與遵守。

第四節
安排禮賓次序與位置的基本原則

或許我們對於前述的「外交禮節禮賓排序」來說，會覺得位階很高，似乎對於們平常的工作與生活而言，感覺距離相當的遙遠。其實，「禮賓排序」對於現代公商務的各種場合中的實際運用，同樣也是非常的重要，只是因為在外交場合上，如果不把相關的「排序」明定，牽涉到國格與尊嚴，一定會引發紛爭，產生的後果恐怕難以預估。在一般的商務場合，對於排名順序也許不見得會爭得如此白熱化，但卻是各種活動程序與座位安排的重點，因為「排名先後」與「座次高低」對於賓客或參與活動的人員來說，就是「**隱含**」主辦單位或主事者對某位人

士的「看法」或「重視程度」。所以，這項禮賓排序的工作是非常具有「敏感性」的！而對於某些具有政治性的場合來說，敏銳的觀察者甚至可以透過「座次高低」的安排，來解讀政治人物「權力」與「位階」的變化。所以我們可以說：「禮賓排序」是一門相當奧妙的「藝術」與「學問」，甚至往往成為活動成功與否的重要關鍵！

而對於現代公務或商業的各種場合與活動而言，通用的「排序原則」與安排「座次」的方式為何呢？對於這方面的工作，**首先要詳列所有賓客的職銜與姓名後，再按賓主雙方分別排序，一一按照機關單位或公司內部公認的排名，依次序臚列成一份賓客名單，才能繼續「安排座位」的工作。**

(一) 禮賓名次排序原則

對於名次排序的原則，有以下的根據來衡量，在這裡必須事先說明的是，要採取哪一種原則，或者是哪幾種原則，需視賓客或人員的組成性質而定：

1. 階級職位（Position）

   這是禮賓次序排列的主要根據。在一般的官方活動，經常是按身份與職務的高低安排禮賓次序，例如按國家元首、副元首、政府總理（首相）、副總理（副首相）、部長、副部長等順序排列，各國提供的正式名單或正式通知是確定職務的依據。由於各國的國家體制不同，部門之間的職務高低也不盡一致，禮賓排序則要根據各國的規定，按相當的級別和官銜進行安排。在一般民間機構或是公司的商務來往活動中，禮賓次序的高低順序，也是以「職位高低」為首要衡量的依據，例如：公司內部依次為董事長、總經理、副總經理、協理、襄理、經理等等的排序。當然，對於「職稱」的定名來說，實在是非常多樣化，在有制度的公司內部，應該有一套職位的排序列表可供參考，當辦理活動、舉行大會與內部會議時，才有工作上的依據。另外要補充的是，如果屬於國際間大型會議或運動大會等等的場合，常常會由參與的國家派出多人組成的「代表團」觀禮、參與大會甚至參加比賽，有時也可以按照出席代表團的「團長身份」（Head of delegation）高低排列各團的次序。

2. 政治考量（Political Situation）

   在安排排序與位次時，再進一步考量賓客相互間的位置關係，若相鄰座位的兩人因為國家（或單位間）的關係不佳，也可以考慮調整位置而不坐在隔壁。另一種外交藝術，稱之為「破格接待」，原本國際外交禮儀上的通用原則為「平等」與「對等」，如果因為特別政策與外交手段的

緣故，想要提升某位對象禮遇的規格，迎賓時可由比訪賓更高階的東道主來迎接，座次安排上也可以更加禮遇，由此安排讓被接待的訪賓體會地主國的禮遇意涵與用心，進而加強雙邊關係的增進，這種辦法用於一般的商務場合也是相當適用，也成為建立彼此交往促進商誼的方法與手段之一。

3. 人際關係與交誼（Personal Relationship）

有時候在考慮「職位」的優先次序之後，或許還有其他必須考慮的地方，例如：雖然某人的職位較高，也許與其他人還有某些必須考量的因素。例如彼此之間有師生情誼，在華人的社會習慣之中，往往不敢排在老師之上，否則到了活動現場相互還會謙讓一番，至於這種「人際關係與交誼」來說，主辦單位或承辦人員是否知曉，往往無法一一瞭解，當然只能儘量探求便是，實在無法全知全能，這也就是為何負責禮賓工作的專業人員，必須長時間累積經驗與開拓廣博的視野，對於這種人際之間複雜的關係才能較為「練達」的緣故。

以上3種排序，便稱之為「3P原則」，也是一般坊間禮儀書籍常常談到的。但是，在實務工作上，所謂「3P原則」實在無法涵蓋所有的禮賓排序工作，在國際上常見的排序原則，以及適用於華人社會慣用的排序之方式，還包括以下的原則與方法：

4. 依中文筆畫排序

有時人員並沒有特別的「職位」，或者是彼此的「職位名稱」之間難以比較，如果都是國內人士，也可採用「姓與名」的中文筆畫順序排列。例如，使用中文的出版品，參與人士的排名可以依照中文姓名筆畫排序（並且聲明以姓名筆畫順序排序）以避免爭議。

5. 依英文字母排序

在國際間多邊（多國參與）活動中的禮賓次序，依當今的慣例會按照參加國國名字母順序排列，一般以「英文」字母排列居多，少數情況也有按其他語系的字母順序排列（例如歐盟使用法文），這種排列方法多見於國際會議、體育比賽等等，例如奧運會開幕、閉幕典禮的各國進場排序，並且地主在最後入場（另因「希臘」是奧林匹克運動會的發源地，所以習慣由希臘首先出場）；另外如聯合國開議時，國家排序是每年先抽籤決定從哪一個字母開頭，再依之後的英文字母順序來排序，以避免某一些國家（像是A、B開頭的美國、巴西等等國家）總是佔據前排席位，也讓各國都有均等的機會排在前列。因此在國際會議的席次、公佈與會者名單、懸掛參與國的國旗，相關的座位安排等等，大多按照各國國名的英文字母順序排

列為基本的原則。值得注意的是,在有關於「國際簽約」場合中,若僅有兩國締約,各方的收執本各以本國元首與國家居前;若在多國簽約的場合中,也有所謂的「輪流制」(the alternate system),這是為了使每個簽約國都享有第一位簽字的榮譽,在技術上將給每個簽約國的收執本,給該國優先簽署在第一位,之後再給其他締約國依「法文」國名順序依次簽字。如此,各國在名義上都享有優先權,也解決了各國對於「排序」等等程序問題上的爭議,但是現今多已不見採行,而是依照國際通用的「英文」字母排序簽署。

6. 依年齡大小、出生年月日排序(敬老尊賢原則)

如果活動的性質,不需要以階級頭銜為考量,甚至是因為大家頭銜都差不多,在華人社會通常也接受「敬老尊賢」的說法,而依照「年齡大小」來做排序。但是必須加以說明的是,國際間排序還是以「單位」與「職銜」為考量,不認為「年齡」是一項重要因素,如果某位國際人士知道他坐上位,只是因為「年紀」比其他人大,恐怕他不見得會欣然接受的。

7. 依進場或報到順序(FCFS原則)

西諺常論及"First-come,first-Serve",意思是說先來者先服務、先來者先享受,也可以引申為先到場先報到者先選位入座,對於舉辦中大型會議或宴會時,常會運用這項原則,實務上重要賓客常搭配上面的幾項原則安排固定座位,其餘賓客再按照這項原則入座,但是現場必須配合司儀宣佈自由入座,還有由禮賓接待人員協助入席較為適當。

8. 抵任先後(比年資或資歷)

在工作職場中,「排資論輩」乃是人之常情,彼此間排名先後與座次安排也成為重要的依據之一。人們不只在工作場合的「人際生態」中愛比資歷,在國際外交禮儀的場合中,在某國的他國駐節大使之間排名先後,就是以抵任該國時向元首呈遞「到任國書」的先後次序,來決定彼此大使間的排名次序。

9. 軍職人員的禮賓排序

相信絕大部分的人對軍職人員的禮賓排序都毫無概念,軍中除了軍階之外,也是非常講究學長與學弟間的期別倫理。其大致依循的原則如下:

(1) 軍階:依次為將官、校官、尉官與士官。

(2) 軍種:陸軍、海軍、空軍、聯合後勤、憲兵等等排序。

(3) 年班:同軍種則比期別。

10. 其他禮賓次序安排的慣例與依據

對於禮儀工作來說，「入境問俗」的原則還是會發揮作用，相關的安排往往也必須尊重主辦國或主辦單位的特殊考量，例如：國家之間的關係、所在地區、活動的性質與內容、對於活動的貢獻多少，以及參加者（包括代表團團長）的威望、資歷等等；有時也會把同一「集團」的、同一「地區」的、同一「宗教信仰」的、同一「語文」的，或者是「關係特殊」的國家或企業的代表團（或代表人及成員）排在前面或安排在一起，而對同一級別的人員，常把威望高、資歷深、年齡大者排在前面，有時還會考慮業務性質相近的、相互往來較為頻繁等等的因素，納入排序或座次的考量。不論主辦者依據哪一種因素當成標準，都必須讓大部分的參與者能夠認同，最起碼主辦者要能夠「**自圓其說**」，因為禮賓排序在積極面是要讓人感覺到「被重視」與「被尊重」，在消極面則是要能達成參與者彼此間的共識與平息爭議為目的。

(二) 官方明定排序的實例

由於在外交上或者是官方的禮賓工作，對於「位次」的要求是非常嚴謹的，必須「明定」官員之間的排序，相關活動才會井然有序，可不要認為每個國家政府內部官員排序的訂立，只是建立「朝儀」而已，而是對於政府內部以及國際間活動的往來交流建立一套制度，如此才有一定的辦理標準，否則官員之間誰是排在前、誰居於後都

> **TIPS**
>
> 如果您還想進一步了解世界各國官方職位的禮賓排序，請在網路上搜尋關鍵字"Order of precedence"

爭論不休，光是「程序」問題就牽扯不清，國家政事豈不耽誤？

因此，世界主要國家對於其內部官員與重要有威望人士，都會一一詳列其職位的「**禮賓排序**」。換個角度來看，有明定禮賓排序的國家，幾乎都是國際間強權或是重要的國家，因為從良好的禮賓工作制度中，就可見其端倪。

至於我國政府重要職位也有一套在禮賓場合排列次序，以下列表排序純為參考，內容與排序有可能隨時調整，以行政院實際排序作業為準。

中華民國政府重要職位禮賓場合排列次序
總統
卸任總統
副總統
卸任副總統
行政院院長
立法院院長
司法院院長
考試院院長
監察院院長
資政　　　　　　　　　　　（依總統府排列次序排列）
一級上將戰略顧問　　　　　（依總統府排列次序排列）
總統府秘書長
國家安全會議秘書長
行政院副院長
立法院副院長
司法院副院長
考試院副院長
監察院副院長
中央研究院院長
國史館館長
行政院政務委員
內政部部長
外交部部長
國防部部長
財政部部長
教育部部長

中華民國政府重要職位禮賓場合排列次序	
法務部部長	
經濟部部長	
交通部部長	
勞動部部長	
衛生福利部部長	
文化部部長	
科技部部長	
直轄市市長	（以首都市在先，其餘依改制次序排列）
參謀總長	
最高法院院長	
最高行政法院院長	
公務員懲戒委員會委員長	
大法官	（依司法院排列次序排列）
考試委員	（依考試院排列次序排列）
監察委員	（依監察院排列次序排列）
考選部部長	
銓敘部部長	
審計部審計長	
行政院秘書長	
立法院秘書長	
司法院秘書長	
考試院秘書長	
監察院秘書長	
總統府副秘書長（特任）	
行政院發言人（特任）	

中華民國政府重要職位禮賓場合排列次序
（以下行政院各機關依行政院次序排列）
國家發展委員會主任委員
中央銀行總裁
行政院主計總處主計長
行政院人事行政總處人事長
行政院環境保護署署長
國立故宮博物院院長
行政院大陸委員會主任委員
金融監督管理委員會主任委員
海洋委員會主任委員
僑務委員會委員長
國軍退除役官兵輔導委員會主任委員
行政院原子能委員會主任委員
北美事務協調委員會主任委員
行政院農業委員會主任委員
公平交易委員會主任委員　　　　　　　（獨立機關）
行政院公共工程委員會主任委員
原住民族委員會主任委員
客家委員會主任委員
中央選舉委員會主任委員　　　　　　　（獨立機關）
國家通訊傳播委員會主任委員　　　　　（獨立機關）
公務人員保障暨培訓委員會主任委員
臺灣省政府主席
福建省政府主席
國策顧問　（總統府慣例依年齡排序）
國家安全局局長
最高法院檢察署檢察總長

(三) 座位安排的「尊位原則」

如果賓客或參與人員的次序大致確定，接下來，便是因應各種場合（例如：會議、典禮大會、宴會、合影與會談等等）座位如何安排的問題。當然，位階職務比較高，或者是比較重要的人士，我們會安排比較「尊重禮遇」的位子，那麼，比較「尊貴」的座位如何決定？這便是通行於當今國際禮儀中的「尊位原則」，有以下六個要點：

1. 以「右」為尊 2. 以「上」為尊 3. 近「中央」為尊
4. 近「內」為尊 5. 近「主人」為尊 6. 較「舒適便利」為尊

如果您已經大致安排好賓客的座位安排，接下來還必須根據以下特殊情況加以調整：

1. 曾擔任過職位之高低

有時受邀的賓客已經離開某項職位，也可能已經退休，或者是從事其它的事業。公務界最多的例子便是不再擔任高官要職，也許重新回到學術界從事研究工作，或者是重回校園擔任教職以作育英才，在座位安排上也可考慮賓客所曾經擔任的「最高職位」，因而向前調整到適當的座位，不可因為某位客人目前已無重要職位或是顯赫頭銜，而被安排在後座，這會讓人感覺到主人的現實與世態炎涼，這一點必須特別注意。

2. 恩怨情仇

有時公務餐宴中的座位安排，難免需要考量到一些無法明講的「私人因素」。例如，明明知道兩人不太對盤，就不要安排彼此相互鄰座；又如你主辦某場大型工商協會的餐宴，知道某兩家公司正在大打專利權官司，就不要讓兩家企業主剛好同一桌，一則避免尷尬，令當事人食不下嚥，二來也不要讓其他人因此多了個茶餘飯後的閒聊話題。因此，座次安排不必墨守成規，如有特殊考量就必須加以調整。

3. 突顯重要性

為了表示禮遇與重視對方，主方刻意提高某人的座次，升高接待的層次，這就是所謂的「破格」安排。這項禮賓工作技巧，常見於國際外交接待的實務上，其目的是為了積極爭取對方的外交友誼。若用於商務上，則是特別突顯某人的重要性，表現出特別的重視與禮遇，這是一種靈活運用的技巧。這一點會在本章最後討論。

4. 現場工作之要求

有時入席者對於某項活動也常常有工作在身，特別是在會議辦理的實務上，此時參與工作的入席者，就毋須拘泥自己職位的高低，要以方便現場工作為首要考量，儘量安排在方便出入的座位，以及不妨礙其他在座者的視線，或是不容易受到注意者為佳，不然有時因為工作，或者是處理現場臨時突發的情況而進進出出，將影響與干擾到其他在座的賓客，這可是非常失禮的事情。

5. 最後要經上司核可確定的程序

當然也是最重要的，各項活動的主辦人對於座次安排，是不是能夠解釋周到？依循的原則與安排的理由都能具有說服力，才是一個恰當的座位安排。最後，安排好的座位圖表，要記得給負責的主管或是擔任主人者核閱一下，或許他能找到你未能考慮到的重點也說不定。

第五節
「會議」座位安排

對於會議座次安排，首先要考慮到會議桌的型式，常見會議桌的形狀包括「長方型」、「T字型」、「戲院式」、「ㄇ字型」、「口字型」、「E字型」、「而字型」等等，最常使用的當屬「長方形」會議桌，因此在這裡以此種桌型為討論對象。

我們對於會議座次安排，主要以「**參加會議的單位**」為排序首要的對象，因為開會是以工作與討論為導向（如分工及業務協調會議），同單位的出席代表坐在同一區塊，可以相互徵詢。原則如下：

(一) 同一單位出席代表坐一起。

(二) 各單位排次，依照該單位職位最高者為依據。

(三) 此方式亦為國際間各國、各組織出席會議活動代表團之出場次序或座位安排先後次序之依據。

（範例）

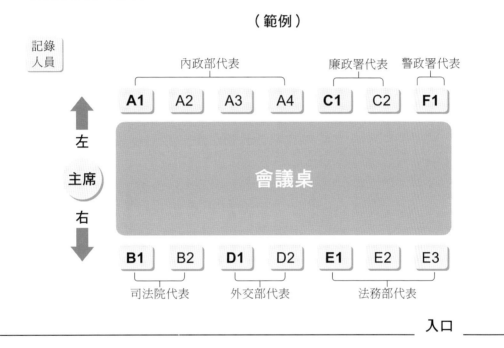

如果是屬於內部的會議，與會者便可僅依照職務位階高低來安排座位，次序依照下圖原則安排入座：

如果會議的性質，是屬於雙邊「洽談」、「協商」或「談判」的性質，彼此之間便可分為「主方」與「客方」，座位安排便明顯的涇渭分明。舉實例來說，譬如像兩國之間的經濟貿易談判與協商，或者像是「財團法人海峽交流基金會」（海基會）與「海峽兩岸關係協會」（海協會），雙方的協商與會談，所採取的座次安排，都是這種型式，如下圖所示：

如果是國際間多國代表參與的國際大會，具有規模與制度的籌辦單位，多設有「議事組」或「秘書組」，而參加各國的會員代表，則依照國家英文國名的第一個字母，依照字母順序排列如下：

［多邊國際會議］
半圓形大會廳　Semi-circle Form

第六節
「大會舞臺」座次安排

在許多公商務的活動中，舉行室內的「頒獎典禮」、「演講」、「大型集會」的
活動形式，常會利用「會議廳」、「大會廳」等等類似的場地，特色是有大型的
舞臺，此時「大會舞臺」上的座次該怎麼安排呢？下圖就可以簡單的說明：

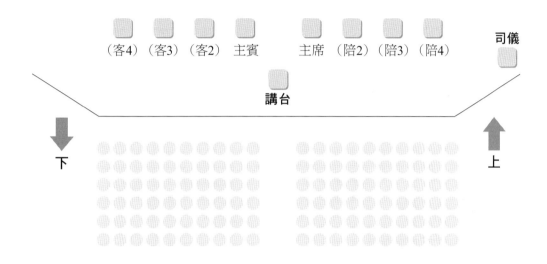

在大會廳場地中，如果舉行的活動性質，讓舞臺上的賓客相互之間有一些互動與
對談時間，此時的座位安排，便可以把左右兩邊的座位，擺放略成為「八」字
型，或是略成為開口面向觀眾的「半圓弧」型，不但讓舞臺上的人士相互之間的
對談可以看的到彼此，這樣也會顯得更加的自然，並且符合「與談會」的性質。

第七節
「會見」座位安排

在公商務的活動中，「拜訪會談」是很常見的活動之一，那麼在會客室座位的安排上，該如何處理呢？特別是在正式的會談時，為了方便於拍照的考量，通常是主人和主賓都在會客室的正面就座，而其他客人和主方陪見人員則在兩側按禮賓排序就座，會客室座位安排如下圖所示：

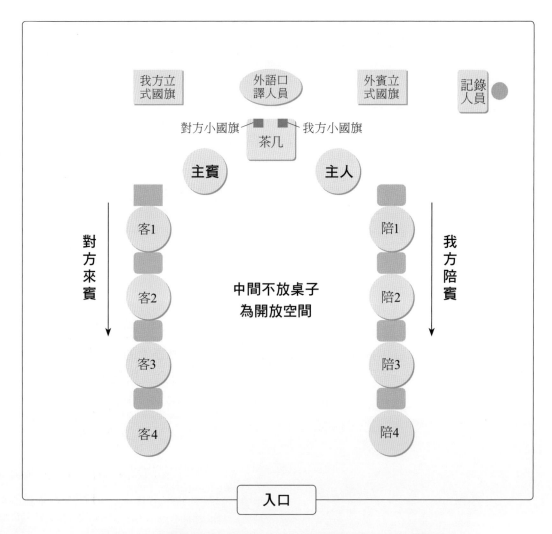

（右為尊，來賓在主人右手方向入座。數字大小代表禮賓次序）

第八節
「照相合影」位次安排

在官方與商務正式會談所預定的流程中，通常也會在會面結束後安排照相，可以是主人與主賓合影，也可以安排全體人員的合照。有關雙方合影所站的位置，也是具有禮賓排序的原則：一般由主人居中，以「右」為尊（以主人方面來看）、以「前」為尊為原則，主客雙方分立兩旁排列，亦有習慣將兩端由主方陪見人員分站（俗稱**把邊**），以表示禮貌，如下圖所示：

合影位置安排的實際操作範例：

情境1：僅有單排，主人與主賓地位略同，或主賓略高於主人時。

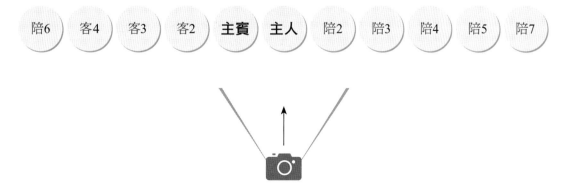

情境2：僅有單排，主人地位高於主賓。

PART
2

活動規劃全方位

情境3：賓客人數較多時，須排成前後多排，主人地位高於主賓時。此情況需另覓有階梯的大廳入口或其他適當地方，前低後高，所有人才都能全部入鏡，第一排也可以安排座椅，以方便照相。幾位職位比較高的來賓，可以安排在第1排，其餘人員就可不用分次序，站在第2排之後，原則上個子高的站後方，才不會擋住他人的鏡頭，另外前後排的人員之間插空隙，儘量讓大家的臉部都能入鏡。

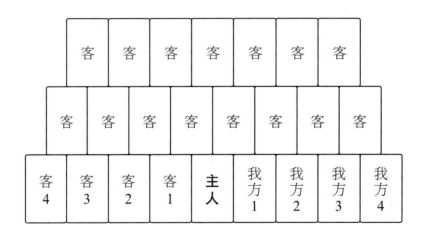

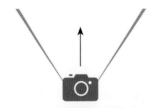

第九節
有關國際掛旗的次序禮儀安排

在現今的社會中，不論官方還是民間團體，對於外交活動或國際交流，都已相當地頻繁，在一些正式的場合中，為了突顯兩國或多國之間活動的正式性與莊重性，會場中往往會佈置彼此的國旗與其他代表旗幟（例如會旗），而對於旗幟擺放或懸掛的方式與「位次」（precedence）的問題，也是值得我們要多所注意的。那麼，對於「國際掛旗」的慣例與原則是什麼呢？一般在大多數的國家與地區而言，有關於國際涉外禮儀中的「掛旗次序」，有以下的通用原則：

對於旗幟次序的安排，國際間通用的尊位原則如下：

(一)「右」為尊原則

這裡所說的左右方向，指的是依旗幟本身的位置為準，國旗的懸掛以**右為尊**，首要以**地主國國旗**為第一尊位。舉例來說，如果在本國舉行的典禮或其他活動，那麼我國的國旗就要擺放或懸掛於右方，對方國家國旗則居左。同樣的道理，如果我國國旗到了外國，懸掛或者是置放時，當地國的國旗就要居於右方尊位了。

(二)「中」為尊原則

如果需要擺放的旗幟不只兩面（兩國），那麼次序要先依照英文（或法文）國名的第一個字母來排列順序，國旗次序確定後，在依「右」為尊以及「中」為尊的原則擺放或懸掛旗幟。舉例如下：

1. 在國內置放國旗之次序（10個國家以內，英文字母為假設該國英文國名的第一個字母）：

(1) 國旗數目為**單數**時：

G 國	E 國	C 國	A 國	地主國國旗	B 國	D 國	F 國	H 國
8	6	4	2	1	3	5	7	9

（排序）→

（觀眾方向）

註：如果立旗的場地是在「舞臺」的左右方，而國旗又剛好為「單數時」，在實務上可將地主國國旗準備**兩面**，先分置於靠近舞臺的兩邊，這樣兩旁他國的國旗數目還是能夠左右對稱。

(2) 國旗數目為**雙數**時：

F國	D國	B國	地主國國旗	A國	C國	E國	G國
7	5	3	1	2	4	6	8

（排序）→

（觀眾方向）

2. 在國內置放國旗之次序（10個國家以上，英文字母為假設該國英文國名的第一個字母）：

地主國國旗	A國	B國	C國	D國	E國	F國	G國	H國	I國	J國
1	2	3	4	5	6	7	8	9	10	11

（排序）→

（觀眾方向）

（三）「高」為尊原則

如果**國旗**與**非國旗**的旗幟同時懸掛時，此時國旗應居右方，而且旗桿也要略**高**，旗幟也可以略**大**一些。

（四）「前」為尊原則

其實這項原則與國際間活動「進場」次序有關，又因為進場時常會伴隨著各國隊伍之前的國旗「掌旗官」進入會場，例如奧林匹克運動會開幕典禮進場，也主要是依照各國英文國名第一個字母順序排次，但通常主辦活動的地主國卻是最後入場的。

（五）有關國際間兩國往來場合「賓主」（人的相對位置）與國旗懸掛方位的三大體系

此賓主與國旗間的相對位置，經本書作者深入研究，已歸納出三大體系。在解說這三大體系之前，這裡先要設立一個尊位前提：「**以右為尊**」。這裡所指的「右方」，是以賓主及國旗本身為方位（不是以觀眾的角度去看）。因此，就彼此人與國旗之間的方位安排不同之組合之慣例，有著「**讓人不讓旗**」、「**讓人也讓旗**」以及「**人旗皆不讓**」三種方式，而所謂「**讓**」，是指禮讓來賓居於尊位的意思。以下就三種安排慣例說明如下：

1.「讓人不讓旗」，亦稱「美系作法」

地主國國旗都是居於「**最尊位**」，這是因為「國旗」是代表國家的象徵，牽涉到維護「國格」與「國家尊嚴」的立場上，是絕對不可以退讓的，基於這樣的理由與原則，因此地主國國旗的懸掛或置放，便要居於尊位。但是對於來訪國的貴賓，基於對人的「禮遇」與「尊崇」，往往便將右方尊位安排給主賓。所以，對於「尊位」的安排，**對人可讓，對國旗則不可讓**，這便是所謂的「**讓人不讓旗**」原則。如果把現場具體表現出來，就如下圖所示：

假設這是個兩國間簽約，甚至是國家元首間簽署聯合公報（Joint communique）的現場：

又如上圖中的長桌，常常會準備兩國桌上型的「小型國旗座」，那又該如何擺放呢？這就要看在典禮現場中，是如何定義小型國旗座的「功能」而定。如果認為一樣適用於「讓人不讓旗」的掛旗慣例，那麼，地主國的桌上型旗座還是要置放於長條桌的右方（以賓主就座的方向來看），這樣便形成了來訪國主賓座位的前方是地主國國旗，而地主國座位的前方，反而是來訪國國旗現象。而目前的實際作法，是將桌上小型的國旗座，定義為「賓主雙方」簽約時的位置，而不須受「地主國不讓旗」原則的約束。因此，實務上訪賓座位之前就是來訪國國旗，地主座位之前就是地主國國旗，在攝影鏡頭上的效果而言，也就成為各自代表其所屬國家的「身份」，來進行簽署文件的儀式，這是更具有象徵意義的國旗擺放方式，也是我國官方現行的方式與原則，至於民間機構任何公商務的場合，都可以準用之。此外，之所以把「讓人不讓旗」的原則稱之為「美系作法」，是因為包括美國為首的國家，包括中華民國、韓國、墨西哥、瓜地馬拉、多明尼加、巴拿馬等中南美洲國家及印尼、菲律賓等國，都是採取這種作法。

2. 「讓人也讓旗」，亦稱「歐系作法」

   來賓與來賓所屬的國旗，都置於右方，若以「右」為尊，就成為「讓人也讓旗」的作法。之所以定名為「歐系作法」，是因為大部分的歐洲國家（英國除外），還包括日本、中國大陸、沙烏地阿拉伯、印度、巴基斯坦、越南及馬來西亞等國是採取這種方式安排人與旗之間的位置。

3. 「人旗皆不讓」，亦稱「大英國協系作法」

   地主國的主人與所屬國旗，都置於右方，若以「右」為尊，就成為「人旗皆不讓」的作法。之所以定名為「大英國協系作法」，是因為經作者多方蒐集資料與研究，採取這種「人旗皆不讓」原則的國家，包括英國、加拿大、澳洲與紐西蘭，都是屬於大英國協（Commonwealth of Nations），因而定名之。此外，必須加以聲明的是，不是屬於大英國協的國家都會採取此種「大英國協系作法」，像前項巴基斯坦及馬來西亞就是採取「讓人也讓旗」的方式。

TIPS

上述有關賓主與所屬國旗安排位置之專題研究，倘讀者有興趣想深入瞭解，更加詳細的說明與例證，可以參閱作者發表於部落格的專業文章：請搜尋「掛旗禮儀～世界各國都一定是「讓人不讓旗」嗎？」一文。

國際案例新視野（一）
國際外交掛旗禮儀的軼聞趣事

在這裡附帶聊一聊在國際場合中，有關於國旗懸掛問題所產生的故事，目的是讓讀者們知道，國旗不小心掛錯了，也可能發生很大的糾紛！

〈法國禮賓官真糊塗〉
作者在尋找資料，從事有關國際間涉外禮儀的研究中，偶然間閱讀到一篇立陶宛的外交新聞：

The French Protocol doesn't know the Lithuanian flag

The Strategic Partnership between Lithuania and France began with on a wrong foot. The French Diplomatic Protocol, which is one of the most experienced services in the world, is not aware that Lithuania's nation flag colours are yellow, green and red. As it is apparent in the picture the French Protocol has placed a different flag during the signing of the Declaration of Strategic Partnership between Lithuania and France.

It is also unclear how the Lithuania's delegation did not notice this unfortunate mistake. Perhaps the French Protocol will make a decent gesture and will publicly apologies for the incident.（後略）（摘錄自：立陶宛論壇報，The Lithuania Tribune）

如果您對於國際外交禮儀也感到相當的興趣，您可以觀察的要點在哪裡？甚至從中發現哪一些存在的問題，值得深入研究？

這個場合其實是在2009年9月間，當時的法國總統薩科奇（Nicolas Paul Stephane Sarkozy de Nagy-Bocsa）與立陶宛總統Grybauskaite在巴黎簽署「策略夥伴聯合公報」，報導中評論雙方是從「錯誤」中開始，因為法國禮賓單位把立陶宛的國旗掛反了，原本由上到下，依次是「黃、綠、紅」的立陶宛國旗，變成了「紅、綠、黃」排列，這對於世界上最有豐富經驗外事禮儀的法國禮賓單位而言，居然沒發現這項嚴重的錯誤。而且，也不清楚為何立陶宛代表團也沒發現這個「不幸的錯誤（unfortunate mistake）」，報導認為法國官方應該正式表態，並且應該對這

個意外公開道歉。兩國在如此正式且公開的場合中，居然發生了這種不可原諒的謬誤，實在是令法國官方顏面無光，在國際外交的場合上，實在是一個相當寶貴的研究案例。

〈美國禮賓官也糊塗〉

上面的例子談到法國政府的禮賓單位，把立陶宛的國旗在雙方總統簽署聯合公報的場合中掛反了。沒想到無獨有偶，連世界霸主美國也犯了跟法國一樣的錯誤！而這次的「苦主」則由菲律賓擔綱，新聞的報導如下：

出包！菲國旗倒掛美「善意錯誤」
（取材自2010年9月27日聯合報A6國際新聞版報導）

美國駐菲律賓大使館26日說，歐巴馬總統24日在紐約主持與東協（ASEAN）國家領袖的峰會上，菲律賓總統艾奎諾三世身後的菲國國旗被倒掛，這是美國政府的「善意錯誤」。按照菲律賓傳統，倒掛國旗顯示國家正處在戰爭之中。美國駐菲使館發言人芮貝卡·唐普森說：「這是個善意的錯誤。美國珍視與菲律賓的密切合作關係。」但發言人說，美國使館將查清這一「不幸事件」造成的原因。（以下略）

這又是一個在國際外交禮儀上產生謬誤的好例子，正如法國與立陶宛的事情如出一轍，只是立陶宛是波羅的海（Baltic Sea）小國，發生這事情國際間根本沒人注意，法國政府後來有沒有道歉也無從得知，只有見諸立陶宛新聞報導的牢騷而已。但是這次美國所犯同樣的烏龍事件，曝光度可就大大的不同了，國際各大通訊社包括美聯社、路透社與法新社都加以廣泛報導。原來是美國政府在2010年9月24日在紐約所舉行的東協（ASEAN）領袖高峰會上，為了把菲律賓國旗掛反一事道歉，並說是一個"honest mistake"（應該翻譯為「無心之過」才對），菲律賓國旗在承平時藍色應在上方，若在戰爭時則紅色在上方，而美國駐菲律賓馬尼拉的大使館發言人也沒提到是誰犯了這項錯誤，以及是如何發生的。依據作者的經驗來看，這是外交禮賓單位的疏失，應該是毫無疑問的。

國際案例新視野（二）
禮賓排序與座次安排：
是「藝術」不是「技術」

本章開始曾經提到以英文字母順序的排序方法，大部分的奧林匹克運動會主要是以這種方式安排各國運動選手入場。然而，2008年在北京所舉行的奧運會，揭幕當天各國代表隊的進場順序，卻是依照各國的「中文簡體字國名」，按照筆劃順序安排入場，表現出國際「禮賓工作」中最高的原則：「**自主精神**」，而與以往的慣例以英文國名字母入場順序不同，而各國也必須尊重而予以接受。反過來說，從「禮賓排序」原則的靈活與彈性運用，不必墨守成規，可以突顯主辦國「獨立自主」的精神，也就是由主辦國決定排序的**主體依據**：「中文」，之後仍舊依照筆畫順序排列，各國也一致遵從而無爭議。從這裡來看，禮賓排序所依循的標準與原則，可以透露出如此豐富的意義，可見此一工作的重要性，實在不可以等閒視之，而更是一項精巧又敏感的「藝術工作」。

「輪流制」的精神：各自為主、各自為尊。
就如上面曾經提到的，簽約採取「輪流制」署名的方式雖然已不多見，但是將此精神運用在一些容易產生「爭議」與「各有堅持」的簽約場合上，還是有其解決問題的作用存在。舉例來說，在2010年6月29日海峽兩岸雙方在簽署「海峽兩岸經濟合作架構協議」（Economic Cooperation Framework Agreement，簡稱**ECFA**）時，為了擱置爭議與發揮相互尊重的精神，對於彼此「用語習慣」的不同，譬如「架構協定」與「框架協定」、「智慧財產權」與「知識產權」、「貿易便捷化」與「貿易便利化」等等，以及使用「年代紀元」的方式，實際上就是臺灣使用「民國」紀元，而中國大陸使用「西元」紀元。前者用語不同的處理方式，是採取「概括性附註」的方式處理，就是在ECFA第16條的條文最後，附加一句「四個文本，對應表述不同，涵義相同」，一句話解決所有用語不同的問題。而對於後者「紀元」使用問題，可是牽扯到雙方敏感的「政治神經」，而最後就採用了簽約「輪流制」的精神，雙方各所收執的合約本，大陸拿的是以「西元」標記日期，而臺灣則是以「民國」紀元，一個日期各自表述，擱置爭議與相互尊重，大家各自對內都能交代，這便與「禮賓排序」中的國際簽約「輪流制」精神不謀而合。

結 語

坊間所有有關活動辦理的書籍，多半著墨於「事」的規劃，卻缺乏對「人」（賓客）位次的禮賓安排的探討，而根據作者長年的禮賓工作經驗，活動成功圓滿與否的感受與評價，往往是參與對象來下定論的，而受邀參加活動者往往在乎主辦單位的安排，是否能帶給參與者的尊重與榮耀，讓他們有受重視的感覺？「禮賓排序」與「座次高低」的安排，就是最明顯與最敏感的部分。
本章依據作者累積豐富的實戰經驗，特別規劃以專章討論並簡明的為讀者分析活動位次的安排，您只要依據你所要辦理活動的類別，參照本篇的原則與方式，相信必能將賓客的現場禮儀工作安排的圓圓滿滿，倘若加以熟悉而運用自如，說不定你的上司與工作伙伴還會跟你請教哩，你也可以稱做是「活動禮儀達人」了！

要點回顧

一、「禮賓排序」指的是國際交往中對出席活動的國家、團體與各國人士的位次或座次，按某些規則和慣例所進行排列的先後次序。

二、「禮賓排序」與「座次安排」，不單是一項「技巧」，而是一項「**謀略**」與「**藝術**」。

三、「禮賓排序」的重要，在於它是屬於「**前置性**」以及「**程序性**」的工作。

四、如何決定賓客名次排序高低先後？通用的原則與依據如下：
   (一) 階級職位高低。
   (二) 政治考量。
   (三) 人際關係與交誼。
   (四) 依中文筆畫排序。
   (五) 依英文字母排序。
   (六) 依年齡大小、出生年月日排序（敬老尊賢原則）。
   (七) 依進場或報到順序。
   (八) 抵任先後（比年資或資歷）。
   (九) 依照以前的慣例與類似依據。

五、座位安排的「尊位原則」

(一) 以「右」為尊。　　　　　　(二) 以「上」為尊。

(三) 近「中央」為尊。　　　　　(四) 近「內」為尊。

(五) 近「主人」為尊。　　　　　(六) 較「舒適便利」為尊。

六、人與國旗之間的方位安排不同之組合之慣例，在國際間有著「讓人不讓旗」、「讓人也讓旗」以及「人旗皆不讓」三種不同的安排方式。

問題與思考

1. 是「禮賓排序」？為何這方面的工作在活動辦理中，是如此的重要？

2. 賓客名次排序高低先後，通用的原則與依據為何？

3. 際禮儀的「尊位」原則中，以下何者為是？（複選）

(A)以「右」為尊。

(B)以「中」為尊。

(C)以「前」為尊。

(D)以「下」為尊。

(E)以「較為便利處」為尊。

4. 專題談到的「以右為尊」，請你說明方位是以誰來當主體？簡單來說，是當事人（或旗幟）的右方，還是觀眾視角的右方？

5. 是個公開簽約的現場，以下的安排，何者為正確（單選）：

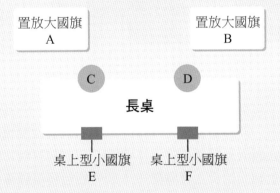

(A)我國國旗放置於A、E，我方人員坐在C的位子。

(B)來訪國國旗放置於A、E，來訪國人員坐在D的位子。

(C)我國國旗放置於A、F，我方人員坐在D的位子。

(D)來訪國國旗放置於B、F，來訪國人員坐在D的位子。

Chapter 3 公關活動主戰場：
各式活動專案的辦理要訣

學習目標

- 「會議專案」的認識與辦理重點
- 「拜訪」與「會談」工作安排
- 「簡報專案」實務分享
- 常見的各式典禮活動專案辦理重點

 引言 Introduction

各項常見的商務活動與公關場合，包括「**會議專案**」、「**簡報工作**」、「**拜訪會談工作**」、「**公商典禮與大會**」與「**新聞發表會**」，這些專案的執行攸關單位或公司的行銷、業務績效、形象建立與對外關係建立。本章將一一的來說明這些活動專案辦理的程序以及要點，讓企劃開始步入實戰階段！期待您能將每種專案辦理步驟仔細研讀熟悉，且在實際場合執行時運用本篇所提醒的各項細節與實務心法，一定讓你先求穩健暢達，進一步達到預期目標，甚至能擴大績效戰果！

第一節
會議專案

對於「開會」來說，相信讀者應該不陌生，但是籌辦「會議專案」可就不是簡單的事了！「會議」可大可小，從三四個人的「小組會議」，乃至於跨國際間、動輒上百人，甚至舉行多天的「國際會議」，都是屬於會議的形式。就**性質**而言，可以大致上分為「企業界會議」與「非企業界會議」，前者包括「產品發表會」、「說明會」、「業務會議」、「教育訓練」及「行銷會議」等等；而非企業界會議包括國際性政府組織與國際性非政府組織（民間組織社團，NGO）的會議。

(一)「會議形式」可以包括以下幾種

1. 集會（Meeting）：各種會議的總稱，涵義最為廣泛，規模可大可小、與會人數可多可少，階層也可高可低。

2. 會員大會（Assembly）：一個社團組織、協會或公司全體成員的正式集會。

3. 大會（Conference）：任何公私團體與組織，希望藉由討論、意見交換、傳達訊息、辯論或針對某一「課題」而徵求意見為目的，屬於正式會議的稱呼。

4. 代表大會（Congress）：出席者是具有代表性的身份與會，例如全國或是世界性組織某分會成員代表出席的會議。

5. 年會或展覽會（Convention）：如專業學術團體的專業會議以及年會等大型集會。在美國通常指工商界大型全國性甚至國際性集會，包括研討會、商業展覽等等。

6. 學術研討會、學術報告會（Colloquium）：先由一位以上的引言者就某一主題報告，再討論相關的問題。

7. 專家討論會、專題研討會或講座（Seminar）：是由專家對某個問題作專題或系列演講。

8. 研討會、座談會（Symposium，或稱Small Conference）：屬於專題性學術研討會，會議議題和討論內容比較狹窄而僅針對某一議題，例如「亞太經濟國際研討會」（International Symposium of Pan－Asia Economy）。

9. 圓桌會議、協商會議（Roundtable）：同儕間協商或交換意見的會議，彼此之間地位平等。

10. 工作坊、講習班或實習班（Workshop）：以「實作」與「演練」作為討論與研習的會議。

11. **論壇（Forum）**：相互討論以期廣泛交換意見的會議，常常討論大眾所關心的議題。

12. **委員會（Committee）**：為了審議或處理特別的問題所成立的議事型組織，如經濟專家委員會等等。

13. **高峰會（Summit）**：指參與會議的成員為「高階」人士，如果定義更為嚴謹，在國際間則指稱「國家元首」層級或企業界「負責人」參與的會議或大會。

(二) 什麼是「國際會議」？

除了上面所談到會議的性質與形式之外，從19世紀到現在所處的21世紀，最正式與最流行的，就是「國際會議」。什麼是「國際會議」？為什麼對當今政府與各個有制度的團體組織來說，懂得籌辦「國際會議」是如此的重要？

具有現代意義的國際會議，應為西元1648年的威斯特伐利亞（Westphalia）會議，這個會議簽訂了「威斯特伐利亞和約」，結束了歐洲國家之間30多年的宗教戰爭，而具有歷史意義的政治性與外交性的國際會議，應該是西元1814到西元1815年的「維也納會議」（Congress of Vienna）。時至今日，國際之間的交涉與來往透過會議方式，也常常由雙邊（兩國）轉向以多邊（多國）為主，而商議的目的也由原來的「政治」、「外交」或「軍事」為主，逐漸演變為以「經濟」、「貿易」、「關稅」、「金融」、「社會」、「政治」、「衛生醫藥」、「貧窮問題」為主要議題，特別是到了20世紀末與21世紀初，有關於解決與協商有關於「經濟合作」、「打破關稅壁壘」、「環境保護」、「資源」、「能源」、「糧食」等問題，成為當今相當重要的國際會議議題，而且國際會議的與會者，不再為職業外交官或政治人物所壟斷，愈來愈多各領域的專家學者成為了國際會議的主角或主要參與者。

上面所談到的是國際會議的沿革與歷史。如果單就國際會議來說，它是屬於一種**臨時性**的議事組織與進程，有時定期會週而復始地在同一地點或不同地點輪流舉辦，參加代表多來自許多國家或地區，就「單一議題」或「多項議題」展開討論，無論是哪種會議，「**平等原則**」是參與國際會議的最基本精神，只要是同一參與會議的身份，每個參加會議的國家與代表，都享有同等地位與權利。此外，稱為「國際學術會議」者，就是以學術交流為宗旨，參加人員通過發表論文、專題討論和演講來互相交流，以及切磋學術見解與促進專業知識領域的發展，國際間的學術會議的議程與

論文，通常以英語作為溝通的共同語文，以交流方便與普及為主。

在臺灣舉辦名之為「國際會議」，依據經濟部的定義，基本的條件如下：

　1. 參加國家或地區：3個以上

　2. 參加人數：100人以上

　3. 外國與會者的人數或比例：超過50人以上，比例達與會人數的30%。

(三)「會議型態」性質如何區分？

首先，我們將會議性質以樹狀圖來說明如下：

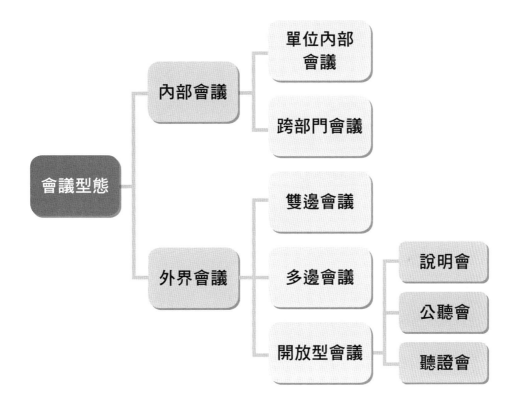

　1. **第一階層**：區分會議是匯集外界參與，還是屬於公司內部的會議？

　2. **第二階層**：如果是內部會議，也可分為「單位內部會議」，還是需要邀請各部門共同會商？如是，便成為「跨部門會議」。如果是邀請外界與會，就要看是單與某一對象開會，還是參與對象不只一個？如果只有兩單位參加會議，便可稱為「雙邊會議」、「雙邊會談」、「雙邊協商」及「雙邊談判」；如果是特定三個單位以上，便成為「多邊會議」。

3. **第三階層**：「開放型會議」包括的「說明會」、「公聽會」與「聽證會」，屬於政府在決定政策時，納入眾多民眾意見的方式；「說明會」偏向於像民眾宣達政策決定的公布性質，「公聽會」屬於廣徵民眾之意見反映以為施政參酌，唯有「聽證會」具有法令較為嚴謹的程序規定，行政決定必須斟酌全部聽證的結果才能為之。

(四) 策劃與執行會議專案的組織工作

當一個主辦會議的單位或者是專案經理人，如何籌辦會議工作？以下便是活動專案辦理的進程與要點：

步驟1 對於會議之發起，要先確定5個W，什麼是5個W？

1. **什麼緣由與目的（What）**：

就是確定舉辦會議的「理由」，或者說是想要達到的目的。舉例來說，在公司內部舉行高階主管每個月例行會議的目的，是要統籌掌握公司營運全貌，就每個部門的業務執行進度與業績達成率提出報告，以及提出問題及討論。也可以上至大型的國際會議，例如舉辦「國際水資源學術研討會」，目的是為了藉由國際間對水文、氣候、環境與地質等等領域素有研究的專家學者共同研討，從而發掘問題與研究對策的學術性研討會。因此，確定舉辦會議的目的，就是活動的發想與開端，當開始執行會議專案到完成，就要回過頭來衡量與評估會議的成效，是否達到原先預定的目標與目的。

2. 什麼地方（Where）：

舉辦會議既然是集合眾人的智慧、意見或想法的表達，就一定會有舉行的地方，其中有兩個要點：一是「舉行地」，例如國際性會議的舉辦城市，這個決定的因素在於是否為主辦單位所爭取來的，對於當今世界各國來說，無不積極鼓勵國際會議在該國舉辦，藉以帶動消費與增加國際能見度，例如我國經濟部等部會也有相關規定給予協助與經費補助，以獎勵爭取國際會議在我國舉辦。如果辦理的規模階層不是如此地高，也可考量在主辦單位的所在地，或是考量參與者的交通便利起見，而選擇距離大部份的與會者較近的地點。二是會議舉辦的「場所」，這就要考慮會議的規模與所需硬體設施的條件，例如舉辦在大飯店的「國際會議廳」，或者是租借機關場地作為會議場所，如果主辦單位自己有適合的場地，更可以收地利之便，也跟原先所預估的預算有關，而據以決定會議舉行的「場所」。

3. 什麼時間（When）：

在決定時間方面，除了訂定適當的「日期」與「起迄時間點」之外，有時綜合多項議程的會議、聚會或其他活動的「複合性大會」，日期往往不只一天，而是長達數天的活動，這都必須要根據活動內容與預算來加以考慮，並且據以決定辦理期間的長短。

4. 對象或參與者是誰（Who）：

這就是擬定「會議名單」的標準所在，根據舉辦會議的主旨與目的，設定好參與者的資格，再詳列與會者的明確名單，以當作邀請的依據。

5. 什麼方式執行（How）：

這便是舉行會議的型式，根據會議目的的性質，來決定是採用研討會、演講會、座談會等等的方式舉行，再依照議程執行活動專案。

步驟2　參考舊案與前例，諮詢曾經辦理過專案的相關人員

如果像是會員大會、國際年會、例行會議等等，以前一定都執行過專案與計畫，假設您接到辦理會議的工作，不妨閱覽以前所留下的紀錄與資料，甚至還有優缺點的檢討報告，這對於專案人員來說，是非常寶貴的資訊與經驗傳承，當研究完以前的書面紀錄與資料後，也不要忘記詢問以前的辦理人員，請教他們的籌辦經驗，許多的關鍵重點也能由此獲取寶貴的心得，可以將活動承襲優點並且改進缺點，這就是活動愈辦愈好的原因所在！

巧婦難為無米之炊，辦理活動經費一定是少不了的，當一個活動專案經理人構思會議活動時，一定要將有限的預算妥為分配，先訂各種項目的優先順序，例如：

1. **場地租金**：有時專門出租給會議使用的場地（例如飯店會議廳或某些會議中心，都會提供一些會議的包套方案），場地的全套租賃已經包括一些常用基本的設施與配備，例如：擴音系統、音響設備、麥克風、桌椅、講臺、白板文具、入口接待檯等等，甚至有些包套方案也含茶水點心的供應。另外有一些專用設備，例如看板、展示架等等，就必須另外付費或者自行準備。

2. **設備租金或購買費用**：主辦會議也可能用到一些設備，例如：筆記型電腦、同步口譯耳機、多媒體系統、錄影設備等等。如果經過討論評估後確有其必要性，就必須列入租賃或購買的費用。

3. **印刷品**：例如印製會議手冊、邀請函、影印費用等相關費用。

4. **場地佈置費**：會場佈置是一種對於會場氣氛營造與修飾效果的工作項目。一般來說，項目常包括：鮮花佈置、看板（舞臺背板）製作、指示牌製作等等，必須依照會議或大會性質來決定必要的項目及預估費用。

5. **講座與貴賓出席費用**：如果邀請知名人士或重量級貴賓發表演講，或洽邀專家學者出席評選，車馬費（出席費等名目）也必須列估於預算之中。在國內各政府機關或學校單位辦理講座或評選活動，支付的出席費用標準有相關的規定與標準，必須特別注意。

6. **宴會、便餐餐費、餐盒費用、點心茶水費、礦泉水等等餐飲費用**：如果是屬於多場相串連的會議與活動，以及必須安排相關的迎賓宴或慶功宴之類的活動，餐飲費用的列支也是編列預算的重點之一。

7. **交通運輸與通訊費用。**這可以包括：
   (1) 工作人員執行籌備工作衍生的交通與通訊費用。
   (2) 會議期間工作人員與特定邀請貴賓的交通費用：例如邀請貴賓的機票費用或其他交通費用，是否也須由主辦單位支付，這些事項都必須事先釐清與說明。

8. **紀念品**：例如獎牌、獎座（表揚大會）或者是感謝牌、紀念牌的製作，如果經費充裕，甚至還可製作致贈每位出席者一份紀念品。

9. **其他**：就必須視辦理會議專案的情況而定。例如，需不需要負擔邀請貴賓的住宿費用？或是外聘工作人員的鐘點費等等的額外費用。

10. **雜費**：舉辦各種的活動專案，有許多小額且細項的花費，是當初規劃時無法預知的，此時便以雜費預估編列作為彈性費用的項目，這些費用常常包括：額外的清潔費、醫療費用、秘書服務、保險費用、公共關係等費用。

以上便是依照重要性臚列一般辦理會議專案時的通用費用項目。當然，您可以依照舉辦會議活動的性質、規模與其他特殊的需求預估經費。辦理活動經費充裕當然最好，但是一般來說，不管是任何機關團體都希望錢能用在刀口上，經費一定會有所限制，假設准許的經費金額捉襟見肘，策略便是重新檢討預算的項目，例如把致贈與會人員的紀念品省略掉，或者再精簡每一項的預算，例如減少參與人數，或減少車輛的租賃，以及採取以下「開源節流」的策略：

開源→尋求外界的贊助、對外募款，或者繼續向上級爭取經費。

節流→人力資源不足則以招募「志工」方式進行，也可以藉由物資募集來減少購買的花用，也可以依上面所提到的，重新檢討執行項目的必要性。

步驟4	依照會議專案大小成立「大會籌備委員會」、「工作委員會」或「會議工作小組」等等名稱的工作團隊

專案工作的進行一定要透過**正確的分工**與良好**協調工作內容**，成立專案團隊的功能與目的，是要：

1. 確定工作內容與具體項目。
2. 明訂工作「組別」。
3. 每一組別確定負責項目。
4. 將組別之間模糊事項明確劃分，使其有清楚的分工權屬，以避免「有事沒人管」或者是「一事大家管」的現象。
5. 將工作人員依專長適當分組作業。人員組別劃分可以依照合作單位性質與負責項目，而將同一單位人員統一劃分工作組別；如果只是內部的會議專案，或者是單純的組織與人數不多的工作人員，也可以打破單位建置，依照個人的專長甚至興趣來決定工作組別。
6. 專案工作團隊建立組織的原則：
   (1) 「平衡原則」：性質類似的工作劃分同一組，每個工作組別的工作量要相對平衡，如果有些組別投閒置散，而有些組別忙得不可開交，這便是工作事項的不當劃分與人力的錯置，要特別注意。

(2)「明確原則」：團隊工作最怕的就是「三個和尚沒水喝」的現象，業務工作相互推諉的情況很常見，卻會對活動的成效造成傷害，所以分工職責應該明確，而且隸屬分工和橫向的協調都要彼此能夠相互支援與瞭解。

(3)「扁平原則」：特別是在舉辦大型的活動，往往工作事項繁多，分工過於細微，尤其是監督領導層級過多，往往時效常常消耗在「層層請示」、「級級核定」的行政流程中，這種「金字塔」結構往往是「活動專案辦理」效能的最大殺手，「專案管理」著重的「靈活機動」與「快速反應」，因此組織階層要適當的「扁平化」。

以下是專案委員會的分工架構圖範例：

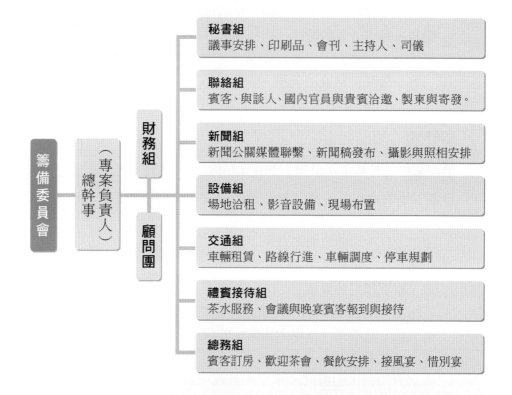

當然，每一種性質不同的會議專案，分工與組織結構也就大不相同，讀者如果負責某項專案，可以依照實際情況畫出組織結構分工圖。

步驟5 進度管控

1. 複雜或大型的會議專案，要製作工作進度表，例如製作工作甘特圖（Gantt Chart）。

2. 專案執行進度管控與完成工作情況與成效的掌握，可透過以下方式進行：

   (1) 製作**大會手冊**：讓賓客與工作人員對相關的資訊與議程隨時都能瞭解與配合。

   (2) 製作**工作檢查表**（可標記時間縱軸）：完成的工作項目就逐項在前面打個勾，可以掌握完成的工作項目與進度。

   (3) 要定期召開「**籌備工作會議**」：對於大型或較為複雜、需要許多不同的單位協同完成的會議專案來說，「**協調**」與「**共識**」是非常重要的成功關鍵。反過來說，如果大家步調與想法不同，或者沒有相同的共識，籌辦工作就不會成功，所以在籌辦期間必須要召開工作會議，來定期追蹤進度、發現新問題以及提出解決的辦法。

步驟6 流程、時效與目標管理

專案時間的控制，多以工作時間表或「甘特圖」的方式來表現與管制（活動時間管理請參考本書：活動專案的組織與管理）。重點在於時間的安排上要合理與保持彈性。就專案經理人的宏觀角度來看，整個活動就是一個系統，「流程管理」是指在活動中各項工作內容之間的相互「銜接」、「協調」與「配合」關係是否合理？有沒有出現問題與摩擦？專案經理人發現問題就要介入協調與處理。而對於「目標管理」，就是對於活動的籌辦中，會議或大會的主題、意義與目的，都要掌握到對的方向，才能確定議程的內容、規格大小以及層級高低。譬如說，如果有安排對外發佈新聞與公開的會議或其他的活動，對於一些「具有話題性」甚至「爭議性」人物的邀請，或許將吸引一些鎂光燈的焦點，然而卻可能會讓會議活動產生失焦的風險與疑慮，假如從「目標管理」的角度來思考，就必須謹慎考慮要不要如此進行。

步驟7 與會人士的邀請

出席人員的邀請是工作重點之一，「出席人員」大致可以分為一般參加聽講的聽眾、討論人員以及應邀演講或致詞的貴賓。至於邀請的方式可以分為：

1. **媒體資訊的公開發佈**：不論是對內部的通知宣達，或者是對外公告周知藉以接受報名的學術研討會議等等，都可以藉由報紙、雜誌等平面媒體，或影視、網際網路的網頁公告來公開宣傳。這種方式是被動的接受報名，也可藉此打響活動的知名度。

2. **電話邀請**：主動以打電話的方式通知賓客邀請其參加，目的是預為通知，以方便一些貴賓的行程安排，後續仍須輔以正式的書面邀請，才算符合商務禮儀。

3. **電子信件邀請**：藉助網路通訊的使用，好處是快速便利，公務電子郵件的撰寫也是屬於公文書禮儀中的一項，在現今的商務禮儀實務中，撰寫用語及格式得宜的電子信函，實際上也已經具有「正式信函」的條件了，而且受邀與會者同樣可以利用電子信件回覆參加與否，相當的便利。

4. **書面信函邀請、開會通知或「請柬」（邀請卡）邀請**：在公商務的禮儀中，使用書面的通知或邀請，才算是最正式與最禮貌的！同時在書面通知邀請時，還可以隨函附上「回執」（R.S.V.P或稱「回覆單」），獲得邀請的賓客將出席與否的回函勾選後寄回，或者以傳真回覆，方便主辦單位統計人數與安排入席等相關事宜。在這裡特別提醒，回執單內容的設計是非常重要的，其中內容應該包括詢問：出席與否、填寫姓名職稱（國際性會議還需填寫外文姓名與稱謂或職稱）、聯繫的方式（例如電話號碼）、預計到達目的地時間、是否需要接送與相關交通安排，如果備有餐點（甚至接著邀請參加宴會），還要詢問有沒有特殊的飲食要求？（例如素食或不吃牛肉等等飲食禁忌），當然就要看全部活動的設計如何，一次就將賓客的情況全盤掌握，因為這牽涉到現場「禮賓作業安排」成功與否的細節與關鍵！禮賓工作常常需要根據賓客個人的特殊情況與要求而客製化（customize），從這裡也可以說明辦理活動專案與「禮賓工作」是密不可分的，特別是成功的「禮賓作業」可以把活動辦得更好、辦得更加細緻，從邀請函回覆單的良好設計，就可以做好後續對出席賓客的服務作業。在這一項工作重點來說，辦理「宴會專案」也同樣適用。

5. **確認出席狀況與掌握相關與會人員資訊**：邀請函的發出，在宴會禮儀上的要求來說，至少要在7天以前發出，而對於會議專案的邀請，就必須衡量會議或大會的性質與規模，規模大的會議邀請時間，必須更加提早至1個月以上較為理想，如果像是學術性的研討會，與會人員可能要準備發言與討論資料，受邀發表文章、演講、論文或是評論，更需要為其預留更多時間，邀請時間提早在兩個月以上更是常見。當受邀者回覆出席與否之後，主辦單位就必須一一統計人數與詳細註記出席人員的情況與要求，以便做後續的會場服務。如果依照工作管控表上的進度，在一定期限上就必須確定出席情況，如果有受邀賓客還沒有答覆，就必須以電話或寄送電子郵件

的方式，再次詢問出席情況來全部確定，因為確定出席的情況之後，就可以隨之調整使用會場的大小或座位的多少，相關的資源準備（例如印刷品、餐食的份量與交通的準備等等）也才能隨之調整。

步驟8 現場工作(1)：會前檢查工作重點

「養兵千日，用在一時」，事前的準備工作再充分，現場的表現才算見真章，在會議前的檢查事項包括以下各項：

· 接待檯：貴賓證、簽到簿、貴賓資料袋（貼貴賓姓名）。
· 所有前置作業：放置名片座位卡、場地佈置、看板、影音設備測試、茶水供應等等。
· 指示牌標示清楚：如洗手間的指示方向等等。
· 有關禮賓接待人員的事前工作：
1. 詳加熟悉引導動線與所有設施的所在位置。
2. 接待人員服裝：依會議性質與調性搭配服裝，要求整齊劃一而且表現專業。
3. 接待工作態度要求：主動詢問與接待。
4. 注意尖峰時段：人力靈活調配。
5. 如果人力充足，帶人一定帶到位。

步驟9 現場工作(2)：重要人士的接待與相關安排

所謂的重要貴賓，指的是會議或大會的演講人、致詞人、指導單位代表人、政府高級官員等等蒞會人士，而對於「迎送」的安排，請注意以下的幾個重點：

1. 要在哪裡接送？譬如說機場、車站或是會場大門，如果在會場入口以外的地方，就要妥善安排接駁的往返車輛。
2. 主辦單位哪一位主管代表迎送？先要把握公務禮儀上的「對等原則」之後，再安排約略相同位階的人員出面接待與陪同。

步驟10 現場工作(3)：總務工作的確定

總務工作可以稱之為後勤工作，資源的調度與即時供應，對會議工作的順利與否是居於相當關鍵的位置，以下有幾個重點，例如：

1. 照相錄影的關鍵時間先確定，藉此來安排攝影人員與器材，配合秘書組與禮賓接待組的任務與調度。

2. 餐點安排是工作重點。

例如：工作人員的餐盒發放、各項議程或節目之間的茶水與點心供應、會餐的形式與桌數等等，而對於各種的餐食的份量與數量，都一定要仔細統計，並且彈性的預留「備份」。其他如葷食或素食的安排、貴賓隨行人員（不入會議席者，例如秘書、司機等等的人員）的安排，像是為他們留有休息室以及供應茶水、餐盒等餐食，都是一種辦理會議專案的周詳與貼心的安排，辦理各項大型與正式的公商活動中，一定有他們的身影存在，也千萬不要忽略他們的基本需求。

3. 會議採取的座椅排列形式，必須考量會議性質適合哪一種座位安排型態。

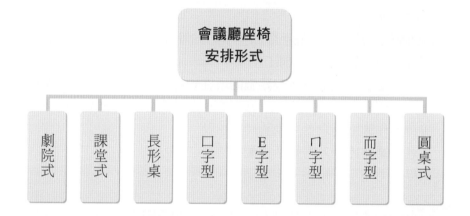

劇院式

無舞台之劇院式會議廳

有典禮舞台之劇院式會議廳

課堂式

口字型

E字型

ㄇ字型（或稱「馬蹄型」桌型）

活動規劃全方位

PART
2

步驟11　現場工作(4)：與會人員報到事項

對於小型的會議工作來說，與會人員的報到工作比較簡單，大多是出席證或是貴賓證的配戴以及資料袋的發放與簽到。但如果是屬於大型會議，那麼賓客報到就是一項複雜精細的工作，因為有時必須伴隨著出席費的發放以及動線的指引與帶位，甚至還需要禮賓工作人員的說明與提醒。因此，在大會開始的迎賓接待與報到，就是禮賓接待人員的「主要戰場」，以賓客100人的大會為例，動態的禮賓接待人員人數，在預估的「尖峰時間」區段上，至少需要6人以上，而且還要有一位接待組的主管來掌控全局並且隨時應變（例如「不速之客」的到場，或者是賓客臨時所提出的特別要求等等情況的處理），人數比例依會議規模由此可以類推。請記得，報到接待處的服務工作，就是外界對於整個會議專案活動的第一印象，如果整個入場報到工作井然有序，不但與會人士將會感覺到尊重，對於之後的會議進程也會有很大的幫助。

步驟12　會後工作

有關於會後工作的項目，包括有：
1. 撤收與復原工作
2. 經費結算與核銷
3. 檢討會議
4. 專案整理歸檔

(五) 辦理會議的工作心法

以下跟讀者們分享多年實務上的工作體驗，除了可以運用在會議專案的辦理之外，其他活動的籌辦也可適用：

1. **莫非定律**：就是明明知道有可能發生的事情，主事者卻故意忽略它的存在，往往實際上偏偏就會發生，這便稱之為「莫非定律（Murphy's Law）」。簡單來說，就是辦理活動時總有一些變數的存在，但是我們總是認為機率很低不太可能發生。例如，總是設想舉行活動時的天氣一定是晴朗的，往往到了當天卻下起大雨來，特別是在戶外舉辦的活動，一定要把氣候的因素考慮進去，換句話說，在一開始寫企劃書時，就一定要有「雨天備案」妥為因應。

2. **危機管理**：活動的辦理牽涉到許多工作人員與協力單位之間的「溝通」與「相互理解」，但是，就實務來說，往往工作人員或單位會基於「單方面的善意」，也就是沒有經過負責單位的同意就下了決定，往往造成專案工作的錯誤與困擾。因此，團隊工作必須加強分工的權屬觀念與工作模式，事前一定要說清楚講明白，就會減少許多錯誤的發生。此外，在大型橫跨多個單位合作的活動專案，很容易出現各個分組的「本位主義」，也就是各個工作單位只考量自己的角色，囿於本位的思考，而造成各行其是的結果。因此，專案經理人的角色就特別重要，要發揮協調與指揮的魄力，打破各組工作的侷限與藩籬。

3. **忽略的細節**：執行活動專案常常因為時間過於倉促，多半只能「**做到就好**」，但是許多細微末節都忽略了，而使許多工作項目因為馬馬虎虎的態度下趕工，而使得活動品質不甚理想，所以為了能「**做到好**」，先要嚴格執行對時間的控管，再仔細地將每一個小地方都加以檢查與要求。

4. **口譯人員（interpreter）的工作安排也是重點**：只要有眾多外賓出席的會議，特別是國際性會議，翻譯人員的配置就有其必要性，或許有人認為翻譯工作只是簡單的把語言及文字轉達而已，其實翻譯或口譯的工作是非常專業的，要在短時間內將會議資料或發言人與演講者的言語，立刻適切地轉換表達出來，是非常不容易的，特別是較具專業性、學術性的研討會，會使用許多專業的術語，翻譯者不是這方面的研究者，要不然一定要事先做足功課才能勝任。如果主辦單位的經費不足以負擔專業口譯人員的僱用，也必須安排相關領域的人員擔任此一工作，不論是那一種翻譯人員，提前溝通十分重要，應該事先把要翻譯的相關資料交給翻譯人員，以便事先研讀與熟悉，並告知會議大致上所要研討與涉及內容的方向，如果牽涉到一些機密的內容，在正式上可以要求用書面立約的方式，保證接觸的機密內容不得對外透露。翻譯工作基本的工作要求為：「信」、「達」、「雅」，也就是不要夾雜個人情緒，首求適切表達就可以。傳譯人員有時在重要時刻具備一種「功能」，就是成為賓主之間的「**緩衝**」，有時講者不經意的用詞不當，傳譯人員必須在第一時間弄清楚原意，可避免主人與外賓間產生不必要的誤會。

第二節
簡報專案

「簡報發表」在現代的職場中，是很常見的「**溝通**」與「**說服**」的方式之一，目的是在有限的時間之內，藉助電子視聽器材將講者內心想要表達的內容，轉成具體的訊息（包括影視、圖像與聲音，或是運用講者本身的肢體動作、表情以及言語表達）顯示並傳達給觀眾，而使得觀眾接受其論說的觀點與意念，或是吸收資訊與觀念的方式。「簡報發表」是一種雙向溝通的方式，聽眾除了被動接收簡報人的訊息表達，也可以回饋「笑聲」、「點頭搖頭」、「回答講者詢問」、「提出問題」或「表達意見或想法」，這便是「簡報」的特性。不論您是辦理各種公商務的活動專案，或許有很多人等著被你說服，除了撰擬書面的企畫書之外，另一個用來「說服」的工具，就是「**簡報**」了，它的目的也許是向客戶說明構想與計畫、向上級爭取預算、向同儕或下屬說明講解行動與政策執行的方向與要點，或者是專業人員向一般的聽眾傳授知識理念或激發想法。

以下便是如何辦好成功的「簡報專案工作」的各項要點：

步驟1　先確定4W1H，什麼是4個W與1H？

1. 確定有關於時間（When）方面的安排：
   (1) 選擇適當的舉行日期與時間，主要以聽眾的角度考量，要儘量給聽眾方便，同時也能吸引對你所講述的議題有興趣的人。
   (2) 簡報者要確定有多少時間可以發表？
      通常簡報人發表的時間長短都是主辦單位給予的，時間長短攸關講述的內容多少與表達的方式，簡報時間可以從15分鐘到2～3小時的時間，時間愈短愈要採取精簡內容、突顯主題與令人印象深刻的方式表達，因為你沒有太多的時間來充分表達與鋪陳內容。相反的，時間較長的簡報很容易讓人失去專注力，最好安排短暫的「中場休息時間」，簡報方式輔以大量的照片，以淺顯易懂的方式說明。簡報者對於時間的分配得當與否，需要不斷的練習與累積經驗，在有限時間內必須懂得割捨與去蕪存菁，調整說話的語調與節奏，經過多次的演練之後，能夠在恰好的時間結束簡報就最為理想。

2. 在哪裡舉行簡報（Where）？

   這就牽涉到「場地」的問題，場地大小要依據聽講人員的多少來決定，其他如燈光照明、影音設備是否穩定、座位如何安排，這些都需要注意。作者根據多年的工作心得：當主持人、司儀或簡報者時，在重要場合會要求使用有線麥克風，因為較為穩定，以避免音頻上的無謂干擾。

3. 聽眾是誰（Who）？

   聽講者才是簡報的主角，講述人在製作簡報之前，一定要儘量先獲知聽眾的相關資訊，包括：

   (1) 有多少人聽你的簡報？這可以決定你現場的眼光走向，音量大小與肢體動作的幅度，簡報工作其實也是一種廣義的「**表演工作**」。

   (2) 聽眾的階層與程度如何？這直接牽涉到你的簡報內容該如何安排。例如：大部分聽眾如果是簡報題目的初學者，就必須引起興趣而且淺顯易懂；如果面對專業人士，例如工程師或已經接觸過這類題材，或已經有了相關的實務工作者，就必須以「深入探討」、「發掘問題」、「創新議題」等等方式進行報告，資料與內容可以更加進階，因為太簡單就不符合觀眾的期待，甚至會被抱怨說是浪費觀眾的時間，對於簡報者而言，也會有很大的挫折感。就實務來說，甚至有些有程度的聽眾是來「看門道」的，如果能夠針對觀眾的程度發表簡報，進而使人感到「佩服」與「被說服」，才是一場成功的簡報專案。

4. 講些什麼（What）？

   當發表簡報者已經知道以上的3個W（When, Where and Who），就要開始構思：我要講些什麼？不管是講題或者是內容，一定要根據簡報人的專長、背景、研究與經驗發表，這樣才會有**說服力**，也就是不光是發表人「想講」，更重要的是「能講」，觀眾才會「想聽」。至於想聽些什麼，有以下的方向與重點提示：

   (1) 聽眾感興趣的話題。例如：從時事研討或熱門話題中延伸而出的現象，從中探討與分享研究心得等等題目與內容。

   (2) 切合觀眾的需求。例如對學校畢業生說明「就業趨勢」與「求職必勝關鍵」等等題目、對職場人士分享「成功銷售年度冠軍的經驗分享」、對客戶說明「活動企畫所達到的廣告效益」等等的題目與內容，讓聽眾有所期待而能吸引其注意力，這樣聽眾才會樂於參加你的簡報活動。

(3) 能解決聽眾的問題與疑惑。不管是自己對於某項事務（或說是「事物」也可以）的研究心得，或者是自己親身體驗與心得分享，能讓聽眾從中獲得「**啟發**」與「**突破**」，也讓聽者能從不太明瞭的狀況中，領略某一領域的樂趣。換句話說，就是講一些一般人不太清楚、不太知道的事情，經過說明與釐清之後，而讓聽眾有一種「恍然大悟」的感覺，這也是觀眾想要聽的題材與內容。

(4) 學術性或技術性的內容與題材。這就比較偏向於理論性與專業性的內容，例如參加學術研討會上所作的報告就是屬於這種類型。

原則上，除了學術性的簡報專案之外，一般的聽眾不太喜歡太過於理論的東西。此外，報告或講題內容也要儘量參考聽眾的組成、年齡、所屬的單位、教育程度與所學背景，甚至是價值觀與宗教信仰等等，來取捨哪一些可以說，而哪一些內容不必講。

5. 怎麼講（How）？

這就是所謂的「簡報技巧」了，也就是現場的實際表現，這要根據講題的性質來設計相關的方式，這便進行到了簡報專案的第2步驟，有關於簡報內容的設計。

步驟2　前置作業：簡報檔案的組織與編寫

當簡報題目已經確定，當今大部分的簡報專案都是使用PowerPoint軟體播放投影片檔案來呈現給觀眾，並且據以展開說明與講解。

1. 「發想」與寫下內容節點：

所謂「萬事起頭難」，您是不是常常在構思的時候，總是覺得千頭萬緒，不知道該如何下筆？

所以我們必須藉助一些分析方法當成輔助工具，按部就班的幫助你來構想，並且寫下重點與節要，再把所有的「節點」依照邏輯次序串連起來，簡報的「骨架」就出現了。

在這裡介紹「魚骨圖（Fishbone Diagram）」分析法，以幫助讀者釐清問題並且分析出講演的內容重點。所謂「魚骨圖」，也稱為「石川圖」（Ishikawa Diagram），因為這種分析方法是日本品管大師石川馨（Kaoru Ishikawa）所提出，也稱之為「因果圖」（Cause－and－Effect Diagram），也是屬於樹狀圖（Tree Diagram）的一種，可以幫助人們思考問題解決的流程，把簡報內容系統化與結構化，簡單來說，可以幫助簡報人清楚的寫下規劃的重點。

魚骨圖（Fishbone Diagram）：適用於尋找原因進而產生結果

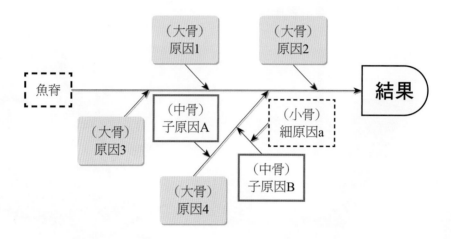

反魚骨圖（Reverse Fishbone Diagram）：適用於尋求方法來解決問題

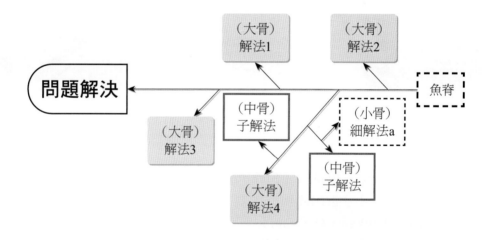

正如上面兩張魚骨圖所表示，如果你的簡報性質偏向分析許多的因素而產生結果與結論，可以使用第一張魚骨圖分析法。如果講述的內容性質，是屬於面對問題之後，尋求多種的辦法來解決問題，那便可以使用第二張「反魚骨圖」的思考模式來寫下要點。

這裡舉個例子來當範例：

假設公司決定要辦理一場「**企業慈善園遊會**」，你接下了這個活動任務，當要向公司主管與相關贊助單位代表提出簡報時，您該如何構思簡報內容？這時便可畫出「魚骨圖」來幫助思考：

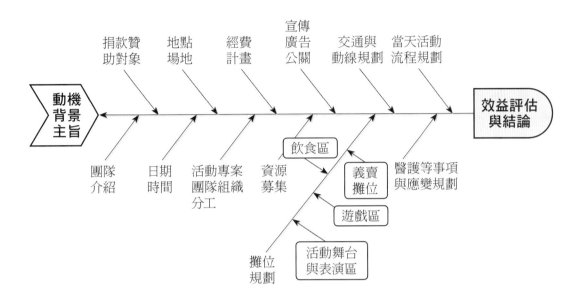

由上面的「園遊會專案魚骨圖」來看，就可以把簡報規劃的架構具體化，對簡報內容的編寫來說，也明確地指出了一條方向。在這裡要加以說明的是，附屬於「魚脊」的每一根「大骨」，都可以分出各個「中骨」，甚至「中骨」的項目內，如果還有必須提到的事項，就可能衍生出「小骨」，這就要端看簡報人或者是簡報編撰人覺得有沒有必要提到某些細項。譬如簡報人認為上面圖示中的「**攤位規劃**」是一項很重要的報告重點，此時就有必要再詳加說明，因此便細分出對於「飲食區」、「遊戲區」、「義賣區」以及「活動舞臺與表演區」的規劃，在簡報中多所著墨而特別說明。

對於運用在企業管理的思考以及分析工具中，近年來流行運用「**心智圖法（Mind Map）**」，跟「魚骨圖」一樣，都是屬於樹狀圖的一種，是運用所謂「圖像式思維」的工具，來分析工作專案並且表達想法與脈絡的工具，主要的方式是剛開始使用一張空白紙，在中央先寫下關鍵詞，再運用想像力自由的以輻射彎曲的線形，以及不同的代表顏色，來連結所有具有意義關連的

「字詞」、「想法」、「工作」、「物品」或是其它相關的圖像，運用「腦力激盪」的方法來建立一個具有系統、以及相關工作的關係圖，當完成某一個「工作專案」上的「心智圖」之後，也就可以一目了然的瞭解工作專案，或者是分析問題中所有因素之間的關連性，是運用一種簡單的「圖像」來釐清問題與工作之間的關係，優點是運用自由的想像力，從中間枝葉展開，單單使用一張「心智圖」，就可以把問題與辦法釐清，既簡單又明瞭。以下是運用「心智圖法」來構思慈善園遊會辦理方向的範例：

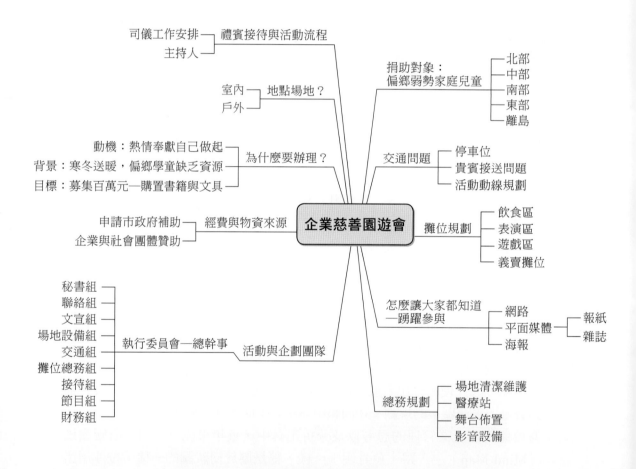

以辦理「企業慈善園遊會」為例構思的心智圖

但是，在這裡本書之所以認為採取「魚骨圖」來分析與構思較為適合於「簡報專案」，最主要是因為大部分的商務界都是運用「PowerPoint」這種軟體作為簡報工具，而這軟體的表現概念還是呈現「線性式」（linear）的思考模式，而「心智圖」是屬於一種向四方伸展的思考方法，這不是兩種思考分析方法誰比較好的問題，而是如果你是採取編寫「.ppt檔」，拿來做為簡報的檔案型式與解說的主軸，建議還是使用「魚骨圖」的構思方式，比較能夠配合軟體的表現方式。當然，如果你想要跳脫以PowerPoint軟體做為簡報媒介工具，而採取一種較為**自由開放**的表達方式，特別是偏向以「演講」型態的口語表達，而內容往往像是分享自己的「學思歷程」或「遊學心得分享」等等的題目，就可以跳脫「分門別類」與「條綱目次」的框架，用以激勵與啟發聽眾的思考，或許您只要運用一張「心智圖」當備忘稿就可以了。

2. 編寫的**材料**：

當編寫的架構大致底定之後，簡報人就要在簡報的「骨架」上加入想要表達的素材，這時候，要再次思考自己簡報的目的是甚麼？例如：

(1) 向來訪賓客介紹自己的公司企業組織、現況與未來展望。

(2) 說明專案和活動。

(3) 業界對於新產品的介紹與推廣。

(4) 爭取提案或標案。

(5) 爭取贊助或補助（資金或物資）。

(6) 學術性的論文發表、研究報告與說明。

(7) 執行工作的結果報告。

(8) 知識、經驗或心得的分享。

當您確定好準備簡報的性質之後，就要檢視手上所有的資料型態，包括：**文字、照片、聲音與影像檔**，如果有需要的話，連「樣品」或「實品」也都可以當成現場解說的輔助材料。當然，在簡報編寫時，還是以文字與影像為主要素材。對於素材的來源與運用，要注意幾件事：

(1) 簡報資料來源是出自於自己所寫出的文字、表格、照片或影像，是首要的選擇，畢竟屬於自己的作品資料，說服力較強，而且沒有著作權的問題。

(2) 簡報者很容易貪圖方便隨意擷取網路上的文字或圖片，使用者就要注意，是否有「抄襲」或「剽竊」的疑慮。當然，在某些學術性「資料引述」上的「引經據典」是必要的，但也要註明出處，並且是在合理的使用範圍之內（就是至少不要整篇「抄」，或者是「抄」得太多！）。

(3) 對於引述資料的恰當使用：除了注重智慧財產權與著作權的觀念之外，對於資料的使用也要避免「斷章取義」以及「扭曲原意」的情況發生。

(4) 回到簡報專案的精神來說，可以稱之為「**三多原則**」，就是希望您能：

- **多使用自己的研究成果。**
- **多發表自己的觀點與看法。**
- **多分享自己的經驗與心得。**

因為，如果您所使用的材料大多是堆砌別人現成的資料、引用他人的看法，甚至通篇都是他人的觀點，那您辛辛苦苦所作的「簡報專案」，恐怕就沒有太多的價值了！

(5) 會場的影音播放設備或是器材，對於簡報使用素材的型式（例如電子檔案的型式）是否能夠支援。譬如說，簡報會場只有提供演講人的麥克風，卻沒有撥放聲音檔案的喇叭，這樣「聲音」的素材就派不上用場；例如編寫簡報檔案的軟體版本較新，而現場的電腦軟體版本較舊，或許會有一些效果無法呈現，嚴重時甚至無法開啟您所準備的電子檔案！當然，自行攜帶與使用筆記型電腦也是解決的辦法之一。

3. 編寫的**佈局**：

如果把簡報當成「說故事」，那麼「佈局」就是說故事時的「**鋪陳**」功夫：

(1) 組織要點與次序：把所計畫構思的要點依序排列起來，大致可以依照上面所提到的「魚骨圖」的簡報規劃依次排列，將每張投影畫面填上章節大綱要點。

(2) 設計「開場」與「結尾」：起頭與結語工作，就「魚骨圖」的構思觀念來說，就是對於「魚頭」以及「魚尾」的設計，簡報專案也要「有頭有尾」，也就是設計引人興趣的開頭，以及精簡有力的結論。開頭如何吸引聽眾注意？可以一開始拋出一連串的疑問，而這些問句剛好是站在聽眾的立場所發出的心聲，也正是聽眾所想要知道的、與時事有關的、跟聽眾有切身利益相關聯的、是能夠釐清事情真相的、或者是對聽眾的工作有所幫助的。例如：

- 我是如何順利申請到美國常春藤名校？（想赴美留學者會感興趣）。
- 如何寫出讓公司主管眼睛一亮的履歷？（職場生涯座談與簡報）

以上就是跟聽眾的前途與利益產生連結。

此外，開場設計的功用，也是用來減少聽眾的防衛心，增加對簡報者的信賴感，這便是一開始「簡報人簡歷」或是對「演講人介紹」的功用了！這個目的是讓聽眾覺得講者「具有專業」、「深入研究」、「經驗資歷豐富」，或者對某方面事務有著成功的經驗與心得，因而對簡報人產生「信賴感」與「好感」，這也是能夠站在聽眾面前講說論述的資格與地位的建立。當然，對於簡報人的介紹不必長篇大論，過度著墨於一些「豐功偉業」，花個一兩分鐘簡單扼要的介紹就好，以免聽眾產生反感。之後，可以向聽眾提示簡報重點，再一一進入主題。

(3) 對於「頭」與「尾」中間的簡報主體，就要將手上的「素材」做取捨，看看哪些材料可以放入哪一段綱要裡，可以運用的材料包括：

A. 照片：一張圖片勝過千言萬語，現場簡報人也可以依照圖片解說發揮，表達也比較能適切自然。

B. 統計數字與表格：我們常常會把統計數字輔以表格整理，好處是一目了然，而且還可以把重要的數據或關鍵資料用「黑粗體」、「反黑底框」或不同的醒目顏色表現給觀眾，可以表達出對資料具有條理的整理能力。

C. 統計圖：統計圖的型態包括「長條圖」、「圓餅圖」、「折線圖」等等，也是直接把數據轉化成圖像，用以比較與觀察變化的視覺化方式，運用在簡報的內容上，效果如同照片一樣，能夠帶給觀眾較為直接的感受。

D. 影片：一段短時間的影片也能吸引觀眾的目光，動態的展示說明也會讓簡報更為生動活潑。接著是編寫簡報**「說故事」**的手法：

E. 舉出**實例**或**案例**說明：實例種類可以分為「國內案例」與「國外案例」、「現代案例」與「歷史案例」、「正面案例」與「反面案例」，以及「成功案例」與「失敗案例」，彼此之間還可作為比較與借鏡。

F. **「站在巨人的肩膀上遠望」**：就是引述他人成果，特別是引用有名望或具有權威的人士的話語及結論，或者是研究成果，目的是使得簡報人的立論基礎更為堅強厚實，接下的論述與報告才有立足點，這一種手法特別適用於「學術性」的簡報。

G. 「**引經據典**」或是「**格言警語**」：像是引用中國的「四書五經」或是西方「聖經」裡的章節短語，名人的智慧話語也可妥為運用。舉例來說，假設我要對「禮儀教育對於現代公民社會的重要性」來做簡報與分享心得，我便可以將古今中外典籍與名人對「禮」的闡釋做為註解：

TIPS

英國教育家洛克（1632－1704）是紳士教育思想的代表人物。主要著作有：《政府論》（1690）、《人類理解論》（1690）、《教育漫話》（1693）等。在《教育漫話》一書中，洛克闡述了他的紳士教育思想。

a. 中國古代典籍：「禮以行義，義以生利，利民，政之大節也。」（**左傳**）

b. 中國古代名人：「人無禮則不生，事無禮則不成，國家無禮則不寧。」（**荀子**）

c. 西方名人：「禮儀是在他的一切別種美德之上加上一層藻飾，使它們對他具有效用，去為他獲得一切和他接近的人的尊重與好感。」（**洛克**）

「引經據典」的方式更可以運用在現場簡報的口語表達上，但是這些方式偶而運用就可以，如果用太多就成了「掉書袋」，過於賣弄會讓聽眾覺得反感。

(4) 當簡報人把簡報檔案初步完成之後，請重新審視全部檔案幾次，檢查前後內容有沒有相互連貫，論述的**邏輯**有沒有彼此衝突之處；除此之外，請記得簡報的訴求對象是聽講的聽眾，根據聽眾的性質，想想看他們是否對於圖片、影片、文字表達用語內容，是不是存有不能接受之處（因為宗教、年齡等因素，而對於血腥、裸露、菸酒等內容有所限制），或是牽涉到有關於「商業機密」、「公務機密」的資料與內容，還有牽涉到相關法令如「個人資料保護法」、「商標法」、「智慧財產權法」的相關規定，多檢查與多修正幾次，你的簡報內容會更加理想！

4. 編寫的方法與技巧：

接下來就是撰寫簡報內容的操作性要求與技巧：

(1) 頁面行數與字數要求：頁面不要填塞太多的資訊，像是擠滿圖片與文字，每頁註記的要點最多7項，3到5項聽眾比較能夠吸收，每項要點字數不要超過7個字較為理想。

(2) 適當的字型字體：建議大的標題40號字、內文大小30號字，同一頁字體不要超過兩種（例如使用中文細明體與標楷體即可）。

(3) 適當的字體顏色與背景搭配：深色版面底色採用淺色字體，淺色版面就用深色字體，這樣字體才醒目。此外，不一樣的文字顏色其實代表的不同的意涵，例如：紅色代表「警告」、「注意」或「財務赤字」等等意義，淺藍色象徵輕鬆自由的感覺……，總之整頁字體顏色用兩種就好，多了便顯得過於花俏，特別提醒「紅」與「綠」兩種顏色，如果搭配在同一頁面，對於辨色力先天異常的觀眾來說，會造成一些困擾，也要儘量避免。

(4) 簡報軟體常常會有許多顯示效果與音效的設計，如果你的報告是比較具有學術性的，或者是較為正式與嚴肅性的，不要設計過於炫目的效果與附加特別音效，因為這對於聽眾來說，是一種聽覺與視覺上的干擾，也會讓你的簡報表現變得幼稚可笑。

(5) 多加運用照片與圖表，效果遠勝於文字的陳述，如果使用文字，也只用於提示大綱與要點，如果太過於偏重以文字說明事情，還不如直接發資料給聽眾自己看就好。

步驟3 預演練習

在發表簡報之前，可以事先練習幾次藉以找出一些問題：

1. 面對每一張的簡報頁面，您是否可以「侃侃而談」？如果覺得腦筋一片空白，或者是思路有所停頓或不通順，那便是對於所設計的頁面內容還不熟悉，就必須重新複習原始稿件的內容與資料，甚至加以背誦，之後再重新演練一次。

2. 實際報告時各個章節是否銜接流暢？每個頁面轉換的同時，是否也中斷了你所要表達思維的連貫性？口語上自然流暢的表達與否，應該是簡報人說話的同時，投影頁面也以可配合轉換，如果整場簡報都是看到頁面才知道該講些什麼，會讓人感覺口語上的表達停頓次數太多，會予人一種過於「零零碎碎」的感覺。簡報人之所以要不斷練習與熟悉內容與次序的緣故，就是希望某頁簡報即將結束之時，就該知道下一頁該表達講述什麼的要點與內容，語氣表達能一氣呵成，過程才會流暢。

3. 簡報的預習，不但講給自己聽，也要說給別人聽：簡報專案的講者，就是「表演」的當事人，有時自己無法客觀地找出缺點與弱點，可以委請同事或者其他人充當聽眾，看看是否有著「語氣平淡」、「重點沒講清楚」、「頻頻看稿」等等的問題，再針對缺點加以改進。如果沒有觀眾，不妨自行錄影存檔，靠自己來發現問題與尋求改良之道。

4. 做簡報如同演說：一是直接唸講稿，二是即席演講發揮。照著稿念當然最為穩當，但是對於聽眾來說，感覺只是照本宣科而缺少彼此目光的交流，也缺少發揮肢體動作配合的機會，尤其語調很容易流於平板而令人感覺到乏味，是很不自然也不討喜的方法。第二種「即席演講」的方式最為自然，觀眾會感受到簡報人的焦點與注意力都放在聽眾身上，而且是用較為口語化的語言來表達，以及用自然的說話與表情來發揮主題與內容，只是這種方式多半是已經具有相當豐富經驗的講說者才會採取這種風格，因為他們已經「信手拈來」而「侃侃而談」，甚至進而「談笑風生」，投影片多半是用於圖片及表格展示，而且張數也不見得很多，所以這完全是經驗的累積，以及培養了相當的自信，真的一點都沒有辦法速成。所以，簡報新手還是先唸講稿比較好，等到對於簡報內容與次序都滾瓜爛熟之後，再試著練習不看稿表達，甚至手上的備忘稿件可以簡化為一些的重點題綱即可。

5. 預演的最大功能，就是測量所花時間的長短。時間的精確控制對專業的講師來說，仍然是一項需要不斷修練的功夫，更何況是一般缺乏經驗的簡報者，當在現場聚精會神的呈現簡報與講解內容，很容易會忽略時間的存在，因此常常會發生時間不夠，因此延長簡報而耽誤到聽講者的時間，或者是時間沒到就結束了簡報，能夠不注意「**時間管理**」而能剛好結束簡報，只能說是運氣好而已。如何「管理時間」？請參考下面的建議：

(1) 簡報檔案要做多少頁數？跟時間的掌控非常有關係，通常按照一般簡報的性質來說，一張頁面最少約2分鐘、最多4分鐘就要換下一頁，所以就一場60分鐘的簡報來說，大概製作最多20張簡報頁面就好，太多講不完，要不然就是搶著趕進度，過於倉促之下聽眾根本無法吸收消化，所以寧可少也不要貪多，如果現場真的提早結束簡報的主體，還可以在最後運用口頭補充，或者是利用回答聽眾的問題時，找機會帶出想要補充的內容，效果也會不錯。

(2) 簡報人可以利用中場休息時間，重新檢視報告的進度在哪裡，太慢的話就必須精簡說話的內容，甚至捨棄一些不太重要的細節；相反地，如果速度太快則可放慢速度，甚至加些要點補充，或者詳加解釋。

(3) 請旁人提醒：既然簡報者自己常常會講到「忘我」的境界，沒有把握自己能做好時間控制，不妨就請現場助理或其他人幫忙，在時限快到之前（例如10分鐘），以手勢或遞紙條提醒：「**只剩下10分鐘，時間快到了！**」。

(4) 隔一段時間「瞄」一下時鐘或手錶，隨時調控講話的節奏，讓簡報的表達速度與時間保持平衡。

(5) 如果多次練習還是講不完，就必須簡化簡報投影頁面的數量，請記得簡報投影只是輔助的工具，簡報人才是主角，不要反而被「工具」綁架了！

步驟4 現場的發表：簡報的技巧與表現

在上臺面對觀眾之前，有一連串的工作重點與提醒：

1. 舒緩緊張情緒、降低壓力與增加信心：可以先在會場外深呼吸，稍微走動一下，或者依照每個人自己不同的習慣來放鬆自己的情緒，作者參與過許多大型的活動，也在後臺休息區見過許多的知名人士，不論是準備上臺演講或表演，也見識過他們在事前「降低壓力」與「舒緩心情」的許多方式，目的是為了培養「心境」與「情緒」：有人喃喃自語加上手勢、有人閉目養神也要求其他人保持安靜、也有人做起舒緩的體操……，凡此種種，都是屬於一種「情境」與「氣氛」的培養，讓生理上也能隨之配合，而能在講臺或是舞臺上能有最佳的狀態演出。而作者自己在準備簡報或上臺演講之前，習慣先到洗手間裡整理一下儀容，再照照鏡子看自己，尤其直視自己的目光來培養自信。

2. 簡報前可以發給聽眾講題題綱，也可以請主辦單位先以電子檔案型式寄出，或印出紙本資料事先發給聽眾參考，資訊不需要太多，目的是引起聽眾的興趣與瞭解簡報的方向即可。

3. 簡報一開始：

(1) 禮貌不可少：向現場重要的人士致意，也歡迎聽眾的到場。

(2) 自我介紹：頁面一張交代即可，重點讓聽眾接受你的專業或經歷，對你產生信賴，這正是你有資格站在臺上做簡報或演講的原因。還有，介紹自己不要過於浮誇，提到與講題有關的資歷即可，對自己著墨太多，對於簡報工作來說不見得有好處。

(3) 開場白：重點在引起聽眾的興趣與矚目，可以藉由「提出疑問」、「解決困難」、「短篇故事」、「奇聞軼事」、「幽默笑話」或「新奇事物與話題」達到效果。

(4) 達到引起聽眾興趣之後，要趕快進入主題的探討。

(5) 以上的程序不要超過5分鐘。

簡報發表中有關口語表達的技巧：

1. 說話音量適中，講話要有抑揚頓挫，以免聽眾覺得枯燥想睡。此外，說話的速度不要過快，否則聽眾無法吸收瞭解，還會覺得簡報人想儘早結束簡報。

2. 除非現場備有「司儀」或「主持人」，否則簡報人也有義務掌控流程，在簡報一開始，可以略提一下簡報流程，例如：進行多少的時間、何時可以休息、最後有沒有提問與雙向交流（Q&A）的時間？

3. 掌握聽眾的心理與理解程度：可以運用「**具體比喻**」的方法。為了引起聽眾的興趣與矚目，以及加深聽眾們的印象，可以把一些冰冷的統計數字，用較為生動的「比喻」或「換算」來表達，例如：

   (1)「全國各明星高中錄取『臺、清、交、政、成、師』大學的人數，前10名中就有6間在臺北市。」
   → 用非常簡單的比例說明，用以表達城鄉教育資源的差距。

   (2)「近年來臺北市的高房價，月薪五萬的上班族要不吃不喝30年，才能買到一棟位於大安區30坪的舊公寓。」
   → 用來突顯高房價的不合理。

   (3)「這家公司製造的光纖電纜14年來的總產量，可繞地球7圈半……」

   (4)「Gourmet Art烘焙連鎖企業所賣出的生日蛋糕，光是一個月的銷售量，疊起來比臺北101大樓還要高……」
   → 或許聽眾對精確的產量數字既沒興趣也沒概念，但換算成比喻的方式來表達，還可以引起大家的驚嘆！

4. 說話就像寫文章，有時可以「輕描淡寫」，有時也要「強調重點」，在強調重點時我們往往會在文字上劃上底線或用粗體字，讓讀者知道重點之所在；但是如果要在口語上向聽眾強調重點，就必須採取「加重語氣」的方法，甚至重複再說一次。

5. 講笑話須謹慎：
   要不要讓現場氣氛緩和一點，順便炒熱一下場子，說個笑話輕鬆一下？乍聽之下，是不錯的點子，但也要看簡報的性質適不適合，如果是學術性或較為嚴謹的研討會就不太適合；如果是分享心得經驗，或用於教學來加深學習者的印象，當然也是口語表達的技巧之一。但是，**講笑話是需要天分的！**運用在公眾口語傳播上，更需要練習與經驗的累積，與其硬湊個不合邏輯的「冷笑話」，或是講個大家都已經熟知的「熟笑話」，不但達不到「笑（效）果」，反而讓大家都覺得尷尬。特別是一

些涉及「性別」、「宗教」、「種族」或「政治」的笑話題材，還會有冒犯他人的風險。所以，如果您沒有十足的把握與信心，穿插笑話恐怕要謹慎為之！

簡報發表時的表情、眼光與肢體動作：

簡報發表與演說，其實算是廣義的「表演工作」，因為同樣是面對觀眾，運用「說話技巧」、「聲音」、「肢體動作」、「表情」，來傳達「知識」或「意念」，對於觀眾的「視覺效果」往往會影響到簡報成效的良好與否。這方面也牽涉到「形象塑造與管理」、「儀容禮儀」以及「穿著禮儀」的知識。

1. 服裝的要求：請根據簡報性質與會場型式，在正式的場合上，男士還是以西服為主，女性則以套裝為首選。如果是屬於教育性較強，或是較為輕鬆的場合，例如分享國外國家公園的考察心得，也許穿著搭配主題的服裝，也會有相當「氣氛營造」的效果。總之，不論是哪一種服裝，一定要把握「**清潔**」、「**整齊**」與「**協調**」原則，才符合穿著禮儀。

2. 儀容的要求：什麼主題的性質，就做什麼樣的裝扮，如果是專業性、學術性的簡報，男性最好將頭髮梳剪整齊，除非是刻意蓄鬍當成個人特殊的形象塑造，不然不要留有鬍渣，而讓人覺得毫無精神。女性如果做專業性簡報，例如學術報告、企業業務簡報或是行銷企畫等等專案，可以略施淡妝，最好將髮型盤起，塑造出職場女性專業幹練的形象，運用視覺形象來增加聽眾的信賴感，這也是職場服裝儀容禮儀運用在實務上的例子之一。

3. 肢體動作、目光與表情：站在「禮儀學」的角度來說，「服裝儀容」屬於「靜態禮儀」，而如何以適宜的舉止動作，表現出大方的舉止，這便是「動態禮儀」的範疇。如果把動態禮儀運用在簡報專案實務上，便是肢體動作與目光神情的運用：

(1) 目光眼神：不論是簡報還是演講，只要有關於「口語傳達」的工作（除了電話禮儀之外），眼光的投射關係到聽眾感覺你是不是在對他講話，有沒有注意到他，甚至是有沒有關心到他，所以現場除了偶爾看看提示稿或者是投影布幕之外，簡報人至少要將7成以上的視線與眼光面對觀眾，本書在討論如何擔任「司儀」工作時，曾談到要將眼睛注視觀眾，眼光採取「N」字或是「Z」字注視法掃過全場，讓貴賓或聽眾都覺得，你是跟他（她）說話，發表演講、致詞與簡報技巧也是運用同樣的方法來抓住觀眾的注意。

(2) 表情：說話方式的抑揚頓挫，要配合臉部的表情。例如：講述要點時張大眼，稍作停頓；有時刻意放慢講話速度，面帶微笑，表情的訓練需要經驗，甚至檢視簡報預演時的錄影檔案，藉以修正言語表達與表情手勢，如果簡報新手無法如此的「唱作俱佳」，至少不要因為緊張而板著一張臉，這對於聽眾而言，是一件很難受的事。

(3) 儀態：儀態運用在簡報工作實務，指的就是「站姿」，怎麼站可是個學問，大部分的簡報人都是採取站立的姿勢，很少人作簡報是坐在位子上，除非是場地所限或是其他特殊的原因。一般簡報者的標準站姿，是手拿麥克風置於嘴前5到10公分處（音量要事先調整好），身型保持端正，輕鬆自然就好，記得手不要插腰或放在褲子口袋裡，手抱著胸也是呈現一種「放不開」的表示，這些習慣性的姿勢一定要避免。

(4) 手勢與動作：適當的手勢可以輔助說話時的氣勢，具有相當的視覺效果，例如：
握拳：表示「強調」、「堅定」或者是「決心」的含意。
拇指向上：表示「第一」、「讚許」等等的含意。
手勢的使用要適可而止，如果肢體動作太大甚至是過於誇張，整場簡報會變得很可笑，也轉移了觀眾對於簡報內容所應關注的焦點。

(5) 走動及移位：如果簡報人整場都一直停留在講臺，或者老是忙於操作電腦，簡報會變得很呆板，所以簡報人的眼光要常常投射在聽眾身上，站的位置也要作適度的移動，不要讓固定式麥克風與電腦把你鎖定在講臺上，有時適當的移位，例如在講臺的左右方移動，甚至可以偶爾步下觀眾席，跟觀眾在同一方向看著投影布幕來進行講解，簡報工作的氣氛會生動許多。當然，這必須要借助無線麥克風與電腦簡報遙控器，簡報人才有自由移位的可能。

簡報的結尾：

結尾可以包括兩個部分，一是作結論、二是回答聽眾問題：

1. 簡報結論可以採取以下的方式與重點：

(1) 如果是學術性或研究性簡報，再次強調「研究發現」、「成果」、「貢獻」、「建議」以及「未來可以繼續研究的展望」。

(2) 回顧全部簡報的重點與綱要，幫聽眾整理思維、幫助記憶以及加深印象，聽眾會覺得很有收穫。

(3) 緊扣簡報主題，簡單來講就是再次呼應簡報題目，讓聽眾感覺有頭有尾，簡報成效會很紮實。

2. 回答問題與雙向交流：

在最後的部份，最好能留有相當的時間與聽眾互動，常見的形式就是提問與回答（Q & A），這是相當重要也是具有挑戰性的一個部分，如果簡報人把這一段經營的很好，那就是完美的結局了！因此，與聽眾之間的問答交流，也是需要一些技巧與安排。

(1) 簡報人在事前的練習時，就應該預留這一段互動時間，千萬不要因為害怕與群眾互動而刻意省略這一段，所以事先也要先思考一下，觀眾可能問到哪一些問題？特別是學術報告或論文發表，聽眾可能是審查人員甚至是口試委員；對活動提出企劃案或是爭取預算，就要面對客戶、主管單位與贊助單位人員的質疑，你必須預擬考題還有回答的內容，懂得怎麼具有說服力的解釋、回應與辯護（defense）。如果只是一般的簡報用以說明、教學與分享心得，問題的回答就不會是這麼的緊張嚴肅，聽眾提問的心態多半是「請益」來解決心中的疑問，問題應該不會太難回答，可以重新將簡報中所提到的要點與原則呼應提問，也證明剛才所做簡報內容的實用性與可驗證性。

(2) 有時聽眾的發言不是提問，而是提出對簡報內容的質疑，或是發表不同的意見，也算是對簡報人立論的挑戰，此時怎麼應對？如果你想對自己的想法、意見或結論辯護，簡報人的姿態可以柔軟、語氣必須緩和，但是可以堅定立場與原則，簡單扼要的以理由回應，不要針鋒相對而弄僵會場氣氛。

(3) 經歷許多在臺上簡報的經驗，演講者與簡報人偶爾會遇到一些難以回答的問題，例如含糊的問題、預設成見的提問，或是一些偏離主題的問題。如果是語意不清的提問，可以請他再解釋清楚一點，甚至可以**引導**他，看看到底問的是有關哪一方面、或是哪一部分的問題，再據以回答。如果是預設立場與懷有成見的提問（說是質疑也可以），動機恐怕就不是善意了，說實話，在這段極為有限的時間裡，很少有講者能迅速扭轉對方的成見，但也無須強硬反駁而激怒對方，也許可以重申自己簡報的原則與立場，也順便感謝他的寶貴意見，讓對方「一拳打到棉花裡」，再轉到下一位的提問者。對於是「偏離主題」的提問，如果還有一些剩餘的時間，問題也無傷大雅，簡單回應報以微笑，或許可以當成花絮，但是如果時間緊迫或是一些敏感的提問，例如牽涉隱私、政治評論，或者不是自己的身份地位可以回答的問題，你可以「婉言」地拒絕回答，或推說結束後有空私下再聊聊，用這種方法來化解現場的困擾。

(4) 講到與聽眾之間的互動，最常發生的反而是現場無人發問，這並不是簡報人或演說人講得不好，其實跟聽眾的性質有關，這跟國人不喜歡在公眾前說話或發表意見的習性有關（特別是學生），面對這樣的冷場情況，處理的方式如下：

A.「自問自答」法：可以把以前曾經被問過的問題提供給聽眾參考，並且隨之回答問題。這時候也剛好藉機會補充之前所沒有講到的內容。

B.「反問法」：反向的對聽眾提出問題，請聽眾試著解答、發表想法，甚至提供意見。這樣是給被問到問題的聽眾一個方向與提示，引導聽眾而給他有一個說話的機會，只要聽眾開口，那怕是一兩句簡單的回應，簡報人也就有了可以藉以回應與發揮的憑依。千萬不要指定某一位觀眾提問，因為沒有經過「**提示**」與「**問題引導**」的點名發言，會讓他腦筋一片空白，只會造成大家的尷尬而已。

步驟5 「簡報技巧」在其他公眾口語表達的延伸運用

與「簡報」有些類似的公眾口語表達活動，就是「**演講**」。每個人在自己的職場專業上，只要努力與累積豐富經驗，都會成為專家，也都會有機會上臺分享知識與經驗，這便是一種「演說」或「演講」。演講具有「短時間」、「目的性」的特質，所以一個「**稱職**」的演講者，基本上必須把握「對題」、「精簡」與「準時」的要求，這就是為什麼一個演說者接受邀請後，第一想要瞭解的就是：我演講的對象是誰（Who）？先詢問與弄清楚訴求對象的背景、程度、年齡層等等的資料，才能決定演講的範疇與內容（What），一方面讓聽眾感興趣，也容易吸收，所以發表「演講」比一段時間的「授課課程」，更具挑戰性，不像「學期制」或「課程制」的授課方式，可以有時間慢慢講述內容。專業內容的「演講」往往有著「**快速反應**」與「**精準打擊**」的特性，讓聽眾在有限的時間內得到啟發，以及接受到明晰易懂的資訊。想想看，演講者若有一身的武藝，在短短2小時不到的時間中發表傳授，往往比演說內容的準備更花心思。也就是說，如何講授（How）比講些什麼（What）更需要花精神與掌握一些技巧。對於專業知識方面的演講而言，「精準打擊」變成一項重要的原則，要根據聽

眾的組成與希求，再慎選演講的題目，求精不貪多，說原則，重啟發。當然經驗豐富的演講者，是可以信手拈來，功力深厚的話便可以「我口說我心」，好處是把聽眾注目的焦點，重新投注在講授者身上。但採取這種演講方式，必須是主題性質所許可的，譬如分享演說者自己的心路歷程、奮鬥過程、成功經驗或者是心得感想，是屬於較為感性的演說，講臺上可以不用投影聲光設備，頂多一兩張照片即可，這種成功演講的知名範例，像是蘋果電腦的創辦者賈伯斯（Steve Jobs），或者是「最後一堂課」的演講者蘭迪‧鮑許（Randy Pausch，美國Carnegie Mellon大學教授），藉由本身的表情、肢體表現以及語言表達，讓聽眾不自覺的融入演講人所營造的情境，心情也跟著或喜或悲。但是，如果發表演講的內容是屬於知識與技能的傳授，或者是工作經驗的分享，免不了需要一些簡要的條綱、圖片，甚至是整理的圖表來表達，讓聽演講者一目了然，不需要憑空想像一些情境，否則，情況不嚴重的話，觀眾頂多聽起來吃力而已。嚴重的話，臺下聽眾根本不知道演說者在說些什麼。因此，這種屬於「Know How」性質的演講，演說者一定要事前詳細準備相關資料表達給聽眾，現場佐以簡明易懂、甚至易記的方式說明，最好用圖片或照片呈現，加上親身經驗上的一些小故事，甚至是奇聞軼事，加深聽眾的印象，讓參加演講會的人多多少少都有收穫，這便是演講者的「神聖」責任。

最後，本書分享成功的簡報與演講訣竅：

1. **定錨原則**：確定演說的中心與重心，不可偏離主題。

2. **圓規原則**：確立演講中心後，再以演講可運用時間的長短為「半徑」，畫定可資傳達內容的多少。例如，標準演說時間通常安排2小時（含中場休息10分鐘），才能將思想內容完整表達。如果演講時間只有安排1小時，演講者必須特別謹慎安排內容與講說方式。有些有經驗的演講者，甚至捨棄以播放PowerPoint軟體簡報方式，回歸演講者為聽眾注目的重心，以板書（在白板上書寫註記）為輔，直接與觀眾溝通。

3. **回饋單**：如果你常常從事簡報與演講，可以設計回饋單發給聽眾，用來收集聽眾的意見與評語，進一步瞭解聽的感受、評價、意見，以及聽眾還想知道什麼題目與內容，以作為修正的參考以及未來分享的方向。

第三節
典禮活動專案

(一) 什麼是「典禮」？

在公務界與商業界的公開活動中，最具「**儀式性**」、「**正式性**」、「**公開性**」與「**慶祝性質**」的活動，就屬於「**典禮專案**」了。「典禮」儀式舉行的原因與類別，主要可以分為以下幾種：

1. 剪綵儀式　　　2. 新舊任職務交接典禮　　3. 物品（動產）交接儀式
4. 動土典禮　　　5. 簽約儀式　　　　　　　6. 頒獎典禮

1. 剪綵儀式

公司行號開始營業，或者是某項設施據點開始提供服務，例如新大樓、新廠房落成啟用，為了祝福有好的開始，也藉由公開的慶賀活動廣為周知，而能夠達到宣傳效果，希望開始營業後光顧人潮能不斷湧入，因而大發利市以及財源廣進所舉行的儀式與活動。「剪綵」的由來，相傳是從20世紀初，美國一家百貨商店將要準備開業，為了防止正式開始營業之前有人闖入，因此在大門前用布條橫隔人群，沒想到商店業主女兒牽著一條狗從店裡竄出，還拉斷了這條緞帶，原先在門外久候的人群便蜂擁而入，一開市便生意興隆，業主認為這個原先的「意外」帶來好運，因此在另開一家新店時，就刻意「如法炮製」，果然成效還是一樣的好。於是如此的做法，便讓後人紛紛仿效，逐漸的加以修飾改良，而用更美觀的綵帶繫上綵球代替布條，以邀請貴賓的方式代替了「女孩與狗」的位置，在特定的吉日良辰，在眾人的喝采下使用剪刀剪斷綵帶，而這一套相沿成俗的程序沿襲下來，更加的「儀式化」之後，就成為開幕或啟用典禮時不可或缺的重要典禮節目，除了重要嘉賓同時手持緞帶剪綵外，在旁襄助儀式進行的「禮儀小姐」，也是典禮的一大特色。

以下是活動開幕或落成剪綵典禮程序表

次序	程序內容	注意事項
1	司儀開場白：歡迎與介紹貴賓與簡單介紹流程	3分鐘
2	活動表演（舞獅、舞蹈、音樂表演等）	不要太冗長，也可以省略
3	開幕引言或致詞：企業負責人或主辦單位最高主管	勿超過5分鐘（精簡）
4	貴賓致詞：由司儀宣布請貴賓致詞	活動邀請主要貴賓致詞
5	司儀宣布：恭請貴賓上台或典禮位置就位（由位階高低一一唱名就位）	現場要有禮賓人員請上台並指引位置就定位
6	剪綵貴賓就定位後，由2位禮儀小姐（1位捧盤、1位發給剪刀與白色手套）一一分送給剪綵貴賓	倘若剪綵人數較多，則再增派1組禮儀人員一起分送
7	2位禮儀小姐（先生）在剪綵貴賓兩端拉起緞帶，同時其他禮儀小姐於賓客後方間隔就位，並手握綵球。	1.備有綵球的綵帶，注意「種樹問題」 2.也可將綵球以金屬支架固定方式節省人力
8	一位典禮襄儀人員捧盤供剪綵貴賓拿起剪刀	
9	司儀宣布：吉日良辰已到，恭請各位貴賓：請～剪～綵！	綵帶剪斷後，後方禮賓人員收起綵球，原捧盤人員向貴賓收回剪刀
10	司儀宣布：剪綵典禮圓滿成功！謝謝各位長官與貴賓……現在敬請各位嘉賓參加慶祝酒會！	禮賓人員引導與會貴賓進入酒會場地

剪綵儀式現場綵帶的布置方式，實務上有兩種方式：

- 第一種：由禮儀小姐在剪綵貴賓就定位後拉上，然後襄儀小姐從貴賓之間後方抓住綵結（綵球），上表所提到的「種樹問題」，指的是禮賓小姐的人數，總是會比剪綵貴賓多一位，當賓客剪下綵帶後，襄儀人員即可收起綵結。

- 第二種：先用金屬支架連結綵帶，綵結就直接掛在支架上，司儀宣布剪綵貴賓就位後，再由禮賓人員引導站於支架之間，剪綵時賓客就直接剪斷橫於中間的綵帶。

2. 職位交接典禮

對於重要的新舊職務交接時，有時也會安排「職位交接典禮」，如果是政府單位首長的交接，往往也會有「印信」移交的儀式。以下是交接典禮新就任職務當事人、監交人與襄儀人員的相關位置規劃：

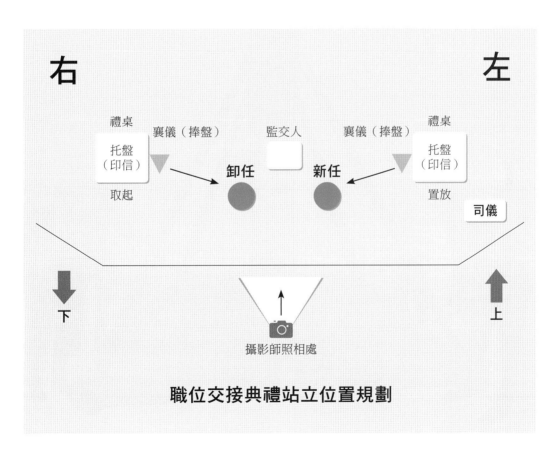

職位交接典禮站立位置規劃

3. 物品（動產）交接儀式

　　一般是指依照合約有償或無償將物品或設備，例如：飛機、船艦、車輛、機械、物資等等，經驗收合格的程序，正式移交給使用單位（或受贈單位）時，所舉行的慶祝典禮，交接儀式人員的舞台位置，也可比照上述職務交接的方式來安排。

4. 動土（開工）典禮

　　動土是對於開始建築新的建物，或者是重大的公共建設開始興工，往往這些對於公眾利益與民生建設都是非常受到矚目的。此外，華人社會對於「動土」常常視為大事，往往結合民俗祭祀的儀式，選擇良辰吉時舉行典禮，廣邀政府高官與社會賢達，在祭天地與神明儀式後，執鏟挖起一方沙土，象徵動工的開始。在這裡要特別說明的是，「動土」典禮常常被說成是「破土」，這是錯誤的，因為「破土」指的是陰宅（墳墓）動工。

以下是動土儀式的程序、司儀宣布詞稿以及襄儀人員（在此種典禮儀式多稱為「禮生」）的動作要點：

開工儀式襄助工作要點		
開工祝禱	1.司儀：良辰吉時已到，典禮儀式開始。 為各位貴賓鄭重介紹主典及陪典人： 主典人陳縣長○○、陪典人地政局張局長○○ 恭請主典者**就位**。（工作人員請引導） 陪典者**就位**。（工作人員快速引導就定位）	·點香 ·引導
	2.**來賓請起立。禮生奉香**。（主典者三支，其餘來賓各一支，由內而外分送） **上香祝禱**～中華民國106年5月14日吉時為縣政府地政局新建大樓開工祈福典禮動土典禮。陳縣長、張局長暨地方人士率縣政府代表，敬備清香酒禮、牲果食饌、金銀財帛，虔誠恭請諸神明並請福德正神、地基主保佑人員、機械器具一切平安順利。（～祝禱完畢～）	·奉香 ·禮生從主典左邊送上，右邊收回
	3.～**請三拜**～。一拜。再拜。三拜。～**禮生收香**。（由外而內收香，以扇形插妥於香爐上，之後迅速復位）	·收香
	4.～**敬獻禮**～**獻花→獻果**（鳳梨）**→獻酒**（杯）**→獻饌**（魚或豬肉）**→獻金帛**（天公金、大壽金）。（確認主典者拿穩後，才可放手）	·遞送鮮花、鳳梨、爵杯、豬肉、大壽金、天公金 ·收回鮮花、鳳梨、爵杯、豬肉、大壽金、天公金

開工儀式襄助工作要點		
	1.司儀：現在舉行動土儀式，工作人員為來賓遞上工程帽和手套。（檢查帽帶鬆緊度，白手套左、右手對稱）	襄儀人員一一為貴賓遞上工程帽及手套
動土儀式開始	2.～動土～（先確定賓客已戴妥工程帽和手套） 主典人請就位：恭請陳縣長就位 （工作人員請引導站定點） 陪典人請就位：恭請張局長暨各位貴賓就位。 （工作人員引導站定點）	襄儀勿動手調整貴賓帽子，請以口頭告知方式即可
	3.工作人員奉上金鏟。（一對一，從來賓右後方遞上金鏟）	奉鏟
	4.～動土開始！ 第一鏟：動土平安。 第二鏟：開工順利。 第三鏟：吉祥如意。 請各位貴賓將金鏟置於沙堆上。	每一鏟可配鼓聲
	5.動土儀式圓滿完成！鳴炮！ 儀式圓滿完成，敬祝各位貴賓身體健康、萬事如意、心想事成！	襄儀人員取回工程帽及手套

5. 簽約儀式

在各種公商務場合，雙方或多方洽談而立約（包括條約、公約、協定、備忘錄及一般的契約），不管是買賣或合作等等的協議，利用正式的簽約儀式來強調締約的公開性與莊重性，也是常見到的公商務典禮，如果上至國際間的外交關係，國與國之間最正式的簽約儀式便是雙方元首簽署「聯合公報」（Joint communique）。在簽約儀式上，雙方出席人員共同進入會場後，相互握手致意並且入座，除了雙方的上座的主簽人之外，在後方旁邊也應該有各自的工作人員協助簽約的進行，例如擺放合約、協助指出簽名處、以及相關用印事宜的協助。如果雙方還有其他人員出席，可以安排站立或坐在代表各自一方之後。當合約文本簽完名字

之後，雙方主簽人就起立互相交換合約書、握手並接受照相，其餘在場人士也同時鼓掌，以慶賀合作的開始與合約的成立。

簽約儀式的注意事項及程序如下：

(1) 簽約場地的布置：

選擇格局方正中間無樑柱的會議廳或公共空間，不會遮住見證觀眾的視線。前方放置長桌為簽字桌，簽字代表面對入口，桌上事先安妥待簽的合約正式文本，左右個放置一套「高級簽字筆」、「筆座」、「按壓式吸墨器」等文具，賓客座位面對簽字桌，中間須留一條走道。為了增加儀式的公開性與嚴謹性，簽約桌後方牆面多會布置簽約儀式主題美術背板或文字橫幅。

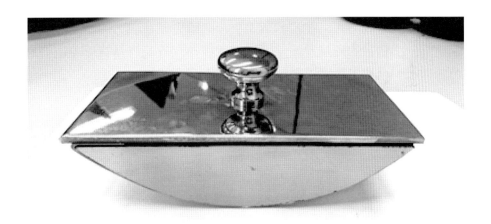

「按壓式吸墨器」弧形部分襯以吸水棉紙，手持按壓以吸去簽名處多餘墨水，避免文本沾染污漬

(2) 簽約的座次安排：

簽字時各方代表的座次，客方簽字代表人應安排在主方簽字代表人的右側就座（居於尊位），而雙方各自的助簽人，則分別站立在各所屬一方簽字人的外側，工作重點在對所屬方簽字人提供幫助，像是用手指出文本上的簽字處、簽完字使用按壓式吸墨器吸走簽字墨水餘墨（避免文件合起時造成污損）、遞收遞送雙方簽完的文本給己方的代表人續簽文件。有時會安排公正的人士（如會計師、主管單位或協調單位代表）站立於雙方簽字人的背後中央，全程見證整個儀式的進行。

(3) 簽約文本的準備：

現場準備的兩份合約正本，已經是最後雙方議定不再變動修訂的最後版本，而依慣例分成各自居前署名印製的版本，己方保留的版本（就是我方簽名在前的版本），必須先放在我方的桌上。合約本紙張夾於精緻的硬皮封面（可以採用絨布、皮革等具質感美觀的材質製成），合約本打開置放於雙方簽約人桌上待簽。

(4) 簽約儀式的進行程序：

A.禮賓工作人員請現場觀禮賓客先就座完畢，司儀先介紹雙方簽約代表人，並請兩人就座（助簽襄儀人員各自引導就預定正確的位置就座，助簽人隨即站於後方）。

B.司儀宣布簽約儀式開始，助簽人員指出文本上應簽名之處，簽約人簽完名後，助簽人先移靠桌旁用吸墨器按壓去除油墨（沒有污染之虞就可省略此一動作）。

C.雙方助簽人互換約本，續攤放在簽約人面前，指出應簽名之所在。

D.雙方簽名完畢，簽約人隨即站起並交換約本，此時相互握手並面向攝影機、照相機鏡頭拍照留念，全場觀禮人員也同時報以熱烈掌聲，慶祝簽約儀式的圓滿成功。在實務上，有時也會互贈使用過的簽約筆以作紀念（筆者也見過主辦單位準備簽字筆，是採購高級筆並刻上紀念文字，顯見與主方單位的重視與辦理者的用心）。

6. 頒獎典禮

頒獎典禮是各個機關公司行號，最常舉行的公開活動之一，目的是為了表揚優秀人員或是競賽得名的獲獎者，希望藉由公開頒獎的方式以資鼓勵，可以榮耀當事人，也可以激勵他人以見賢思齊。辦理頒獎典禮的承辦人，常困惑於舞台上頒獎人與受獎人間的相對位置該如何安排？頒獎

與領獎的動線該如何規劃？因應頒獎人與受獎人的位階關係高低，是否有站立位置的不同？單位內部的頒獎活動與對外公開的頒獎典禮，在典禮的安排上，又有何不同？以下根據各種不同的條件與情境，以圖示的方式，妳可以一目瞭然地學到頒獎典禮舞台的實務安排。

頒獎時的位置－受獎人輪流上台第1型

方式：頒獎人於台上站定點，受獎人一一上台頒獎。

授者與受者之間的地位區別：頒獎人地位高於受獎人（多為單位內部表揚），或頒獎人是受獎人之長官前輩者。

・受獎人：從禮台左邊（台下觀眾視線的右邊）上台，右邊回座。
・頒獎人：固定立於受獎人之右手邊頒獎（因兩者間，右為尊位）。
・遞獎襄儀：從頒獎人之右邊傳遞獎品。
・攝影者：於禮台前方之間取鏡。
・獎品區：統一在禮台右側（觀眾視線之左側）。

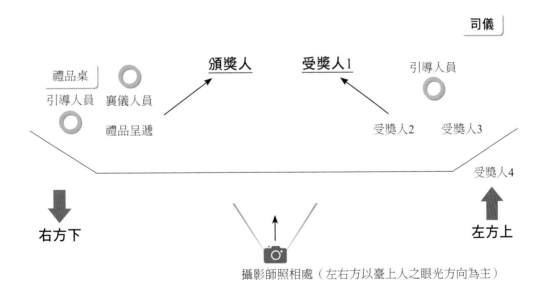

攝影師照相處（左右方以臺上人之眼光方向為主）

頒獎時的位置－受獎人輪流上台第2型

頒獎人於台上站定點，受獎人一一上台頒獎：

・受獎人：從禮台右邊（觀眾視線之左側）上台，左邊回座。

・頒獎人：固定立於受獎人之左手邊頒獎（有禮遇受獎人的意涵）。受
獎人居右尊位，適用對外界人士表揚。

・遞獎襄儀：從頒獎人之左邊傳遞獎品。

・攝影者：於禮台前方中間取鏡。

・獎品區：統一在禮台左側（觀眾視線之右側）

・獻花：除長者送給晚輩外，獻花者應從受獻者之左側上台，由左側送
給長輩（長輩居右）

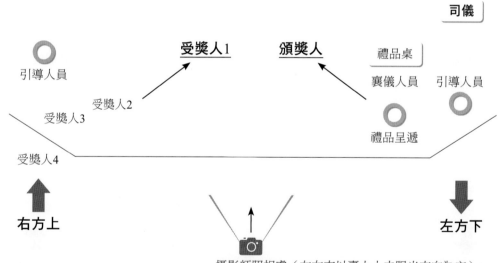

攝影師照相處（左右方以臺上人之眼光方向為主）

頒獎時的位置－受獎人全站在舞台受獎

受獎人先於台上站成一排，頒獎人於舞台走動式一一頒獎給受獎人

採用時機：多為機關內部頒獎表揚時適用

・受獎人：從舞台右邊（觀眾視線之左側）依序排成一列站定。
・頒獎人：從舞台由右邊至左邊開始（觀眾視線則為由左至右）一一頒獎給受獎人。
・遞獎襄儀：從頒獎人之左邊傳遞獎品，實務上由兩人服務，一人捧禮品盤、一人取獎遞給頒獎人。
・攝影者：於舞台前方居右取鏡（面對舞台方向）

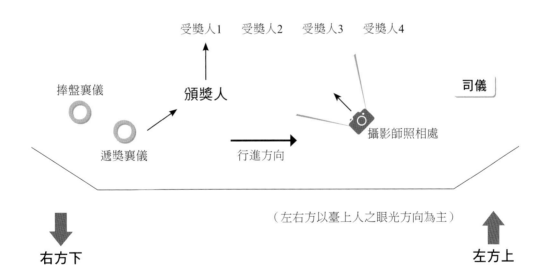

(二) 典禮專案的籌辦重點

對於「典禮專案」的辦理來說，每一種典禮大致的程序都相仿，以下就是辦理公商務典禮儀式專案的辦理要點，實際上可以再根據特殊的典禮性質，加上節目或特殊的程序，而「**司儀**」對於每項節目時間點的控制，角色非常吃重（司儀工作要點專題討論與技巧分享，請參閱本書「專業禮賓軟實力」，其中有關「活動司儀」的工作技巧部分）。

1. 籌備階段：

   (1) 場地佈置：

   掌握典禮的特性是莊重並且具有正式性，也必須本於簡單典雅的調性，主題必須醒目，通常在會場前方或舞台上方以懸掛橫式布條（banner，國內常用紅色）的方式，將活動名稱以金色或銀色楷書字體鑲於布縵上，並註明主辦與協辦單位名稱。

   (2) 典禮與表演舞臺（有時典禮完成後為增添歡樂氣氛，也常常安排表演以娛嘉賓）的動線與行進方向，通常是採取「**左上**」之後「**右下**」（左右方以臺上的人眼光為主）的方式，當然可以依照現場特殊情況來加以調整。

   (3) 所有視聽器材設備在開始前兩小時測試聲音完畢，以便發現問題時，有足夠的時間可以調整、維修與應變。

   (4) 相關座次安排請參照本書「各種場合賓客排序與座位次序的藝術」中，有關於大會舞臺座位安排的部份。臺下觀眾席前方的數排座位，可以標示為貴賓席，並且一定要依照禮賓次序排好座位，其餘也可以保留給「媒體記者」以及「民眾觀禮席」等的席位區塊，現場入座時也要有工作人員引導入座，會場才會井然有序。

2. 典禮現場程序儀節，一般包括：

   (1) 「司儀開場白」：賓客就座完畢後，司儀或主持人簡單說明活動緣由等等台詞，隨後宣布「○○○○典禮開始！」。

   (2) 介紹重要貴賓：司儀一定要與主辦單位確定賓客的正確「姓名」、「單位」與「職銜」，「禮賓排序」中的誰先誰後也要注意。這項介紹程序也可由主持人擔任。

   (3) 「主席致詞」：通常由主辦單位的首長或主管擔任，典禮專案負責人或主席的幕僚，要幫忙事先擬定「致詞稿」，一般時間以3到5分鐘為度，千萬不要長篇大論而讓觀眾反感。

(4)「來賓致詞」：通常邀請上級主管單位首長、貢獻卓著人士或其他人士（如民意代表）致詞，主辦單位可事先協調以5分鐘左右為原則。

(5) 宣布特別儀式：例如恭請貴賓「剪綵」、「頒獎」、「動土祭祀」與「宣布動土」等等，當貴賓動作進行同時，也可以設計符合現場性質的吉祥與祝福話語，由司儀宣布以增加現場氣氛。

(6) 奏樂。

(7) 會後安排貴賓合照：司儀宣布之後，現場工作人員依據「照相禮儀排序」，安排貴賓合影。

(8) 禮成：由司儀宣布，正式典禮到此便順利圓滿完成！

(9) 表演節目開始：如果有安排相關的表演增添現場氣氛，司儀便可繼續一一介紹表演團體、表演名稱與內容。

(10) 典禮儀式（不含表演節目）以不超過30分鐘為原則。

實戰案例探討（一）：
「碎碎平安」？典禮現場贈禮有技巧

根據2015年1月15日媒體報導，標題為：

尷尬！高市警局長退休　摔碎花媽致贈琉璃

2015年1月16日高雄市警察局局長黃茂穗退休，13日當天在參加最後1次市政會議中，接受市長陳菊頒贈的琉璃紀念品，黃茂穗因為右手舉手敬禮，沒想到不小心讓琉璃滑落，琉璃當場摔破，現場陳黃兩人一陣愕然，其他在場人士也滿是尷尬，陳菊隨即安慰的說「**碎碎平安**」，交代工作人員再補發一個給黃局長，緩和凝結的氣氛；黃茂穗也圓融地解釋說到，**這是一個非常好的預兆，就是表示案子應該很快就會偵破……**

（以上取材自：https：//www.ettoday.net/news/20150115/451773.htm？t=花媽贈琉璃退休禮　黃茂穗右手敬禮，左手給摔破，以及http：//news.ltn.com.tw/news/politics/breakingnews/1206006綜合、節略該等新聞報導並全部加以改寫）

對於活動的舉行來說，有道是「外行看熱鬧、內行看門道」，就這案例來說，門道在哪裡？

在許多的典禮活動舉辦來說，如果主題是「頒獎」、「榮退」、「感謝」等等的場合，多會安排致贈貴賓「獎牌」、「獎狀」、「獎杯」或「紀念品」等等的頒授、頒贈與致贈的儀式，或許，讀者以為只不過是一個「授」與「收」的動作而已，沒什麼學問，殊不知對一個活動而言，這是一個重要節點（highlight），如果沒有事先仔細考量與規劃細節，就可能產生許多風險。

當主辦單位精心準備了禮品，除了帶給受贈者榮耀之外，也必須符合主題性與紀念性，像本案例所準備的「琉璃藝品」，就常成為選贈給貴賓的精美紀念品，不僅精緻、也符合紀念性，但當此紀念品上了典禮場合，往往必須打開致贈，賓主兩方還須有合照的安排，此時風險就來了！贈禮者與受禮者雙方往往不知道包裝禮盒內禮品的密合程度，往往只抓住了錦盒，有可能隨意的一個動作，而使內容物就這麼掉了下來，一般禮品掉到地上已是夠尷尬了，更何況是易碎的陶瓷與玻璃製品。這些狀況可以預防嗎？對於一個典禮主辦者來說，這是可以加以處理防止的，而這正是一個專業有經驗的「活動專案經理人」所必須具備的職能之一。

典禮主辦人對於禮品的事先檢查，必須要親自以手檢測禮品與外盒連結的密實程度，作者在實務上，也曾經發現準備致贈的禮品與外盒密合緊實度不佳，而必須再以適當填充物加以填塞卡緊，藉以降低風險，甚至以彩帶細繩綁緊，還可兼顧美觀與安全，這些便是辦理活動「事先」必須進行的細心功夫。

另一方面必須要計劃配置的，這點就表現出主辦單位「禮賓工作」的專業性了。是何配置？便是「**襄儀**」人員！以此案例來說，似乎不見協助禮品授受的工作人員，須知在正式的典禮場合中頒贈物品，一則司儀先請賓主就預定位置站好（此時須有工作人員引導就位），隨後襄儀人員遞給主人禮品，主人贈送賓客禮品並共持禮品合照（注意，此時襄儀人員居旁協助還不能遠離，以因應突發的狀

況），合照完，襄儀人員就必須穩穩的幫忙接過禮品，此時受禮者回座也好、握手也好，或是敬禮也好，禮品也都安全無虞了。就此例來說，意外就是發生在受禮者接完禮品後反射動作夾於身旁並行舉手禮（這是軍警界人士很自然的禮敬動作），鬆動的琉璃藝品自然翻滾而下。假如，在最後一關有襄儀人員協助收禮，或許這尷尬情況就可以避免了。

在此榮退的溫馨場合裡，雖有此意外的插曲，市長與局長都很幽默的化解尷尬，但對於活動辦理人員來說，這種情況還是千萬不要發生。活動辦理的各項細節繁雜細碎，但個個都是關鍵之所在，絲毫馬虎不得，「細心」、「專注」與「經驗」缺一不可，順暢是要求、穩健（安全）是前提，「活動專案」的辦理不僅是「技術」，更是一項「藝術」，願與各位辛苦的活動專案經理人共勉之！

實戰案例探討（二）：
公關活動中「給」的藝術

辦理活動，其實是一項「公關工作」，公關工作說穿了，往往就是「人際工作」，如果你能力強，頂多把工作做對，但是對於辦理公商務活動與禮賓工作來說，這樣是不夠的，還要把工作「做到好」才算成功。當然這樣說還不算具體，那麼，我們就來聊聊一個重要的話題，就是東西該「**怎麼給**」？這就是「**給的藝術**」。

先來看個案例，媒體曾經報導：

「……2010年的元旦升旗典禮，主辦單位特地準備國旗造型圍巾發放，未料卻引發民眾推擠衝突，甚至有民眾沒拿到圍巾相當不滿，由北一女門口一路狂追兩名發放人員3、4百公尺，嚇得兩人躲進派出所。對此，主辦單位上午出面兩度鞠躬致歉，強調此次錯估情勢，未來舉辦活動會更小心謹慎……」

在職場上辦理許多公開場合的活動，在現今講求「事事行銷」、「處處行銷」以及「時時行銷」的年代，「活動辦理」便成為了一個很重要的管道與方式，特別是為了吸引眾人參加，引起矚目以達到預期的人潮效益，往往會使用「贈送紀念品」的方式產生「集客」的效果。像上面的案例來說，為了吸引民眾參加升旗典禮，就來搭配贈送「國旗圍巾」的方案，沒想到東西搶手，偏偏數量又不夠，結果便是引起「爭搶」與「混亂」。

對於活動辦理有經驗的人來說，「**洞悉人性**」往往是活動成功的關鍵，既然決定要發禮品，就不能不知道第一條鐵律：

「人性本貪」

如果把這種「不拿白不拿」的人性瞭解透徹，假如活動中規劃要給參與者一些東西，就不能不預先模擬可能出現的狀況預先因應。讀者可不要以為送別人東西，別人就一定會感謝你，分析上述的案例，就可以瞭解引發糾紛事屬必然，因為參加元旦升旗的人數可以事先預估會上萬人，而國旗圍巾只有幾千條，紀念品正夯，結果是人人都想要、個個都要搶，爭的結果便是一陣混亂而引發糾紛，主辦單位被罵的一場糊塗，辛苦辦活動還被埋怨，真是冤枉！

印象之中，還有一個深植心中的例子：在2003年，某家大飯店業者為了促銷引起話題，便透過媒體行銷，說是某天的中午十二點起，飯店餐盒1個1元開賣，限量200份。這個行銷手法，確實引起業界與大眾的矚目與討論，當日果然在早上6點30分就有民眾到飯店前排隊，到了10時左右，排隊的人龍就已經超過200位，但仍有民眾繼續加入排隊的長龍，但是因為排隊的人實在太多，因此，飯店決定提早在11點30分開始販售1元便當，不到半小時，200個便當就全部售罄，還引起未能如願買到的排隊民眾抱怨，甚至有人激動抗議……

總之，免費的東西人人都想要，如果你是活動辦理人，如果經費充裕，想給禮品也好、想送促銷品或試用品也好，該怎麼給？這時，你要想想：
(一) 數量夠不夠給所有參加人？
(二) 如果不夠給所有參加者，您該怎麼做？

如果是第1點不成問題，那真是非常理想的事情，因為這一定是經費充足，或許人數也不多，要是可以的話，也可多準備一些「備份數量」以應不時之需。但是，如果數量不能滿足所有的參加者，這時，就是您要發揮智慧的時候了！

怎麼做呢？想想看，根據許多案例觀察，產生糾紛的原因不外乎：
(一) 插隊引發參加者之間的糾紛。
(二) 公平性受到質疑。
(三) 發送時秩序混亂。

以上三項便是主要的原因。所以，要給也要有一套讓大家都能接受的「**公平機制**」，也就是所謂的「遊戲規則」，而這套規則一定要**事先講明**，而現場一定**嚴格執行**，常常有工作人員在現場因為心軟被多「拗」幾份，其他人知道後一定會比照要求，之後便是秩序大亂，甚至引發紛爭，您想想：贈送東西別人不會感謝你，還常常以為那是應該給他的，是你欠他的，花錢還挨罵，還有什麼比這更令人感到寒心的事情？

因此，當你主辦這類活動，請想想？有沒有送給「不特定對象」的必要性？如果有很大的技術性難題，例如可能會有人提早排隊，主辦單位還要加派人力維持秩序、發號碼牌，人多難免口雜火氣又大，可能沒有糾紛嗎？而這些負面情況對整體活動來說，會不會引發批評而導致活動失焦？一旦評估風險過大，或者是要花費過多的人力物力在「發送紀念品」上，失去的比獲得的多，那麼還不如不要贈送紀念品來的好。

如果，紀念品非送不可（不管你是自願還是非自願的），就必須謹慎處理幾個關鍵要點：

(一) 訂立好的贈送原則標準，一定確實執行，包括對人的「資格」與「時間」的開始與結束。工作人員往往因為心軟網開一面，反而招致其他人的群起不滿。

(二) 免費的東西不拿白不拿，如果改成「低價有償」，提供給真正有興趣的民眾實惠的價格，至少可控制問題的產生。

(三) 「公平性」對於「給」的藝術來說是首要原則，所以活動單位對於動線的規劃與秩序的維持，一定要事先確定好，只有將程序都透明化，雖然送出去的物品有限，但是過程一般人都看得到，有人雖然沒拿到東西，也只能怪自己行動太慢，至少也不會把怒氣都出在主辦單位頭上。

上述的建議並非標準答案，這只是作者根據長年經驗認為較好的處理方式之一，畢竟面對人群心理與未可預知的反應，沒人可說得準，或許您會有著更高明的辦法也說不定！

所以，各位讀者們可以思考一下，講到活動專案的規劃與實際執行，我們常常會把流程運用標準作業流程（SOP）規範起來，好處是行動有所遵循，就算是新手也不會全然不知如何進行；但是，經驗豐富的活動老手之所以會把專案辦的圓融，關鍵就在這些「**眉眉角角**」之上。會做事，不稀奇，會懂得把**人性因素**考量進來，這才是辦理活動真正厲害的地方！

第四節
新聞發表會與記者招待會

在一般的公商務活動中，企業為了對外宣傳「新產品」的發表、政府單位對「政策」與「事件」的說明，常見的活動辦理就是「新聞發表會」或是「記者招待會」。對於這種邀訪平面與電子媒體人員參與，藉由報導而廣為一般民眾的「閱聽人」接受到的「正式訊息」，而具有「正式管道」與「正確消息」的公開資訊的方式，如果備有餐點或以茶會、酒會輕鬆的方式舉行，就可稱之為「招待會」。一般來說，發表會或招待會都是以雙向交流的方式進行，簡單來說就是主辦單位先予以介紹、說明或者是釐清，之後再開放給媒體記者發問為主要特色。

在目前的商業實務中，對於新聞媒體經營這一方面，屬於相當專業的範圍，有規模的企業都常委由「公關公司」企劃與執行方案，藉由一些精細的設計與「操作」，而成功造成新聞話題與提高能見度，或者是達成一些預定的效果與目的（例如「澄清」、「說明」、「反駁不實」、「建立信任」、「鞏固形象」等等的目的）。但畢竟不是所有的公司單位都有預算來委由公關公司處理，或者內部評估「記者會」沒有「外包」的必要，因此您也有可能有機會執行「新聞發表會」的專案。

辦理「新聞發表會專案」的步驟與要點：

(一) 決定活動辦理的4W1H

　　1. 日期及時間（When）：決定日期必須避開**預料中**的熱門新聞發生日，例如大學指定考試日期、選舉日前後，或者是熱門運動比賽（例如奧運、亞運、世界足球賽或職業棒球冠亞軍賽等等日期），以免記者出席率降低，新聞能見度也會被埋沒。當然，如果碰到臨時發生的重大事故與新聞事件，這也不是主辦單位能夠預知的，也是相當莫可奈何的事，只能當成特例看待。此外，舉行記者會的「時間區段」，也要避開新聞媒體的「截稿」時間，通常來說，選擇下午2點到3點是比較理想的時間。

2. 確定舉行的地點（Where）：地點應該選擇在各家媒體交通比較方便的地點，特別注意是不是有提供停車位？有的話更好，以免媒體工作人員還要為了找停車位而大傷腦筋，甚至索性不出席。

   至於場所的選擇，要特別注意給電子媒體工作人員一個方便，要有足夠的空間來架設攝影機腳架，空間也不要過小而妨礙進出與移動。如果確定有較多的電子媒體攝影工作人員會到場，就儘量多為他們著想，例如在後方架起拍攝臺階，讓大家都有好的角度拍攝。

3. 確定邀請的媒體名單（Who）：收集相關媒體名單及電話，並據以聯繫邀訪。

4. 確定新聞發表會的「標的」或者是「目的」為何？（What）：例如新產品發表、事件說明、新聞澄清、活動展開等等，為了廣為社會大眾知道與瞭解，進而讓人「探詢」、「轉告」、「購買」、「參與」、「獲知真相」與「改變行為決策」，這便是舉辦新聞發表會的目的。

5. 舉辦方式與聯繫方式（How）：包括是否提供茶水點心？採用較為正式的會議對談方式的座位佈置，還是輕鬆氣氛的茶會或酒會？怎麼通知媒體？是發「邀請函」，還是傳真新聞稿通知，或是以電話聯絡，還是用行動電話簡訊通知？這些辦理的方式都必須一一確定。

(二) 事前文稿準備

主辦單位辦理「新聞發佈會」的「首要」訴求對象，就是大眾媒體記者，對象明確，再進一步運用「禮賓工作」中的**易位思考**原則，站在新聞媒體工作人員的角度想想：什麼對他們是比較便利的？就是「設備」、「場地」與「時間」是比較方便的，「題材」、「內容」與「獨特性」是他們感興趣的。從這個「**方便**」的角度思考，就要事先擬定「**新聞稿**」，文字內容（甚至包括圖片、數據與表格）要先審定，提供明確與詳實的內容給媒體工作人員，讓他們有依據來採擷文字內容，再加以引述報導，只要有所根據，才會傳達給社會大眾正確的資訊。

(三) 為記者準備「新聞資料袋」

除了上述之外，最好幫媒體工作人員準備「速食包」，就是使他們在工作上在有限的時間內能取得可以立即使用的資料，對記者會的效果會有很大有幫助，也就是事先要準備相關的新聞資料袋提供，內容包括：

1. 新聞稿。

2. 物品或事件背景資料。

3. 照片。如果要達到更好的效果，可以將專供新聞發佈的照片**數位檔**或**影像檔**，燒錄成光碟後附於資料袋內，媒體工作人員就可以馬上運用。

4. 如果是新產品上市發表之類的新聞發佈會，預算許可的話，可以附上「贈品」或「樣品」，會更為討喜。

(四) 事前設備儀器準備

新聞報導講求時效，現場如果能提供媒體工作人員相關的傳輸設備。例如：傳真機、筆記型電腦、網路線等等，可以方便現場傳輸報導與相關資料，其它如燈光架設與補強，以及背景看板字樣的準備，將對於記者會的現場增加良好的效果與許多的便利性。

(五) 事前場地與影音設備檢查

記者會中麥克風失音，或者是電子螢幕沒有影像，媒體記者們是不會再給你一次的機會，設備務必事前詳細測試檢查，才能萬無一失。

(六) 媒體邀請一發出去，主辦單位務必追蹤出席情況，確認記者出席人數，尤其是一些「重要媒體」，因為發行量較大或收視觀眾較多，相對的影響力也較為廣大，想辦法儘量洽邀到場，記者會即將開始前也要再次提醒通知，以確保記者會的宣傳效果。

(七) 誰來主持記者會？

如果政府單位或企業有「發言人」，或者由公關人員選任一位口條清晰、反應靈敏的人選擔綱，這位「主持人」不但要熟知產品內容特性，或者是熟悉全部事件的過程與真相，也要事前列出講稿與題綱，以及預先草擬可能會被問到的問題，以便從容有自信地回答。此外，除非是一些具爭議性話題的記者會，為了管控發言以免節外生枝，否則可以在記者會結束之後，在現場稍作停留，來回答記者私下的提問，這也是可以達到宣傳的目的與增加效果。

(八) 確定記者會調性與表達態度

如果是「介紹」（人或物）與宣傳（政策或是活動），就用歡欣高興的心情與有條理的說明介紹；另一種則是對於「事實的澄清」與「錯誤的承認與道歉」，這就必須以誠懇嚴肅的態度面對與措辭，切勿油嘴滑舌或讓人覺得強詞奪理而缺乏誠意，如此反而會被媒體「反向報導」，而加深事態的嚴重性。

(九) 回答記者問題的關鍵技巧

1. 尖銳問題的回答：對於媒體人員無論如何態度一定要和善，也最好不要強硬回絕，如果真的不便回答，儘量無形中轉移話題。

2. 拉回主題、切勿失焦：有時記者的提問與記者會主題無關，反而是現今具「新聞性」的話題，譬如詢問主辦單位某高階主管對於政府某項新政策、新措施的看法，或者一窩蜂地追問公司老闆的「緋聞」，此時主持人一定要控制場面，善意提醒以及婉言告知提問與記者會無關，因為時間關係請提問者見諒，再請下一位記者提問發言。

3. 對待所有媒體都一視同仁與平等對待：如果時間許可，儘量都能回答完所有記者問題，否則平均安排平面與電子媒體都能代表回答的問題，結束後也歡迎與公關等人員洽詢並解答疑問。

(十) 記者會後相關事項的追蹤與效益評估

1. 儘速將新聞發佈會的影音再行編輯製作，再次提供媒體作為報導素材。

2. 對於缺席的媒體也送上「新聞資料袋」，儘量爭取大部分媒體的曝光的機會。

3. 動用工作人員剪報或側錄相關媒體對活動的報導做成檔案，一則觀察報導內容是否精確？報導頻率為何？文字照片篇幅大小如何？電子媒體報導時段為何？報導時間長度為何？這些都納入成效的觀察重點並加以評估效益。

4. 對於新聞發表會現場辦理的總務工作與接待工作，再次檢討優缺點，當成以後再次辦理記者會的參考。

第五節
方寸間的禮儀實務：
「由小見大」～談公商務活動專案中的「座位卡」

如同本書所說的，禮儀與禮賓工作的面向其實既深又廣，如果您跟作者一樣投身在這工作的行列裡，在長久的工作實務與體驗之中，心中還有一項深刻的體會，恐怕還要加上一個註腳：就是這項工作既「**細**」又「**雜**」！

現在要跟讀者討論的，就不光是著重於「禮賓接待」這一項，是再深入研究有關於「會見」、「會議」與「宴會」籌辦專案上的實務問題。在這裡分享一個禮賓工作上的心法：對禮賓工作而言，「**貼心**」都藏在細節中！

主辦單位所印製的「座位卡」（place card），在所有活動的書面印刷品上，它的重要性可是數一數二的，因為「座位卡」使用的場合，就是放在正式場所的桌面上使用，具有「正式性」，而且是直接面對賓客本人的，賓客覺得是否便利與受到重視，由「**座位卡**」便可見其端倪。

(一) 方寸之間學問大

各位讀者千萬不要小看放在桌上的這一張小小的紙片，主辦單位的專業與細心，從其中便可觀察出。對於「座位卡」來說，具有以下的功能與特性：

1. **正式性**：這張立在桌上的紙片，就是出現在正式場合之中。因此，對於印製的「規格」要求與「正確性」，就絲毫不能馬虎。

2. **功能性**：什麼「功能」？就是「**指示**」與「**定位**」，不要忘記了座位卡基本的功能，就是讓與會者或者是宴會貴賓，知道自己座位之所在。此外，也是讓鄰座的賓客大概知道彼此的姓名與職銜。因此，基於這個功能性，隨之而來的，就必須要有下面所提的「簡潔性」。

3. **簡潔性**：在這裡強調「座位卡」如同名片一樣，不要提供太多資訊，字太多字型就變小，「指位」的功能就蕩然無存，作者曾經看過臺北某龍頭國立大學舉辦會議時的座位卡，一張卡片上印滿了英文的姓名、職銜、單位、國家，字小到根本看不見，這是要測試外賓的眼力嗎？許多秘書業務單位根本不瞭解印製座位卡，也是有所原則與格式的，不是隨便把賓客的名字與資訊印上就好，上面所提到的那所學校，別說是字太小，就連「稱謂禮儀」格式都弄錯，乾脆就別印座位卡了，直接請人帶位還可以省省紙張。

4. **禮儀性**：這裡所稱的「禮儀性」，可以分為兩方面，一則指的是印刷製作必須美觀大方，字體適當且顯眼。二則必須注意「稱謂禮儀」，不正確的稱謂方式，對於賓客就是失禮，不可不慎！

(二) 「座位卡」製作原則與實務

各位千萬不要小看這片對折的卡紙，若不小心，真的會出大亂子的！愈高階的貴賓，愈隆重的場合，座位卡的製作也就愈顯重要，因為座位卡上的稱呼，就如同「主人」對您的稱呼，如果稱呼不對，豈不失禮？因此，就活動籌辦的實務來說，有以下的原則：

1. 座位卡內容以不超過上下兩行為原則。

2. 中文字體主要以「標楷體」印刷。

(三) 外賓外文姓名基本上全名都印上較為禮貌

如果遇到像是來自西班牙、葡萄牙語系國家的賓客，就可要特別注意了！例如：西班牙20世紀初的政治人物「法蘭西斯科・佛朗哥」（Francisco Franco），其全名是：法蘭西斯科・保利諾・埃梅內吉爾多・戴奧杜洛・佛朗哥・巴哈蒙德（Francisco Pauolino Hermenegildo Teodulo Franco Bahamonde）。前四節為個人名字，倒數第二節為父姓，最後一節為母姓。簡稱時，用第一節名字加父姓。

又如來自中南美洲的人士 Francisco Guillermo Flores Pérez，如果您是承辦者的角色，對於非英語系國家的來賓，您要如何印製「座位卡」？

畢竟小小方寸之間，實在無法擠進這麼多的字母，否則只能縮小字型號數，然而，字小不但看不清，對賓客也是不太禮貌的。實務上對於名字的書寫，可以把名字第一個字母縮寫代表，但姓不能縮寫，例如印成
Sr. Francisco G. Flores P.（Sr.是西班牙文與葡萄牙文「先生」的意思），如果沒有把握，可以請教懂該種語文的人士，不要隨便胡亂簡寫一番，不小心真的會鬧笑話的。以下舉個實例：

・英美人士：Edward Adam Davis
  → Prof. Edward A. Davis

・西語系人士：   父姓   母姓
Francisco Guillermo Flores Pérez
  → Sr. Francisco G. Flores P.

(四) 中文座位卡稱謂格式用法如下：
  1. 以「職務」、「職銜」稱呼
    姓＋**職稱**＋名　，例如：
    王局長志成　　張主任文中　　劉教授文政
  2. 以「專門職業」稱呼
    姓＋名＋**職業**　例如：
    陳克強醫師　張淑娟老師　李光中建築師　紀大祥律師
  3. 以「學位」稱呼
    姓＋名＋**學位**（習慣上有博士學位才稱呼使用）
    例如：劉文政博士
    （如果有行政職位，也可印成：劉學務長文政）

(五) 對於日本人的座位卡片，方式如下：

長谷川　清　取締役　　（姓：長谷川）

島田　洋七 教授　　（姓：島田）

森　進一 先生　　（姓：森）

因為日本人的姓氏從一個字到多個字都有，對於正式的場合座位卡的印製，就不能全然按照我國的習慣，例如：

島田教授洋七

這樣日本賓客會覺得奇怪，雖然都是漢字，但是還是依循日本人的使用稱謂習慣較為妥適：一是職位放最後，二是姓與名間有一個空格，這樣才知道「長谷川清」不是姓「長谷」，而是姓「長谷川」。

總而言之，小小卡片大大學問，嚴謹的禮儀學與禮賓工作便是從小見大，處處是蘊含學問的。下次當您參加會議或宴會時，請看看放在您面前的那張小卡片，是不是符合本書所提到以上的禮儀要點？當您有機會辦理活動時，不但要「大處著眼」，也要從這「小處著手」，辦活動真正厲害的地方，便是「大小兼顧」且「鉅細靡遺」，過程不但要順順利利，成果展現更是要漂漂亮亮！

結 語

本章將商務公關活動中常見的會議、簡報、拜訪會談、各項典禮儀式及記者會精簡扼要的以條列及圖解方式呈現給讀者瞭解，並且依據賓主間的位階高低與人員行進動線的不同狀況來詳細解說，實務上運用在您的工作中，你甚至只要遇到主管指派辦理的活動，可以依據活動的種類翻閱本章節，直接套用範例圖示，必要時再根據專案的特別條件而略作調整，活動辦理的結構立即躍然成形！您不必對辦理各式的典禮活動感到迷惘甚至畏懼，請您可以再三細讀本章節要點，多多參照各式專案的圖解，活動辦理立即一點就通！

此外要附帶說明的是，公關活動辦理專案中，其實還包括一項常見且極為重要的活動專案：「宴會辦理」，因這方面已成為一項獨特的專業領域，倘若您想深入了解學習，可參閱作者另一著作《宴會管理：全方位的新視野》。

要點回顧

一、對「會議專案」的認識與辦理重點

　　(一) 會議形式包括：

　　　　1. 集會（Meeting）。

　　　　2. 會員大會（Assembly）。

　　　　3. 大會（Conference）。

　　　　4. 代表大會（Congress）。

　　　　5. 年會或展覽會（Convention）。

　　　　6. 學術研討會、學術報告會（Colloquium）。

　　　　7. 專家討論會、專題研討會或講座（Seminar）。

　　　　8. 研討會、座談會（Symposium）。

　　　　9. 圓桌會議、協商會議（Roundtable）。

　　　　10. 工作坊、講習班或實習班（Workshop）。

　　　　11. 論壇（Forum）。

12. 委員會（Committee）。

13. 高峰會（Summit）。

(二) 國際會議的定義有三個條件：

1. 與會者來自3個以上的國家或地區。

2. 100人以上的規模。

3. 外國與會者的人數達50人以上，或比例佔全體與會人數的30％。

(三) 建立專案工作團隊要特別注意「負擔平衡」、「分工明確」以及「組織扁平」三個基本原則，以確保專案能具有實質的行動能力。

(四) 會議座椅形式的安排，辦理人須考量會議性質與參與人數規模，來決定採用「劇院式」、「課堂式」、「長條桌型」、「口字型」、「馬蹄型」或「圓桌」式的型態來安排會議現場布置，或是租用符合需求的場地。

二、「簡報專案」實務分享

(一) 確定簡報的4W1H核心要點。

(二) 簡報檔案的組織與編寫。

(三) 腦袋不再一片空白：用「魚骨圖」與「心智圖」幫助你構畫簡報專案與活動企劃。

(四)簡報現場口語表達技巧。

三、「拜訪」與「會談」工作安排

(一) 會談的形式與種類。

(二) 身分對等合禮儀、迎送之間有章法。

(三) 會談工作的秘書作業。

四、常見的各式典禮活動專案辦理重點

(一) 剪綵儀式。

(二) 新舊任職務交接典禮。

(三) 物品（動產）交接儀式。

(四) 動土典禮。

(五) 簽約儀式。

(六) 頒獎典禮。

(七) 各式典禮舞台賓客相關位置應該怎麼安排？

(八) 動土典禮儀式程序安排實務。

(九) 新聞發表會與記者招待會的辦理要點。

(十) 各種活動場合桌上的「座位卡」製作要點與實務。

五、簡報專案工作

    (一) 確定4W1H要素：

        1. When：選擇適當的舉行日期與時間，以及有多少時間可供發表？

        2. Where：確定場地大小與現場設備狀況。

        3. Who：聽眾群的性質為何？

        4. What：確定以上3個W要素，可決定你要講些什麼？可以專注哪些內容？

        5. How：根據現場的情況發揮簡報技巧。

    (二) 簡報內容主軸的構思，可運用「魚骨圖」分析法來釐清撰擬的方向，使邏輯清晰明瞭。

    (三) 簡報不僅是事前的書面準備，更需要現場確切地暢達的以口語表現出來，穿著、神情與肢體動作，也是成果展現的一部份，可多多練習，不但可以熟練而更有自信，也可以就不滿意之處加以修正，讓現場效果更加良好。

    (四) 演說與進行簡報皆屬於公眾口語表達的一種，如果想要先求穩健，本書建議採取兩項原則：

        1. 定錨原則：確定演說的中心與重心，不可偏離主題。

        2. 圓規原則：確立演講中心後，再以演講可運用時間的長短為「半徑」，畫定可資傳達內容的多少。

六、拜訪與會談工作安排

    (一) 前往拜訪與會談，務必提前與欲拜訪的單位或對象敲定時間，臨時拜訪的「不速之客」，是非常失禮且會造成對方的困擾。

    (二) 迎接禮儀的行動準則，端賴賓主之間的位階來決定對應的方式：

        1. 主賓地位大於主人→主人親自到公司門口迎接。

        2. 主賓地位與主人相當，主人先到「會客室」門口等候迎接

        3. 主賓地位低於主人，客人由工作人員先帶到會客室等候，主人依預定時間到場即可。

七、典禮活動專案

    (一) 「典禮」儀式舉行的原因與類別，主要可以分為以下幾種：

        1. 剪綵儀式。   2. 新舊任職務交接典禮。

        3. 物品（動產）交接儀式。   4. 動土典禮。

        5. 簽約儀式。   6. 頒獎典禮。

        以上典禮活動，都具有「公開」、「正式」、「儀式」與「歡慶」的性質。

(二) 典禮儀式中最常見的，便是「頒獎典禮」，可以區分為兩種情況：

1. 頒獎人站舞台中間定位不移動，受獎人一一由司儀唱名上臺接受頒獎。

2. 全部受獎人皆上臺排成一列，頒獎人由左方（觀眾視角的左邊）開始走動式一一頒獎給受獎者。

(三) 典禮現場程序儀節，通常會安排：

1. 司儀開場白。　　　　　　2. 介紹重要貴賓。

3. 主席致詞。　　　　　　　4. 來賓致詞。

5. 宣佈特別儀式。　　　　　6. 奏樂。

7. 會後安排貴賓合照。　　　8. 禮成。

9. 表演節目開始（視情況是否安排而定）。

八、新聞發表會與記者招待會

辦理新聞發表會的4W1H

(一) When：決定日期必須避開預料中的熱門新聞發生日。

(二) Where：選擇在各家媒體交通比較方便的地點。

(三) Who：確定邀請的媒體名單。

(四) What：確立活動想要達成何種目的。

(五) How：決定舉辦方式，包括現場布置氣氛、是否供應茶水點心與新聞資料袋等庶務事項。

九、座位名片卡實務

在活動現場擺放的座位名片卡（Place Card），具有「正式性」、「功能性」、「簡潔性」與「禮儀性」，製作須符合實用性與文書禮儀。

問題與思考

1. 何謂「國際會議」？簡單的要求條件為何？請簡要說明？
2. 會議性質可以做哪些分類？試說明之。
3. 假設你承辦一場公司產品新上市記者說明會，請依照本章節4W1H的要件，試著畫一張「心智圖」來自由構思這場活動。
4. 在國際之間的商務場合中，常見哪些公關性質的活動，請你簡單列出項目。
5. 有關迎接禮儀的行動準則，請依照主人與主賓間的位階關係，試說明彼此間的應對模式。
6. 試舉出你知道的商務典禮活動種類與項目。
7. 典禮現場程序儀節，通常會安排哪些儀節節點，試說明之。
8. 各種會議、宴會等公開活動場合，主辦單位皆需要製作座位卡，試說明製作座位卡的注意事項與要點。

實戰演練

請講師於課程中依照本章節「頒獎典禮」專題，安排學員上台實際演練受獎者輪流上台第1型及第2型，以及受獎者先於講台站定方式演練，並加以講評與多次練習，尤須加強「襄儀」與引導人員的熟練度，因為上台人員的動作，都要靠工作人員的順暢指引才能有所依循。

PART 3

專業禮賓軟實力

Chapter 1 禮賓人員形象塑造與管理

學習目標

- ‧行業形象塑造如何定位？
- ‧禮賓人員形象如何塑造？
- ‧禮賓接待人員團隊形象的特殊要求。
- ‧禮賓人員整體儀容該如何打扮？
- ‧禮賓人員服裝該如何穿著？

💬 引言 Introduction

禮賓工作就是對人的服務，也可說是將禮儀事務安排運用在禮待賓客的工作上。因此，禮賓接待人員對於自身的「專業」與「紀律」，就是由「形象」來表達出給人的「第一印象」，建立起此良好形象的重要性，便是自律自重後才能禮待他人。其實，每一種行業因為所屬的業務性質，想帶給他人某一種專業上可靠且讓人信賴的良好印象與感覺，這種形塑形象的操作與定位，就是「形象塑造」，而進一步落實在工作人員身上與建立制度管控，就成為「形象管理」。

「形象」可以是個人，也可以是「團體」，良好的形象管理是一門重要的公關工作，獲得的是外界對我們本身的信任與工作上的順利，影響力不可小覷。該如何建立起團體與工作人員的優質形象？本章將精闢分析，讓您立即掌握要訣。

第一節
行業形象塑造的多樣性

(一) 行業形象塑造

各種行業形形色色，就算是同一種行業，因為經營者不同的想法與理念，或者是長久以來所形成不同的文化與傳統，都會有著不一樣的「公司形象」，在整體的「**公司形象**」之下，就是代表著這家公司所要帶給外界最初的想法與感受，而這帶給他人主觀的「感受」，就牽涉到組織行銷等等的方法與決策，這也是每個公司團體負責人所必須認真思考與決定的。例如，政府單位、法律工作與諮詢或金融行業，如果想要建立「信賴」、「專業」等等的特質，那麼公司與所屬人員的形象塑造，就必須帶給他人「嚴謹」、「約束」、「仔細」、「幹練」等等的感覺，因此男士穿西服、女性著套裝，就相當符合行業形象。此外，就算是相同行業，以「飯店業」為例，不同地區、不同等級、不同性質的飯店，也就會有不同「公司形象」的塑造。譬如說，座落在市區中心的商務飯店，針對的對象往往為商務人士、小型團體或其它客源的短暫停留，對於飯店裝潢與人員外型的塑造，多偏向為簡潔的都會風格；但是在風景名勝的渡假飯店，也許就會流露出輕鬆的南國風情，服務人員甚至穿著夏威夷衫，讓入住的旅客自然而然地放鬆心情，好好地渡個愉快的假期。

(二) 行業形象塑造的定位

因此，在塑造個人的「職場形象」之前，請先確定您所從事的行業，並且衡量所服務的公司行號，或者是機關團體的「公司形象定位」是什麼？就如下圖所表示的，就是行業與公司形象塑造的定位象限：

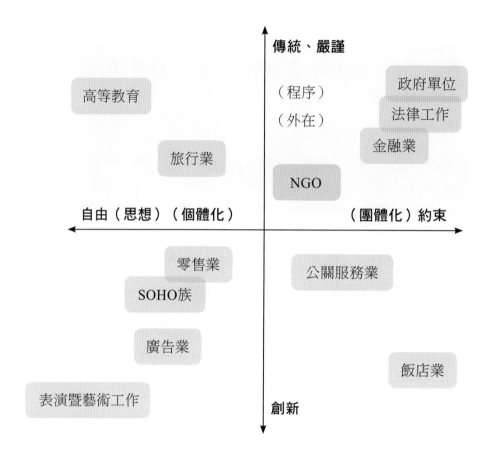

組織行業形象塑造與定位象限

當您深入瞭解所任職的公司或單位的文化與形象，確定落於某個象限的某個位置之後，就可以瞭解個人穿著裝扮等等方面的走向，以及還有多少可以自由發揮的空間。上圖所舉出行業形象的座落，只是參考與建議。反過來說，假如您是一個公司或組織的負責人，您可以改變公司在上圖中的位置，隨之就是改變公司的形象了！

第二節
禮賓人員的形象塑造

談到對於一般職場人士個人的「形象塑造」，基本的原則是當您確定了公司團體的形象風格之後，在符合公司組織的整體形象之下，再進一步決定如何塑造個人的專業與職位的良好形象。個人在**職場**上的裝扮、穿著以及整體呈現的形象，有以下5大原則：

(一) 明亮淡雅：不濃妝艷抹、穿著明亮勿過於暗沉，要給人有正向且愉悅的感覺。
(二) 簡潔舒適：髮飾、服裝及配飾不過於繁複,也會讓自己減少活動上的不便與負擔。
(三) 適度協調：服裝剪裁合宜,色彩無強烈反差,讓人感覺舒適沒有突兀的感覺。
(四) 避短揚長：沒有人外在是完美的，但是懂得隱去缺點，彰顯長處，就可以形塑良好儀表。例如：身材高瘦者，勿穿直條紋服裝；反之，身材矮胖者，就不要穿著橫條紋服裝。「避短揚長」原則是所有彩妝與服裝穿著的目的與重點。
(五) 莊重大方：容貌裝扮、服裝穿著，總的來說是要能讓人一眼就能感覺相互和諧與整體搭配，從而表現出雍容大方的氣質。

以上所說的是針對職場人士對於「個人」的外在形象形塑的基本要點。如果，公司行號、企業組織乃至於政府或非營利團體單位，不管有沒有正式編制的禮賓接待人員，來處理一般性、例常性的接待事宜，或者面對舉辦「活動專案」中，所要從事一連串活動的禮賓工作事務，而對於禮賓接待人員的「形象塑造」，將會更為嚴謹。

禮賓接待等相關事務的工作人員，**形象塑造**有著以下的特性：

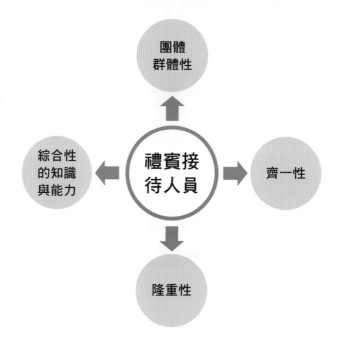

(一) **團隊群體性**：各單位與公司行號擔任禮賓事務的人員，如果是多人所組成的份子，強調的便是「團隊」與「群體」，給外界所接觸的印象是整體的，不會有人特別突出，這種「突出」的結果可以是正面或是負面，但是在工作要求上，不會使得有人特別地出色，更不可以是某人表現得特別糟糕。簡單來說，「好」就是一起好、「壞」就是整體壞，這就是禮賓事務專業工作人員形象的首要特性。

(二) **齊一性**：呼應第一點所提到構成成員的「團隊群體性」，如果站在外界人士所觀察與體驗到的角度，代表的是公司、企業團體或單位的一致形象。請記得，禮賓人員、接待人員或是主持籌辦活動的專案人員，都可說是廣義的「禮賓工作人員」，如果專案活動中有安排接待賓客，禮賓人員給人最初的印象，往往會深烙在對方的心中，隨之就會直接投射成為對公司或單位的第一印象。印象好，就成為好的開始，如果印象欠佳，往往後續就

會招致許多的成見，而為活動的辦理投下負面的變數。因此，「禮賓工作人員」可說是「半個主人」也不為過。

(三) **隆重性**：如果把「禮賓人員」直接按字面解釋，就是「禮待賓客」的人員，因此，「禮賓人員」的外在形象，包括「服儀裝扮」（靜態禮儀）以及「談吐舉止」（動態禮儀），都要顯得比被接待的對象更為隆重與正式，這樣對方才會覺得受到尊重。

(四) **具備綜合性的知識與能力**：擔任禮賓工作的人員，不論是正式的編制，還是臨時的組成，都要經過一定的課程講習與實際訓練，甚至要培養起長時間的實務經驗，這些知能包括「禮儀知識」、「形象管理」、「應對技巧」、「人際溝通」與「語言訓練」（方言或外語）等等的本職學能，將這些加以訓練熟悉與實際綜合運用，才能擔任最起碼「稱職」的禮賓工作人員。

迷思：禮賓工作人員都一定要俊男美女？

答案：這可不一定！

外表形象可以包括**靜態禮儀**（穿著與裝扮），以及**動態禮儀**（包括精神、站姿、坐姿與行進姿勢、手勢、眼神、笑容、談吐應對、聲調氣韻以及用字遣詞）。

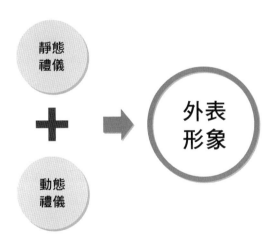

對於外表的「靜態禮儀」來說，是可以加以形塑與管理的。而對於「動態禮儀」就必須加以自我充實、不斷要求與加強訓練。簡單來說，這些都是後天環境與鍛鍊就可以改變的，誠然女性天生容貌秀麗、身材高姚，或者男性俊帥英挺，都是天生賦予的，如果工作人員所面對的場合，是屬於儀式性較強的，或者是屬於「門面」性質較重的，上面所提到的天生外貌

優點當然是具有「加分」的效果，但卻不是唯一的條件，更不是必要的條件，因為只要透過後天不斷的訓練、培養工作人員正確的儀態與標準的姿勢、涵養優雅的氣質，以及充滿自信與服務的熱忱，一樣可以勝任相關的禮賓工作與活動，對於天生外貌懂得「避短」原則：也就是靠一些技巧遮掩與修飾外貌缺點，再進一步「揚長」：發揮自己原本的優點，例如甜美的笑容或是悅耳的嗓音等等，作者在實務工作上，見過許多這樣的工作從業人員，不斷充實工作職能以及培養專屬於禮賓人員的自信與氣質，敬業樂業，反而比一些「帥哥美女」更受到肯定與歡迎哩！

第三節
禮賓人員的靜態禮儀

對於禮賓人員的靜態禮儀而言，主要是指「儀表面容」以及「服裝穿著」兩方面，這是面對外界人士的第一印象，不待開口就帶給他人直接的感受甚至是初步的評斷，這是對於相關禮賓活動與工作最基本、也是最重要的要求重點，愈是站在第一線的工作人員，對形象管理與服裝儀容禮儀，在實務上，更是要嚴格要求。

(一) 儀容裝扮

1. 男性人員

對於男性工作人員而言，鬍鬚應刮乾淨，頭髮修剪整齊，以服貼清爽為佳，就算不見得一定要採用所謂標準髮際線分邊的「西裝頭」，至少額頭要露出才能顯出精神！此外，男性禮儀工作接待人員不要有染髮（黑色之外的顏色）、穿耳洞以及使用濃郁古龍水的行為，因為這些「新潮」打扮的結果會過度突顯「個人色彩」，對禮賓事務所強調的「整體性」會造成負面影響，況且「新潮」對於禮儀工作的場域之中，往往會讓人有異樣的眼光，最好要避免。

2. 女性人員

女性接待人員應畫上淡妝，避免濃妝艷抹，化妝重點應該在修飾臉部缺點，以及增加神采，讓人覺得高雅有親和力，脖子的部位也須一起修飾，以免與臉部妝形成反差。同樣地，女性彩妝也會有流行趨勢，做為禮賓事務的工作人員，可不能為了追求時尚而過於流俗；例如使用煙燻

眼影、長假睫毛、瞳孔變色隱形眼鏡等等。此外，女性人員的髮型盡量統一，最好的是往後盤梳，最正式的為梳「包頭」型式，不要有瀏海或垂肩長髮等等的髮型，因為這些是屬於個人社交上的造型與形象，不但不適合於正式的公商務場合，對於擔任禮賓工作，更是一大忌諱！不論裝扮、髮型和服飾，其實都有一個目的性，就是要「便於工作」！換句話說，所有不便於工作或移動的外型組合與搭配，就是不恰當的工作造型，必須特別注意。

對於所有的男女禮賓工作人員，保持清潔與衛生是基本的要求，除了讓人在視覺上感到清新整潔，在實際執行工作時，在活動開始前不要吃帶有刺激性氣味的食物，例如大蒜、洋蔥等等，以避免口腔異味，更不要抽煙與喝酒，試想，工作中讓人嗅到煙味與酒氣，他人會有如何的感受？況且還是擔任禮賓接待的人員，更是讓人覺得沒有受到尊重，一定要避免。

相較於上面所說的，在參加重要的活動之前，更是要補充水份與充足的休息，否則黑眼圈或許可用化妝技巧掩飾，然而，滿臉的倦容與接連的哈欠，也是會讓人覺得反感。

(二) 服裝穿著

服裝穿著絕對是禮賓工作人員形象塑造與管理的首要重點！這方面有以下的注意事項：

1. 如果活動場合愈隆重，愈是人數較多的團隊工作，禮賓接待人員的穿著就更要整齊統一，相同設計款式的服裝就有其必要性，如果類似的禮儀工作並不是偶有或短期的，統一訂製「制服」就是必然的方向。而這種統一的服裝設計，可以依照公司或組織的形象而定，這可以參照上文所提到的「行業形象塑造象限圖」來定調，看是「樸實」、「簡約」或者是「色彩鮮明」或「年輕大方」，都可以顯現單位組織以及依照活動的性質來決定。然而，通用的原則就是「一致性」，沒有顯出某人特別，除非他（她）在分工組織中是居於主管的地位，想要刻意突顯在團隊中「領導者」與「協調者」的角色，方便外界辨識而能直接聯繫與發揮對口的作用。

2. 不論是不是統一訂製「制服」，剪裁必須合身，不可過於寬鬆而顯得散漫沒有精神，也不要過於「緊身」而暴露身材缺點；尤有甚者，特別是女性穿著過於貼身，也往往也會流於「性感」，這對於整體活動中的禮賓禮儀工作來說，反而會產生一種負面的觀感。

3. 對於男女工作人員一致的要求,如果是大會、典禮或其他型式的活動專案場合,工作期間必須佩帶「**活動工作證**」,並且統一配掛的地方與方式,例如:工作證的設計是「項鍊式」或是以別針別在胸前,都要規定相同的配掛位置。如果是在公司單位的辦公場域,接待訪賓一定要配戴所屬單位的「職員證」或「識別證」,因為這是代表公司的身份出面接待外來的賓客,是具有一定的責任與代表性的意義。

4. **男性禮賓工作人員的服裝:**

   (1) 最常見與最正式的便是**深色西服**

   除非所屬單位具有特殊性質,例如從事民族文化工作的單位,專屬服裝的設計可以突顯民族或族群的文化風情;或是在與眾不同的場合,例如旅遊展的接待工作,可以穿著輕鬆的「夏威夷衫」更能顯出活動特色,但這畢竟是特例,也可能是刻意的活動專案設計。除此之外的考量,一般國際間的活動與禮賓事務工作,男性工作人員還是以深色西服為主,是屬於應用較為廣泛與適合的服裝穿著。此外,淺色西服也不太恰當,畢竟深色系可以穿出莊重的感覺,不論是統一製作顏色相同的西服、或者是工作人員自備服裝穿著,服膺的都是同樣的原則,剪裁合身也是強調的重點,畢竟服裝的搭配是為了「禮賓工作」,要求會比一般職場的穿著更為嚴謹。對於男性工作人員而言,褲子的長度千萬不能過短,正確的長度應該是站姿時褲腳剛好能夠覆蓋到鞋面。

   (2) **襪子**

   一定要穿著深色,如果能夠跟西服顏色相同最佳,不然也必須是相同的色系。

   (3) **鞋子的挑選**

   顏色以黑色為宜,並請選擇可綁鞋帶的種類才算正式,而且,皮鞋一定要有「鞋跟」!現在有許多男士為求舒適,穿著所謂的「平底休閒皮鞋」,擔任禮賓工作人員千萬不要如此穿著。而在即將投入工作之前,一定要保持皮鞋的「**清潔**」與「**光亮**」,這也是代表工作人員的素質與精神之所在。

   (4) **襯衫的搭配**

   顏色應與西服顏色協調,不能是同一色系,穿著白色襯衫尤其能顯出正式感與神采奕奕。當然,襯衫要採用其他顏色不是不可以,但是請謹記禮儀事務人員的特性與要求:「**一致性**」,全體人員都要採取同樣色澤與型式的襯衫,以免整體形象顯得散亂不彰。色彩鮮豔的格

子、條紋或花色襯衫不太適宜，必須要避免，也不要穿著「小領」或「立領」的襯衫，因為這樣會太過突顯個人的風格，除非這是經過團體設計的「制服」。正式場合所穿著的襯衫，搭配長袖襯衫才是正式的穿法，襯衫袖口應長出西服外套袖口約2公分左右。

襯衫領口與袖口，是表現男性穿著禮儀的焦點，因為襯衫突顯的是男士整體穿著中唯一的潔白與挺直，所以必須勤加換洗與熨燙，這表現出一個人的穿著精神之所在，正是所謂的「領袖」精神，指的也就是衣領與袖口的重要性，切勿皺折留有汗漬，如果襯衫已經泛黃老舊，就一定要換新衣。

(5) 領帶的選擇

對於男性工作人員的西服穿著來說，其實能夠變化的彈性很少，對於職場男士而言，個人風格的建立或許可以從變化領帶的花樣格式做起。但是禮儀工作人員就必須「犧牲」這唯一可供變化的地方，如果禮賓團體的工作，男性工作人員就算不能同一種領帶，也儘量協調搭配同一種色系，如此在現場工作也不會太過突顯出個人的特色。

(6) 西服外套的穿著要求

記得上衣外套胸前口袋不要插著筆，下方左右兩邊的口袋不要裝東西，腰間也不要佩掛鑰匙或其他的雜物，只有如此，禮賓人員才能顯現簡潔與專業形象，對人的尊重與榮譽感就是從這些小地方建立起的！

5. 女性的禮賓工作人員服裝：

(1) 最常見且最正式的便是**兩件式套裝**：

這跟男性工作人員是同樣的原則與要求，除了配合特殊的屬性或場合，有特殊設計的工作服裝之外，在一般公商務的活動場合，適用最廣的，還是兩件式套裝，不論是統一訂製的制式服裝，還是工作團體自行律定相同屬性的穿著，這都是普遍在國際上與各行業都能接受與一致採行的方式。

(2) 穿著的「三色原則」：

男士穿著正式西裝，全身以不超過三種顏色為度；同樣地，女性穿著套裝，以不超過三種顏色的搭配，也可以顯出簡潔大方的形象。

(3) 襪子：

儘量穿著「膚色絲襪」，一方面可以修飾腿部的線條，也能顯得自然大方。當然，如果在團隊工作中，一致的規定也是可以的，不過還是要避免條紋或網狀絲襪等等不合宜的穿著。

(4) **鞋子的挑選：**

以不露出腳趾的「包頭」高跟鞋為佳，鞋跟也不宜太高與太細，顏色以黑色或其他素色為挑選原則。

(5) **女性工作人員配件的基本要求：**

配件全身不超過3件為原則，也不宜太大，畢竟飾品配件是附屬角色，純粹點綴性質，小而精美才是適當，也不要配戴垂掛搖晃型式的飾品。如果在團隊工作中，能夠統一飾品更好。在這裡附帶提一下，男士唯一的飾品，就是「領章」，可以統一別在西裝外套衣領左方的領面上，這就具有代表服務單位圖案的象徵，或者是為某一特殊活動專案所設計的徽章標誌（badge, emblem），也是相當適合的配戴飾品。

(6) **香水使用與否：**

如果不是為了遮掩天生的體味，香水也沒有必要使用，因為香水氣味或許也可能會造成他人的過敏，謹慎為宜。如果想要使用，氣味儘量以「清新淡雅」者且少量為宜，不要對他人的嗅覺產生「干擾」的負面影響，這是唯一要把握的要點。

(7) **對於「旗袍」在工作中的定位：**

近年來國內許多重要的儀式場合，流行安排所謂的「禮儀小姐」到場助陣，每每成為眾人矚目的焦點，而讀者們應該有著一個印象，就是現場由相貌姣好、身材頎長的女性工作人員穿著「旗袍」擔任相關的服務工作。但是，對於廣義的禮賓工作而言，就必須釐清「旗袍」的定位了！基本上，對於「旗袍」而言，早年算的上是我國女性的「國服」，但是就其剪裁而言，腿部旁的「開叉」實在不宜太高，以避免過於性感而犯了工作上的禁忌。因此，「旗袍」的定位應該是「**賓客服**」而不是

「工作服」，因為正統的旗袍剪裁是相當不利於工作的，所以從事禮儀禮賓工作的女性人員，只要牽涉到走動方便與否，「連身式旗袍」作為工作服裝的走向儘量避免，兩件式套裝還是比較有利於走動與工作方便。如果禮賓人員性質只是屬於「固定站點」的方式而較少走動，而且是屬於「美觀」與「增色」為陪襯目的，為的是增加現場的「視覺效果」，例如，在剪綵儀式中協助手執綵帶與捧盤的「禮儀小姐」，才有穿著「連身旗袍」的必要。

(8) 對於「**白手套**」在禮賓工作中的使用時機：

當今實務上的禮賓工作，對於「白手套」的使用已不多見，除了一些「儀式性」極高的場合，例如公商典禮中的剪綵、動土或落成儀式中的「禮儀小姐」，還可穿戴白手套之外，其餘在實務工作中的迎賓帶領動作，已經沒有使用白手套的必要，而且在動態工作中的手部動作與抓握並不方便，其它使用白手套的工作形式，只常見於飯店與迎賓上下的「司門」而已。簡單來說，現今對於一般公務商務場合中的廣義禮賓工作，已經沒有穿戴白手套的必要了。

	男性	女性
服裝形式	西服	套裝
髮型	梳理整齊勿有瀏海，額頭露出	梳理整齊勿有瀏海，盤髮為佳
面容	刮鬍	略施淡妝
配飾	領帶勿過於鮮豔	不超過3件，勿有「墜飾」
鞋型	有跟繫帶光亮皮鞋	有跟包頭深色皮鞋
氣色	充分休息，勿有倦容	
護嗓	杜絕不良習慣（如抽菸）、忌辛辣	

結 語

不論個人或公司團體，良好的形象一定會帶來多一份的信賴與可親性，優質的形象管理也是給予服務的對象一種尊重與專業性的踏實感。因此，公共關係的第一門課，便是瞭解你的公司在行業中屬於哪一種性質？而公司的管理者，又想把公司的形象定位在本章所分析的「行業形象4象限」中的哪一區塊，和程度又是如何？公司所屬人員的靜態禮儀形象管理便要隨之符合所定位的調性，是活潑大方？還是嚴謹傳統？

對於禮賓工作人員形象管理的要求，著重在團隊樣貌與一致性，不要強調個人表現與突出，型塑一致的「靜態禮儀」，從面容、裝扮、穿著統一標準與檢核要求，這是建立公司團隊形象的第一步；接著，就要進一步訓練「動態禮儀」的基本素養，包括：行進與肢體儀態、笑容與應對言談，這在下一章節會進一步說明。

要點回顧

一、行業的塑造可以畫出一個二維的田字4個象限，由此探究出你的公司形象的定位為何？

可以包括：

(一) 傳統、嚴謹且團體化具約束性。

(二) 傳統、嚴謹但有個體化的自由。

(三) 創新自由具個人化色彩。

(四) 創新但受團體性的約束較強。

二、個人在職場上的裝扮、穿著以及整體呈現的形象，包含：「明亮淡雅」、「簡潔舒適」、「適度協調」、「避短揚長」與「莊重大方」5大原則。

三、 公司行號或團體的公關接待人員,形象塑造有著以下的特性:

(一) 團隊群體性。

(二) 齊一性。

(三) 隆重性。

(四) 具備綜合性的知識與能力。

四、 外表形象可以包括:

(一) 靜態禮儀:穿著與裝扮。

(二) 動態禮儀:精神、站姿、坐姿與行進姿勢、手勢、眼神、笑容、談吐應對、聲調氣韻以及用字遣詞。

問題與思考

1. 請說明男性禮賓人員服裝穿著注意要點為何?女性又該注意哪些事項?

2. 個人職場上的穿著裝扮有哪五項原則可供依循?試說明之。

3. 一個單位的禮賓接待人員形象管理,需注意哪些特性?

4. 請說明穿著的「三色原則」是什麼?搭配配件的「三件原則」又是什麼?請說明要點與理由。

5. 外表形象可以包含「靜態」與「動態」禮儀,作為訓練重點與要求方向的依據,請試說明「靜態禮儀」與「動態禮儀」的內容要點。

Chapter 2 禮賓工作從業人員的信念與工作認知

學習目標

- 行業形象塑造如何定位？
- 瞭解禮賓工作的特性為何？
- 適合擔任禮賓人員的個人特質為何？
- 想要成為稱職甚至優秀的禮賓工作人員，該要充實哪些方面的知識與能力？
- 禮賓工作的核心價值與精神是什麼？
- 禮賓工作角色的定位為何？

 引言 Introduction

每種行業與工作，如果想要做得好、做得巧，我們堅信一定有它中心理念與核心價值的存在。禮賓工作既然是一項對人服務的工作，而且常常需要搭配活動專案的進行，從業人員的信念與工作認知就猶如團隊行動準則，可以讓所有的禮賓人員有一致的思考模式與工作體認，這對於形塑一個「禮賓團隊」來說，是非常重要的心理建設與思考模式的養成，沒有一致的體認與共識，服務工作就是一片散沙不成團隊。反之，如果大家都有相同的認知，以團隊大我為考量，能發揮「易位原則」與「進位思考」的態度，工作相互補位，以完成目標為導向，那麼公司或組織的形象會提升，規劃專案的現場執行也會圓滿完成，建立禮賓工作的堅定信念的重要性，由此可知。

第一節
禮賓人員的人格特質與學養知能

在說明我們需要如何的人格特質，或是盼望能培養出怎樣的禮賓人員之前，只要從事相關禮儀禮賓的資深人員，大多能認同禮賓工作的特性是：個案「**歧異性**」、「**多變性**」與「**權變性**」。

(一) 「個案歧異性」

是指每個活動專案，不論是會見、宴請、展覽會、記者會、典禮儀式等等活動，即便與以往辦理過的活動性質相仿，但是每項專案還是有不同的主、客觀條件。例如不同之經費預算、不同的參與人士，以及與以往不同的活動策劃形式。簡單來說，就算是經驗豐富的禮賓工作人員，面對每場不同配合條件與背景的承辦專案，仍不敢絲毫掉以輕心，而必須謹慎地處理每一個細節，因為以往的個案以某一種辦法處理，下一個個案恐怕就不適用，承辦每一場業務都是全新的經驗。

(二) 「多變性」

是指辦理禮賓工作，必須經常面對時間、場地、出席人員、儀節程序等種種的更改，而且常常多次改變更動，改不勝改，令人常有「做白工」的挫折感，甚至常在節目即將進行的前一刻，面對臨時通知的缺席或出席，或者是其他無法預知的原因，而必須隨之做出因應措施，更顯出禮賓場合在現場的「多變性」。

(三) 「隨機應變」

因應禮賓工作的「多變性」，工作人員就必須有「隨機應變」的能耐與修練，這便是禮賓人員的「**權變**」特質，如果個人無法養成相當的耐心與反應，面對如此複雜的工作而言，恐怕是相當挫折與辛苦的，這也反映出為何許多專業禮賓人員流動性不低的原因。作者多年來與國外禮賓人員交換心得，得知國外官方禮賓單位的人員，多是經過長年歷練、具有相當的外語能力、經歷各種官方場合，並且具備有相當豐富的經驗者，才能勝任此一工作，他們也都認為重要場合禮賓工作人員的培養實在無法速成。就從業人員的個性特質而言，也並非人人都可以擔任，因此必須長期培養具有潛能的員工，再經過一段時間的訓練與歷練，才能勝任相關的禮賓工作。

由以上3項工作特性可以瞭解，要能夠勝任相關的禮儀事務，基本上相關的工作人員還是要有一些必備的人格特質與內涵：

(一) 喜好新的人事物

對於不同對象與人群，都不會「怕生」。同樣地，對於接觸與處理不同的事情與活動，也都能保持一定的「興味」，對於不熟悉的場地能夠耐心摸索與瞭解。總而言之，對於新的或是陌生的「人、事、地、物」，都能視為新的挑戰與學習機會，也就是在個性上是屬於一種積極與投入的性格，對事情的看法都是偏向於正面看待，如此的人格特質才能夠熱情投入禮儀事務而不覺得辛苦。

(二) 具有相當的組織能力

公商務活動專案的策劃可簡可繁，如果是位居上層位階的禮賓活動專案經理人，必須具有較強的組織能力策劃相關活動，並且撰擬專案行動方案（action programs）。如果是活動現場實際執行禮賓工作的人員，也必須依執掌分工執行專案計畫，而這些都必須具有相當的組織能力。

(三) 頭腦清晰

大部分的公務或商務活動專案都是同時多工進行，甚至是許多的專案同時進行，如果策劃者或執行人心思不夠縝密，頭腦不夠清晰，當實際執行工作時會因為慌亂而導致禮賓工作的失序，小則招致怨言，大則造成活動的失敗。

(四) 以時間為導向（time orient）的工作觀念

這是相對於以事件完成為導向（event orient）的工作觀念，其實兩種觀念並非一定是好或不好，只是因為「禮儀禮賓」的工作特性，是屬於「程序性」或「儀式性」的，扮演的角色就如同「橋樑」一般，藉由公共關係的工作與禮賓事務促進人與人、機關與機關、單位與單位或相互彼此間的一種聯繫，而這些活動與工作大多具有一定的「進程」，也就是時間點都是明確訂出，「時間」的精確把握，對於禮儀活動策劃與禮賓工作執行有很大的影響力。因此，禮賓工作人員要有很強的時間觀念，才能把工作做得好。

(五) 以成果為導向（results-oriented）的工作觀念

禮賓工作不是生產線工作，每個人只要顧好自己一段負責區域就好，雖然在一般的接待服務工作或活動專案中，都已經有了分工與負責區域，但是對人的服務工作來說，分工與分工中常有臨時產生的模糊地帶，也可能因為現場緊急處理某些事情，相關人員時間已相當急迫，能力負荷已經到達極限，那麼其他人就要發揮「互助補位」的精神，趕緊接替將事情處理好，好讓整個「系統」能繼續順暢地運行下去。全體工作人員必須以宏觀的角度來看事情，以完成目標達到績效為共識，這種以「成果導向」的工作的精神，是禮賓工作的核心價值觀。

(六) 具有相當的抗壓性與耐心

禮賓工作就是服務工作，面對的是形形色色、來自不同領域、行業、階層，甚至是不同國家、不同個性與想法的人。此外，由於禮賓工作的「多變性」，又必須保持清醒與冷靜，才能夠立即隨機應變。因此，面對「人」與「事」的多變化，難免會感受到許多的壓力甚至是挫折感，所以沒有相當的「興趣」、「熱忱」與「自信」，而轉化成相當的「抗壓性」，相關的禮賓工作的確是做不來的。

至於想成為「稱職」甚至是「優秀」的禮賓工作人員，又有哪一些「學養知能」，應該作為基本的涵養與必須不斷充實的能力呢？

(一) 熟悉公商務禮儀

對於禮儀的分類，可以分為「公民禮儀」（衣食住行等等），在現代的公民社會中，這是每位國民都必須具備的。但是如果要成為禮賓工作人員，就必須更進一步學習與培養對於「公商務禮儀」的知識與能力，因為大部分的公共活動事務是由商業界、政府單位或相關的非政府組織（NGO）所舉辦，對於職場形象塑造、儀容穿著、各國風俗習慣與禁忌、稱謂、介紹、名片、交通、電話、文書、會議、餐宴、餽贈、會議、公務拜訪等等禮儀，都必須具有相當的知識，如此才能落實在實務工作之中，所以「公商務禮儀」就是禮賓工作人員的「本職學能」，非熟悉不可。有人會問，為何不說是熟悉「國際禮儀」呢？本書對於「國際禮儀」是採取較為嚴謹的定義，是指「國際外交禮儀」（外交禮節，例如用字遣詞、儀式典禮都必須特別謹慎等等），適用於國家與國家間的往來，具有儀式性與制式化的外交禮節。當然，如果您是外交官、政府單位從事國際性事務者與聯繫協調者，「國際（外交）禮儀」就成為更進一步的進階知識。

(二) 適當的形象塑造與管理

包括「靜態禮儀」的裝扮與「動態禮儀」的加強訓練。「靜態禮儀」包括「儀容裝扮」與「服裝禮儀」，已經在前文討論過相關的要點與技巧，而「動態禮儀」就包括正確的「站姿」、「等候姿勢」、「坐姿」、「行進姿勢」（走姿）、表情笑容、手勢與合宜的「引導姿勢」，這些就是第一線接待賓客所需要的「基本功」，必須要不斷地調整修正與加強訓練正確的儀態，目的是要顯出自信與流露出不凡的氣質，表現出禮待賓客的熱忱與服務的態度。

(三) 具有良好的「口語表達」與「人際溝通」能力

活動專案的「標的」是「人」，禮賓工作人員的服務對象也是「人」，因此，策劃與辦理活動的主辦者溝通協調的能力，以及與禮待的對象表達說明的技巧，就牽涉到「口語表達」的能力。這種「說話」與「溝通」，並不是指口才好不好，也不是風趣幽默或者是舌粲蓮花，因為這些「特點」，比較偏向屬於個人的「社交魅力」。簡單來說，禮賓工作上的工作溝通，應該是要言簡意賅能夠讓對方清楚明瞭，畢竟，公商務活動專案所要辦理的事務相當繁雜，在工作過程之中，「時間」是很寶貴的資源，不太容許在彼此溝通的過程中反覆鋪陳而浪費時間，也不要語意不清而使對方誤解或留有猜測的空間，這樣對於禮儀事務專案籌辦來說是相當不利的。如果是面對賓客的禮賓人員，恰當的「稱謂禮儀」與「敬語謙語」的運用、清晰的口語、適當的音量、說話的技巧（例如運用誠懇的「道歉禮儀」或委婉的「拒絕禮儀」等等），都是從事禮儀專案工作辦理與禮賓工作人員所要不斷訓練與要求的重點。

(四) 加強識人能力

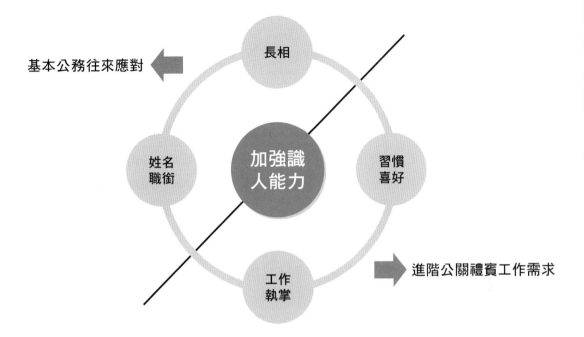

基本公務往來應對

長相

加強識
人能力

習慣
喜好

姓名
職銜

工作
執掌

進階公關禮賓工作需求

對於活動辦理及相關公關事務而言，服務的對象是人，對於接待對象的辨識與連帶的所屬資訊，能夠詳加記憶與熟知，當執行工作與現場服務時能迅速認出並隨時提供服務，對方一定會感受到尊重與榮耀，另一方面也能夠突顯公司或主辦單位的細心，也是一種人員具有高素質的表現。如上圖所示，一般人在職場上能將接觸的對象記住長相外表，以及連帶的姓名職銜，這在「人脈管理」上就有著一項加分的效果，也是識人的「基礎能力」；如果是負責禮賓工作的人員，識人能力除了前項基本的能力之外，更需進一步多瞭解對方的習慣喜好與工作職掌（影響力），這對相關活動辦理會有相當大的助益。

(五) 熟悉簡報技巧

對於「活動專案經理人」而言，提報專案、爭取經費或人力、工作分配、任務說明等等，再再都脫離不了向多數人陳報或者是說明的機會與場合。因此，「提案人」或「執行專案負責人」必須要具有相當的簡報技巧，向不同的對象（可能是客戶、資金或資源提供者、上司、同僚或下屬）清楚說明專案內容、預定達成的目標與效益，以及工作進度時效與工作分配及

人員調度。這種「簡報技巧」也是屬於一種「對內溝通」的能力，實務上常常見到專案負責人這項的能力欠佳，「簡報技巧」變成了「剪報技巧」，流於資料的堆砌與毫無重點的陳述，而讓需要說服的對象或者是工作人員理不出頭緒，而導致活動專案的執行，有了不好的開始。

(六) 不斷精進外語能力與方言能力

可別忘了現今國際活動頻繁，禮賓工作的性質是「內外兼具」的，工作人員的接待對象可以是國外的人士，也可能是地方的團體或鄉親，具備相當的「英語」或其他外語能力是具有加分的效果。如果活動場合是屬於「同鄉會」等等的團體，不論是閩南語、客家話，或是僑胞團體常用的「粵語」，如果能加強相關的語文能力，更可以拓展工作的專業領域與空間（例如主持人或司儀工作）。

(七) 不斷累積活動參與的經驗，甚至是辦理活動的經驗

透過不斷地參與活動與累積工作經驗，是精進禮賓工作的不二法門。其實，禮儀實務與禮賓工作要做到「專業」，已經脫離技術層面而成為一項「藝術工作」，因為沒有一場活動的條件與過程是完全一樣的，為何資深的禮賓事務人員能夠「臨危不亂」而進一步能夠「隨機應變」？靠的就是「見多識廣」中的「自信」、「冷靜」，以及當下運用現有資源完成臨時交代下來的工作，或者是妥善處理突發的狀況，靠著就是持續地參與活動與累積寶貴的經驗來完成工作。

第二節
「團隊精神」代替「個人主義」

「禮儀事務」落實在「禮賓工作」上，實際上並沒有突顯「個人色彩」的空間，如果是一個禮賓工作團隊，從外界人士的角度來看，只會有一種樣貌，如同本書前文所討論的，單獨工作人員的表現，往往會影響到全體工作人員與組織的看法與評價。因此，從事禮賓工作者的認知，就只有**團隊精神**為上，不管是個人形象裝

扮或者是工作表現，是不允許有「個人想法意見」與「特立獨行的行為與作法」，這一定是從事相關禮賓工作人員所必須具有的認知與真心接受的工作信念。

在所有工作人員都能接受「團隊意識」的前提下，主管人員就有義務成立一個團隊並且加以訓練，目的要達成一致的工作團隊形象：「**整體性**」、「**一致性**」與「**紀律性**」。

對於團隊成員的工作紀律與管理，也要有相當的約束性，否則，禮賓團隊的向心力與工作表現，就不容易達成預定的目標與工作效果。

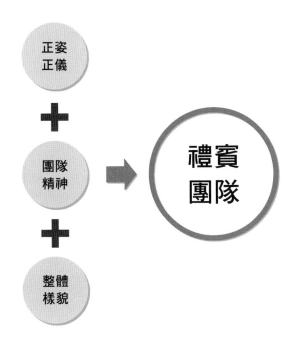

禮賓人員要求正確儀態以建構團隊樣貌

第三節
禮賓人員的角色定位

在這裡先提出一個問題：

禮賓人員到底是「表演者」還是「工作者」？

禮賓人員到底是「主角」還是「配角」？

這個問題就必須談到當前禮賓工作人員的角色迷思了。

近十年來許多的典禮、會議、開幕儀式等等的公開活動場合，流行聘請所謂的「禮儀小姐」到場「站台」，如果有媒體到場，往往會將鎂光燈的焦點放在這些衣著別緻、面貌姣好，甚至身材玲瓏有致的外表印象，另外再加以強調：她們的評選是多麼的嚴格，還要加上優雅的談吐以及良好的外語能力，甚至臨時會被要求走走台步，把「禮儀小姐」當成了「走秀模特兒」！實際上，這兩者根本是兩種截然不同的工作性質與型態，角色完全混淆，經過媒體多年不斷的報導，久而久之就成了一般社會大眾的「刻板印象」。其實她們主要的工作與功能，就是貴賓的**現場接待**。重點在於，除了活動辦理的人員之外，站在第一線接待賓客的「接待工作」，是動態的、是活用與隨機應變的，充其量就是「工作」，絕對不是「**作秀表演**」！

從長期的觀察來看，「禮賓工作」逐漸受到重視與強調人員的培訓，這也是最近幾年的事情，而且逐漸蔚為風潮，同時也在大學校園中逐漸流行，但是因為禮賓事務與工作是突然間「紅」了起來，相對應的觀念卻不太健全，以至於培訓師資與工作人員的想法與心態也多未釐清，對於此工作的看法與角色到底是什麼，恐怕還是一片模糊，想當然耳，跟隨媒體所傳播與營造出來錯誤的刻板印象，也就不足為奇了。

最後，本書必須強調：
「禮賓」就是「工作」，不是表演！
「禮賓人員」是最佳的男女配角，但可不能成為主角！

結 語

在此章特別將禮賓服務工作的正確心態清楚表明：是工作不是表演、是成就群體不是彰顯自己！釐清觀念並端正心態，這樣才能建立起良好的工作團隊。此外，擔任禮賓服務工作的人員需要一些特別的人格特質，能積極自信，卻也要守份自持不會踰矩，再加強相關的學識知能，這才是禮賓工作人員前進的正確之道。

要點回顧

一、禮賓工作的特性是：「個案歧異性」、「多變性」與「權變性」。

二、禮賓人員能夠勝任工作的人格特質與內涵：
- (一) 喜好新的人事物。
- (二) 具有相當的組織能力。
- (三) 頭腦清晰。
- (四) 以時間為導向的工作觀念。
- (五) 以成果為導向的工作觀念。
- (六) 具有相當的抗壓性與耐心。

三、優秀的禮賓工作人員的養成條件：
- (一) 熟悉公商務禮儀。
- (二) 適當的形象塑造與管理。
- (三) 具有良好的「口語表達」與「人際溝通」能力。
- (四) 加強識人能力。
- (五) 熟悉簡報技巧。
- (六) 不斷精進外語能力與方言能力。
- (七) 不斷累積活動參與的經驗，甚至是辦理活動的經驗。

四、禮賓工作核心價值：以「團隊精神」代替「個人主義」。

五、禮賓人員的角色定位：
- (一) 是「工作者」，不是「表演者」。
- (二) 是「台邊配角」，不是「場中主角」。
- (三) 是「綠葉」，目的要襯「紅花」（指主人、賓客）。

Chapter 3 禮賓接待工作人員的基本工作儀態與訓練

學習目標

· 接待人員的儀態與正確的姿勢是什麼？
· 該如何練習專屬禮賓人員動作儀態的「正姿正儀」？
· 有哪些姿態在接待指向與引導時會用到的動作？
· 什麼是「正姿正儀」？
· 行進引導、上下樓梯與進出電梯該注意哪些要點？
· 禮賓工作人員姿態禁忌。

 引言 Introduction

根據美國心理學家Albert Mehrabian的研究[註1]中指出，在一定的環境與特定的情況之下的實驗結果，有所謂的「7-38-55規則」（7%-38%-55% Rule），也就是在人際溝通中，就個人所論及對某人的總體喜好程度，是由7%的「言詞內容」（Verbal Liking），加上38%「聲音與說話方式」（Vocal Liking），再加上55%的「**外表印象**」（Facial Liking）所構成的。如果從這個研究來看，禮賓工作人員對於外表的「形象管理」，就要比其他職場人士還更為強調，在本書前面已經討論過「形象塑造與管理」等等的「靜態禮儀」，本篇就要更進一步的談到舉手投足、站坐行進等的姿態與肢體動作，也就是「**動態禮儀**」部分，究竟該如何的規範，才符合禮賓工作上的基本要求。

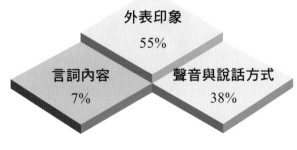

合宜形象的塑造

先前已對禮賓人員的「角色」做了一個清楚的定位，就是「**工作人員**」，因此，對於禮賓工作的工作者，特別是站在第一線接待賓客的工作人員來說，正確姿態的重要性不亞於適當的裝扮，同樣也是要符合「**一致性**」與「**齊一性**」的要求。

迷思：禮賓工作人員都要學習「**美姿美儀**」嗎？
答案：禮賓人員是工作取向，應該學習「**正姿正儀**」！

什麼是「**美姿美儀**」？

「**美姿美儀**」是較為偏向個人社交或工作場合動態禮儀的訓練，屬於個人的形象建立，例如：基本站姿、坐姿、走姿、半轉練習等等。如果是屬於舞台走秀型態的工作人員，例如：服裝模特兒，還必須接受手插腰等等的台步練習、全轉練習、半轉練習、跨轉、連續轉練習、音樂節奏感配合練習、兩人搭配走法以及舞台變化走法等等。甚至還要講究外套、大衣、披風、圍巾之類服飾搭配的穿、脫、披走法訓練。所以，基本上「**美姿美儀**」用於相關專業人員的身上，較屬於在「舞台」或「伸展台」上具有表演性質的工作，其本身就是眾人的注目焦點，強調的是「個人風格」與「多樣風情」。

什麼是「正姿正儀」？

對於公商務活動的禮賓工作人員來說，本身並不是主角，也不需要受到眾人的矚目，對於「臉部表情」與「肢體動作」而言，必須注意「一致性」與「合宜性」，不是在強調個人的「嫵媚」、「性感」、「浪漫」、「俊帥」等等的個別外表特質，而是透過一致的立姿、手勢、行進，表達出禮賓團隊的「紀律性」，以及帶給對方的「尊榮感」為目標。因此，對於相關工作人員的儀態訓練，便是以「端正姿勢」與「矯正儀態」為基本訓練要求，要讓接待人員顯出「團隊精神」、符合活動主題的「氣質」，這就是站在第一線禮賓人員所要學習與嚴加訓練的「正姿正儀」！

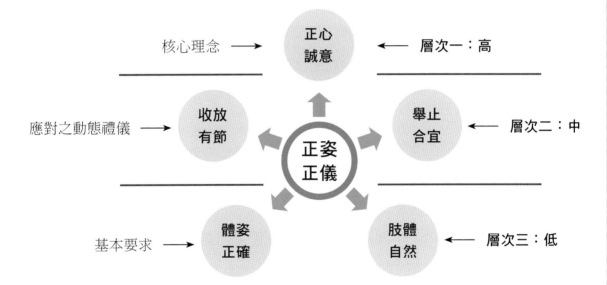

以下就談談成為一個合格的男女禮賓人員，在肢體動作與儀態訓練上，有哪一些基本訓練。

第二節
基本練習

正姿正儀的基本功，便是矯正個人不良的姿勢，一般而言有以下三種基本的練習：

(一) 併腿練習

常用於立正姿勢中，用書本夾於兩腿膝蓋之中並且夾緊，用於矯正站立時兩腿的姿勢，使得兩腿習慣於站直併攏，除非是天生較為嚴重的"O"型腿（這時只能藉由腳掌「丁」字站法克服），否則是可以藉由這項練習養成站立時兩腿靠緊的優雅姿勢：

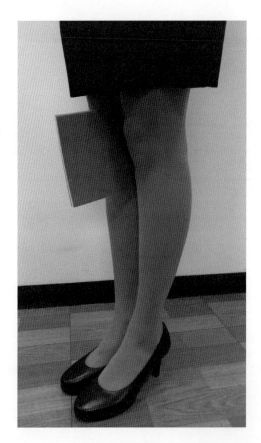

並腿練習

(二) 靠牆練習

靠牆練習主要是為了矯正錯誤的站姿，一般人在平常的站立姿勢中，常常不會察覺到自己其實是凸腹或者是駝背，不正確的站姿不僅不美觀，甚至會加重肌肉與骨骼的負擔，因而造成一些健康的問題。

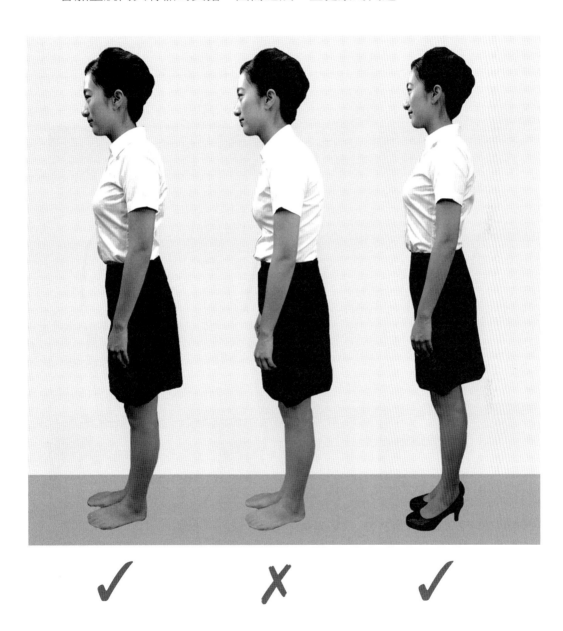

圖(中)不正確的站姿：駝背凸腹
圖(右)(左)正確站姿：挺胸與縮腹

這項練習是藉由牆壁的垂直線，來導正站立時的身線。這項練習的要點，是要求所謂的「3服貼」：就是身體後方的3個與牆壁的接觸點「**背**」、「**臀**」與「**小腿腹**」都能接觸到牆壁，這項練習是要求身型「**垂直線**」的正確，藉由長久練習而能夠成為站立時的習慣，自然而然就能形成「端正挺拔」的站姿，在工作上也能顯出朝氣與奕奕的神采。

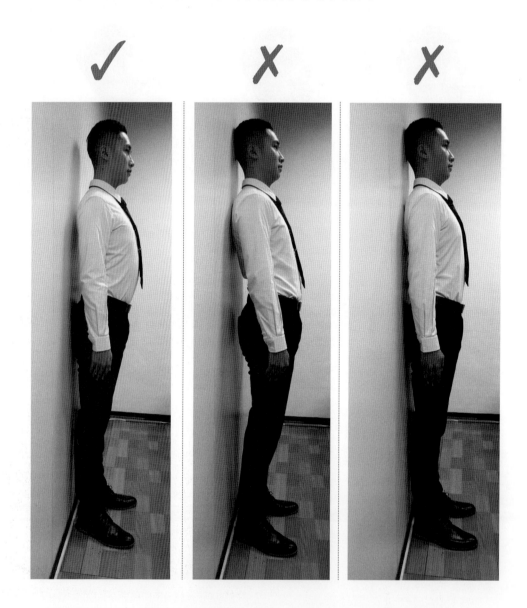

左圖為正確站姿；中間圖示為腹部凸起姿勢，右圖翹臀凸胸，都不是正確的站姿。

(三) 頂書練習

頂書練習的目的是為了矯正不適當的頭部角度,以及培養頭部保持水平的習慣,頭部正確姿態的重要性,在於將顯現出一個人的「內心態度」。譬如說,頭部或是眼睛視線的水平線,如果角度太高,就變成了「用下巴看人」,會令人感覺「高傲」!相反地,如果視線太低,就會讓人感覺是在「看地板」,讓他人感覺「缺乏自信」、「生疏」、「膽怯」,或不敢與人接觸的感覺,這兩種不正確的頭部姿勢往往造成他人的誤解,在禮賓工作中更是必須避免的禁忌!只有正確水平的頭部姿勢,配合上文所談到的「靠牆練習」(或稱「貼壁練習」,用以培養正確的身型垂直線),而使他人感到自己「正視」對方,讓人覺得受到尊重,也代表著禮賓工作人員的自信與展現明亮的眼神。

除了站著演練「頂書練習」之外,也可以搭配走動式的頂書練習,更可以養成走路時抬頭挺胸的正確儀態與自信氣勢。在實際的練習中,請挑選適當重量的書本,書本也不要太過薄軟而易於滑動,這樣是不利於練習的。當您練習一段時間,能大致掌握儀態上的技巧之後,也不要忘記臉上要帶有笑容!

第三節
站姿

當對於「並腿」、「靠牆」與「頂書」不斷的練習之後,掌握了身體姿態各別的技巧,就必須開始要求整體儀態的正確與美觀,而且可能的話,整個團隊的工作人員也可以一起訓練、要求、觀摩與矯正,更能收到事半功倍的效果,這樣便形成了整體的儀態美觀,這就是「**正姿正儀**」訓練在團隊工作上的重要性。

女性禮賓工作人員的標準站姿

(一)頭部動作

除了藉由「頂書練習」保持頭部與視線的**水平線**之外，如果從正面看，頭部也不要左偏或右偏，訓練時如果發現這種現象就必須協助導正。此外，很重要的是，臉部表情也要保持微笑，因此禮賓工作人員在執行工作之前要有充分的休息與充足的睡眠，如此微笑才會顯得「自然」，而不是硬擠出的笑容。曾有許多團體或單位對於站在第一線「禮儀小姐」的笑容訓練，是採取「咬筷子」的訓練方法，目的是要求工作人員露出6顆到8顆的牙齒，這種訓練在中國大陸尤甚，但是本書並不贊成利用這種方法訓練笑容，畢竟每個人的臉部表情還是有其獨特性，要求一致的「嘴型」的結果，便是讓人覺得僵硬而不自然，請記得：「**自然**」就是禮賓工作的首要重點，也是禮儀工作的內涵，如果讓其他人感覺不到主辦單位或工作人員的誠意，徒具禮儀的形式也是枉然。總之，每個人的微笑自然就好，例如，有人有著可愛的酒窩，露出淺淺的微笑就很迷人了，不是嗎？

(二) 上身姿態

依照「靠牆練習」訓練體態的標準垂直線，從正面觀察，上身也不要左右傾斜或聳肩，雙臂自然下垂或雙手互握即可。常常在訓練時會有肌肉緊張的狀態，這是很常有的現象，不妨藉由數次的深呼吸，可以有效舒緩緊張的情緒，並且放鬆僵硬的身體肌肉與方便調整姿勢。

(三) 手部動作

對於女性工作人員來說，在採取立姿時的手部動作，原則上必須視場合而定，如果是擔任正式典禮上的「禮儀小姐」，儀式性相對較高，這時所有人員統一的動作，雙手手掌於腹部之前交疊，高低位置可置於「肚臍」上方，此時很明顯的手肘部份**較為弓起**，整體儀態讓人倍覺身處在正式的典禮之中（如下圖）。

正式典禮中：手掌置於較上方

但是，如果是身處於賓客接待處的工作人員，或者是一般會議與公商務迎接的場合中，等候中的禮賓人員手部動作就不需要如此的「誇張」，可以採取較為自然的手部姿勢，雙手交疊的位置，可約略置於「肚臍」**下方**（如下圖），這時手肘也不會過度「弓起」而讓人覺得不自然。至於哪一隻手的手掌放在前面？其實並沒有硬性規定，重點是在團隊工作中，所有列隊人員都統一規定即可。別忘了，姿勢、位置與動作符合「一致性」與「齊一性」就是美觀！

一般接待禮賓場合：手掌置於較下方

如果對於男性禮賓工作人員來說，就不需要與女性工作人員一樣的姿勢要求，而在所有禮賓場合的站立姿勢，僅採取「**雙手前握式**」（下面將會詳述），手部的動作與位置，應統一置於約略為個人肚臍的下方，團隊工作時也可統一律定手掌交疊或手指彎曲微握，以顯出男性工作人員的挺拔氣質為佳。

(四) 腿部姿態

關於站立時的腿部姿態，男女工作人員彼此必須採取不同的方式。對於男性工作人員，站立時兩腿分開，兩腳腳跟距離**約30公分**即可，並不強調要所謂的「與肩同寬」，一來因為每個人的肩寬不同，而且與肩同寬的話，實際上也會「過寬」，工作人員站立時會讓人覺得像「保鏢」、「隨扈」、「警衛」等等的感覺，對工作形象的建立上，會對他人會造成錯誤的感覺與認知，而產生負面的影響。

對於女性工作人員的腿部姿態，除了可像男性雙足並立之外（兩腳跟之間距離必須更小，甚至可以相互靠攏），也可以採取所謂腳部的「丁字站法」，也就是左腳在前而右腳居後，左腳腳跟位於右腳足弓部的位置，如此更可以突顯女性工作人員的優雅姿勢，如果有些微的「O型腿」，也可藉由這種站法修飾雙腿關節無法併攏且相互接觸的缺點。請注意，「丁字站法」僅適用於女性，男性工作人員可不適用，畢竟這是屬於較為**女性化**的站法。

男性工作人員的雙足並立站法　　　女性工作人員的「丁字站法」

第四節
靜態迎賓動作

(一) 立姿：等候時姿態

在第一線的禮賓工作中，工作人員的等候動作包括以下圖示：

1. **雙手前握式（男女通用）：**

請注意，在一般禮賓接待場合，雙手手掌置於約為肚臍之下方。

2. **單手後背式（男性專用）：**

僅限於男性禮賓人員的等候立姿，不論是下圖所示範的「左背右垂」式還是「右背左垂」式，只要是站在同一排，動作一致即可，同時也要看站立時的「方向」，原則上是以「下擺（下垂）的手臂」靠近會場入口者為準，因為當賓客蒞臨時，放下的手臂可以立即指向引導，同一排人員採同一動作，就顯出紀律性與氣勢。

「左背右垂」式   「右背左垂」式

3. 雙手後背式（男性專用）：

這也是較適合於男性禮賓人員的等候立姿，但是這種站姿的缺點，會讓人感覺嚴肅，類似軍人「站崗」的感覺。

(二) 賓客蒞臨時動作

1. 雙手直立式（即立正姿勢，男女通用）：

當迎接的賓客蒞臨時，禮賓工作人員須成立正姿勢，隨即待賓客在面前時決定下一步的動作（例如鞠躬或握手）。

2. 鞠躬（男女通用）：

如果對賓客採「鞠躬」的姿勢，則雙手在前互握，角度由側面觀察，約與垂直線成30度即可，角度不需要過大（如下圖所示）。

請注意眼光要看著對方，並且保持笑容。

30°

3. 握手禮（男女通用）：

如果賓客「主動」伸出手，禮賓接待人員也可伸手回禮。握手的力道，雖不用重握但紮實有力，不要只輕握手指部分或讓人感覺無力，這會讓對方感受不到你的誠意，當然，也不要左搖右晃。在握完手之後，禮賓人員要隨即接著「引導」的動作。

(三) 引導姿勢

這裡所示範的引導姿勢，仍是屬於「定點」指引方向性質的「靜態引導」，常用於活動會場入口，以及賓客動線上「轉折處」站點人員的引導姿勢。

1. 曲臂式（女性人員專用）：

女性禮賓人員在定點指引方向時，多使用此一姿勢。不論是伸出左手還是右手指引，手臂彎曲不需打直，也顯出女性工作人員的柔性氣質。

2. **雙手曲臂式（男女通用）：**

雙手皆使用指向，動作也不需過大，就可以使用「雙手曲臂式」。

3. 直臂式（男女通用）：

　　此姿勢最常用於男性，指向的手臂約略打直，男性的動作可以顯得帥氣。但如果女性要指出較遠的地點，也可採用「直臂式」，並且配合眼光投射處以及加以說明，賓客會更能瞭解。

4. **雙臂開展式（單人迎接）：**

不論是在活動場合或是一般公司單位的賓客迎接，也可能是單獨一位工作人員迎賓，當賓客到場時就可以張開雙臂迎接，表達出歡迎之意。

第五節
走動引導

如果必須帶領賓客到達會場或指定座位，便是「**動態引導**」。

(一) 帶位引導

1. 神情與體態：

接待時注意力必須集中，展現笑容與良好的精神狀態，體態挺直，行走步伐踏實有力，步幅也要適當，至於行進節奏就要配合賓客走路的速度。此外，在行進引導時在前方為之引領方向，不要一面走路還一面向賓客**彎腰鞠躬**引導方向，這是不合宜的舉動。

2. 引導賓客時，有關適當的位置與距離：

對於與客人的距離問題，應該要根據引導賓客的人數而定，如果賓客人數較少，距離可拉近一些；如果是屬於團體，距離可拉遠一點，重點在於能讓所有人都能看到你的指引為佳。引導時以手掌併攏傾斜45度，手臂向前，指示前進方向，保持微笑並且同時說：「先生（小姐），這邊請」，如果遇有轉彎處，可以放慢腳步，並告知來賓：「這裡請右轉」、「請往這邊」，遇階梯或地面障礙也要適時提醒。假如賓客只有一位，行進間距離保持約2公尺左右即可，如果超過此距離就顯得疏遠，但過於接近，賓客也會覺得不自在，而且當你方向改變時，客人也會來不及反應。如果3位左右呢？一般地位高者會在最前面，你就以「最尊者」為考量就可以了。對於接待引導禮儀而言，引導人員應該走在客人的**左前方**，為什麼？因為接待人員通常指引與帶領方向時，一般都慣用右手的引導手勢，只有在賓客的左前方，客人才能清楚看到你的右手指引動作。那麼，可以跟賓客聊上幾句嗎？如果到會客室或會場座位的距離還遠，除了「寒暄」一番與表達歡迎之意外，那就要看你是否與賓客熟識，如果曾經接觸過，淺聊兩句或許賓客會覺得親切；如果不是，那就寧願微笑以對，加上手勢指引就好，因為不合宜的對話，言多必失，反而會造成彼此的尷尬。

(二) 上下樓梯的引導

在動態的走動引導時，常會有上下樓的機會，對於禮賓工作人員在樓梯間的引導動作與方法是：當引導客人上樓時，應該讓客人走在前面，接待人員走在後面，若是下樓時，應該由接待人員走在前面，客人在後面，這是基於安全的理由。如果回到平地時，再恢復在賓客前方引導的位置。

(三) 進出電梯的行進引導

如果只有一位禮賓人員引導眾多客人乘坐電梯時，接待人員應先行按牆上按鈕並請賓客稍待，電梯開門時請賓客先行進入，接待人員再行入內，因賓客人多時常可能在電梯外行動緩慢，甚或自顧聊天而站在原地的情形，此時工作人員如何在電梯內清楚掌握所有賓客動態？當然是在電梯外按開門鍵較能清楚掌握；所有人都進入電梯後，再按下樓層按鈕關閉電梯門，電梯上下運行中人員都一致面向電梯門，到達所在樓層時，接待人員按住「開啟」按鈕，請賓客先行走出電梯，接待人員立即跟上恢復在前引導的位置。簡言之，只有一位禮賓引導人員時，把握「後進後出」的原則即可。

如果有兩位以上的引導人員，那便可以一人在前帶領、另一人在後招呼，以避免賓客落隊的情況發生。第一位引導人員可先進入電梯內主控按鍵，第二人請所有賓客依序入內，再最後進入電梯。電梯到達預定樓層開門時，原最後進入的引導人員立即出門在前引導，原第一位接待人員仍主控電梯按鈕保持開門狀態，等所有賓客出電梯後，再居隊伍之後前進。

(四) 貴賓報到處接待儀態與工作實務

在各項活動場合中，通常都會設置「貴賓報到處」、「與會人員簽到處」或者是「接待檯」，在接待檯的工作人員，也是屬於動態迎賓性質的工作人員。

在貴賓報到處有時會擺放簽名檯，並且備有簽字筆和貴賓簽到簿，向客人遞上簽字筆時，應先拿下筆套，將筆雙手遞上並且把筆尖朝向自己。隨後另外一位工作人員為賓客配戴貴賓證（出席證）甚至別上胸花，這項動作也必須事先練習熟練，實務上常常見到工作人員因為賓客到場的尖峰時刻忙碌而緊張慌亂，在為賓客配戴貴賓證時也導致生疏遲緩，因而影響工作速度，甚至造成別針扎手的意外發生，在貴賓證設計使用的實務上，建議採用夾式貴賓證，一來避免刺傷手的意外，二來配證的速度也比較快，近年來舉辦國際大型會議與活動，不論是出席貴賓或是工作人員，多已採用設計與印刷精美「項掛式」的配證，也可作為舉辦活動人員與單位的參考。

此外，禮賓接待人員如需發放資料文件等物品，應該禮貌地用雙手遞上。接待處人員應隨時向主管彙報到場人數，以掌握現場賓客狀況。

當賓客簽到後，配戴貴賓證完畢，接待人員隨後就引導賓客進入會場就座，而首席貴賓（VIP）應由主辦單位相當層級以上的人員迎接，再引導進入會場，甚至先到休息室稍待，等到活動開始時再入場上臺或者就座。

在會議或者是活動開始前後，對於賓客提出的問題，回答要有耐心，並且儘量簡單扼要，如果可能的話，儘量滿足賓客的各項要求，全力提供周到的服務。畢竟，居於第一線的禮賓接待人員，是塑造良好公司或單位形象的窗口，在表現體貼熱誠的接待服務禮儀之後，不單是呈現個人與團體的神采與氣質，同時也為主辦單位及公司建立起優良的公眾形象。

(五) 禮賓工作人員姿態禁忌

作為活動專案現場擔任第一線接待的禮賓工作人員，有一些不恰當甚至是工作的禁忌，不管是否無心或者是下意識的動作，千萬不要出現這些毛病，禮賓工作現場的主管人員也必須適時加以提醒甚至糾正：

1. **等候賓客時雙手抱胸**：這樣不但不雅觀，在身體語言的解讀上，還透露出一種「拒人於外」的負面意涵。
2. **雙手叉腰**：意同雙手抱胸，姿態也不美觀。
3. **站立等候時雙腳重心成「三七步」**：這種毛病常出現在一段長時間工作之後，因為腳酸疲勞而顯出疲態，身體重心移至後方，也常常伴隨著彎腰駝背的毛病出現。
4. **不由自主地打哈欠**：多因工作前缺乏充足的睡眠與休息，而導致哈欠連連，因此足夠休息對禮賓工作而言，是非常重要的。如果偶有打哈欠的情況，也必須馬上用手遮掩，不要有肆無忌憚張口打哈欠的情況發生，這對於賓客不但不禮貌，對整體工作團隊形象也是一大傷害。
5. **工作進行中隨意談笑**：如果已經就預定迎賓位置，就必須進入工作的情緒與狀態，不可因為還沒有賓客到場或是賓客稀少，就放鬆心情相互聊天以及竊竊私語，甚至說到高興處還高聲談笑，對於這項毛病來說，作者在實務工作中，觀察到許多場合的禮賓工作人員常犯這種錯誤，千萬要避免。

6. **現場隨意修飾容貌與化妝**：就定位時就必須是最佳狀態，如果有需要重新補妝或修飾儀容的必要，就請暫時離開迎賓崗位，到工作間或洗手間整裝之後，再儘速回到工作的位置。

7. **遞收文件與物品，要以雙手奉上**：雙手奉上物品是對賓客基本的工作禮儀，請記得這個最起碼的工作儀態與習慣。

8. **引導賓客指向要使用「手掌」**，手指緊貼切勿張開，掌心向上，切勿只用食指比出方向，更禁止使用手指指向特定的人。

結 語

本篇文章實際討論與具體示範禮賓人員的接待動作，從「正姿正儀」的觀念引伸到團隊姿態的一致，從說明端正身型的要點到引導正確的姿勢，從「靜態禮儀」進一步學習「動態禮儀」的工作要點，從前進引導上下樓及電梯進出的動作要訣，有接待上的實用功能性並表達出對賓客的尊重。此外，在常見的接待檯工作重點也一一提示，哪些禮賓服務工作上不可犯的錯誤與禁忌也詳列加以提醒，在您從事禮賓服務工作時，可以仔細研讀加以注意，或者是服務接待團隊的訓練講師把此篇內容當成數小時的實務課程教導學員反覆練習，並加以指導糾正，相信您公司所屬的接待服務團隊，或是活動禮賓人員，一定可以表現出訓練有素的團隊樣貌，而讓來訪賓客感受到尊榮與禮遇。

要點回顧

一、禮賓工作人員儀態訓練不是學「美姿美儀」，是應該學「正姿正儀」。

二、「正姿正儀」有三個層次：

低層次：基本要求。要求體姿正確且肢體自然。

中層次：動態禮儀。舉止合宜且收放有節。

高層次：核心理念。正心誠意，簡單來講就是「專心投入」與「全心付出」。

三、禮賓接待人員的基礎儀態訓練包括：靠牆練習、併腿練習、頂書練習。

四、接待人力部署方式，如果人力充足，可採動態引導方式；人力不足時，可採動線轉彎處定點接待。

五、禮賓工作人員不能有的姿態：

(一) 等候賓客時雙手抱胸。

(二) 雙手叉腰。

(三) 站立等候時雙腳重心成「三七步」。

(四) 不由自主的打哈欠。

(五) 工作進行中隨意談笑。

(六) 現場隨意修飾容貌與化妝。

(七) 遞收文件與物品，要以雙手奉上。

(八) 為賓客指向切勿只用食指比劃。

問題與思考

1. 請說說看，什麼是「正姿正儀」？為何禮賓人員要學習「正姿正儀」？
2. 請說明引導賓客上下樓時，禮賓人員相對的位置與原因？
3. 請說明引導賓客進出電梯時，禮賓人員的行動原則與原因？
4. 請說明活動場地入口的賓客報到處，禮賓接待人員工作應注意的事項與要點為何？
5. 接待人員姿態或行為不能有哪一些情況？請說明之。

實戰演練

講師於教學時可請資深有經驗者當助教。

練習1：靠牆練習

請學員於開闊場地尋找適當壁面，開始靠牆練習（「3服貼」：後腦、背及小腿肚3點貼壁面）。

練習2：頂書練習

請學員自備硬皮書，書勿太輕以免容易掉落。學員一列站好，請講師發號施令開始練習，頂書練習開始時並說明頭部位置如何抓住適當重心的訣竅。

練習3：等候站立姿勢練習

1. 請糾正學員身型及調整腳部位置，女性學員丁字站法，男性學員兩腳勿太開（不要與肩同寬，否則很像保鑣）。
2. 手部握法須律定一致（左手在上或右手在上皆可，一致就好）。注意手部的位置勿太高，肌肉勿僵硬。

練習4：鞠躬姿勢練習

注意鞠躬角度勿太大，30度以內即可，尤其全體學員成一排時，角度求其一致即可。鞠躬時眼睛不要還看著賓客，如此會吊白眼，不甚恰當。

練習5：等候站立姿勢練習

手部姿勢請注意勿太高，左手掌還是右手掌在上皆可，但在排成一列隊形時一定要統一保持一致，請注意手肘不要過於前傾，輕鬆自然即可，肌肉不要僵硬。男性兩腳掌部分不要太寬，切勿與肩同寬，否則很像保鑣。女性腳掌保持丁字站法，左腳跟抵住右腳內側即可。

練習6：定點引導姿（單手曲臂式）

手勢引導時配合口語：「您好，這邊請」，保持微笑、眼光投射於賓客行進的方向。

練習7：定點接待連續動作實作練習程序：

1. 講師示範。
2. 全體學員練習。
3. 三動作串連（迎賓3部曲）：
   (1) 等候隊形與動作：雙手前握式（等候姿勢）。
   (2) 賓客蒞臨：立正姿勢後，行30度鞠躬禮。
   (3) 引導姿勢：單手曲臂式引導姿勢。
4. 分組演練。
5. 評析與修正。

附註

註1：Mehrabian ,A.（1981） "Silent messages： Implicit communication of emotions and attitudes.Belmont".

Chapter 4 禮賓工作人員面面觀

學習目標

- 禮賓人員的角色在現代的工作場域中，為何如此地重要？
- 商務界禮儀事務工作大致有哪些角色類別？
- 各種禮儀事務工作類別彼此位階如何？
- 一般接待事務人員的工作要點為何？
- 賓客到訪時正確的接待方式為何？
- 該如何為到訪的賓客奉茶？奉茶的次序為何？
- 接待人員該如何送客才符合禮儀？
- 「禮儀小姐」的工作為何？
- 當今各大學院校「親善大使服務隊」的訓練目標與內涵該如何建構？
- 參觀導覽人員的工作要點為何？
- 「活動專案經理人」的身分、角色與條件是什麼？

 引言 Introduction

您知道所謂的「禮賓工作人員」，可以分成哪一些種類嗎？在一般的公商務職場中，只要是把相關的「禮儀知識」與「禮儀能力」實際運用在工作上的，便可以稱作是廣義的「禮賓工作」。因此，我們可以說：

「禮儀」，是「知識學能」。
「禮賓」，是「實務運用」。

再進一步說明：

「禮儀」，是「人際關係」的潤滑劑（基本素養）
「禮賓」，是「職場工作」的黏著劑（實務工作）

因此，在職場上懂得將公商務禮儀知識與相關技巧運用在工作中的人士，都可以稱得上是「禮賓人員」，也許您只是「臨時客串」迎賓接待工作，或者是在業務上偶爾會運用到這一些禮賓技巧，就是屬於「廣義」的禮賓工作人員；假使您是服務於「公關」、「禮賓」、「交際」或是「客服」部門，或擔任主管秘書、機要幕僚者，您就可以稱得上是「嚴謹定義」上的禮賓工作人員，所以說「禮賓工作」在現代公商務職場上無所不在！因此學習相關的「禮賓工作技巧」，是現代商務人士所必須具備的能力之一。

如果我們再將職場上「禮賓工作人員」大致區分，而且採取比較嚴謹而且狹義的分類，那麼可以從常見的公商務場合中，將相關的**禮儀專業工作**大致分為：
(一)　一般接待事務人員。
(二)　禮儀小姐。
(三)　參觀導覽人員。
(四)　主持人與司儀。
(五)　活動專案經理人。

這些工作都是屬於禮賓的範圍，都具有「對人的服務」、「對程序的掌握」以及「對禮儀事務的執行」，因此就成為了禮賓工作的一環。

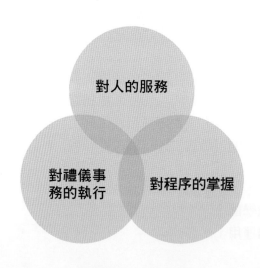

禮賓工作的範圍

第一節
禮賓工作人員的定位

我們可以想像一下，如果拜訪某一公司或單位，通常一開始所接觸到的，就是出面接待的人員，團體單位給他人的第一印象，往往就從接待人員開始。所以，我們常說，「禮賓人員」就是公司或單位的**門面**，禮賓人員的定位與自我期許，就是「**半個主人**」，您說接待人員重不重要呢？

如果從上面所提到的禮賓專業工作分類，依照所具備的知識、能力與歷練，其實彼此之間還有階層之分，這就形成了「**禮儀工作金字塔**」：

(一) 禮儀工作金字塔

禮賓工作金字塔

從金字塔底最基本的第一階層來看，如果進入職場工作，奠基於一般「生活禮儀」之上的能力，便是要學習「社交禮儀」與職場上的「公商務禮儀」，例如：職場形象塑造、儀容穿著禮儀、稱謂禮儀、介紹禮儀、名片禮儀、交通行進禮儀、電話禮儀、文書禮儀、會議禮儀、餐宴禮儀、餽贈禮儀、公務拜訪禮儀、面試禮儀，再加上人際關係與商業倫理及修養，把這些知能實際投入在工作之中，便成為了實務上的「接待禮儀」，這也是一般行政事務人員所必備的能力。

假如，您對於更深入與專精的禮儀工作有興趣，那麼便可再上一層樓，學習相關專業知能與能力，在會議、典禮或其他公開場合中擔任神采奕奕、氣質非凡的「主持人」或者是「司儀」工作，而這些更為專精的禮儀工作，就必須具有特殊的「人格特質」與相關的「口語訓練」，甚至還需要具備籌辦活動的豐富經驗，相當具有挑戰性。

而居於「金字塔」頂層的「活動專案經理人」，就「專案管理」的角度來看，就是主辦公商務專案活動的「承辦人員」或「主辦團隊」，是屬於活動辦理的靈魂與主控大腦，整場活動的「達成效益」、「活動風格走向」、「組織建立」、「人員分工」、「時間掌控與管理」等等項目，都能在他（他們）的掌握之下，或許「專案」可大可小，但是擔任「活動專案經理人」就必須全盤掌控活動的進行，而相關對外的「禮賓工作事務」，也是他們所要規劃的項目之一。換句話說，「活動專案經理人」的職能面向與所處理的事務方向，較「禮賓工作」更為深廣，是屬於更高階的禮賓工作與禮儀事務的主管人員。

(二) 禮賓工作光譜

先從一般社會大眾的認知與成見上來看，大部分的人對於所謂「禮賓人員」或「接待人員」，印象上是不是還停留在穿著改良式旗袍的「禮儀小姐」，而工作大多流於「定點」迎接，也就是常在會場入口或接待檯一字排開，整齊劃一、手勢與表情一致，而不是更進一步、更深入需要專業知識能力的「禮賓專案工作人員」，兩者之間其實是存在著很大的差異，而後者如果是從事國家外交工作，就是所謂的「國家禮賓官」，就是主司國家典禮或禮儀的官員，在世界各國政府及外交界的地位不低；而在中國歷史上，南北朝時就有這項「禮官」制度的設置，掌管皇室典禮的規劃與進行，維持皇家與王朝的威嚴及尊榮。

如果單就禮儀事務而言，相關的專業人士又可以橫向歸納，在現代禮賓工作的面向上，本書認為存在著一條光譜，圖示的原則為：**左易右難、左簡右繁、左低右高**。如下圖所示：

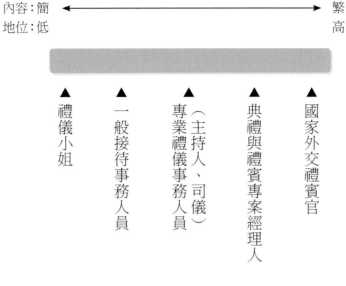

性質：易　　　　　　　　　　　　　　　難繁
內容：簡　　　　　　　　　　　　　　　高
地位：低

國家外交禮賓官

典禮與禮賓專案經理人

（主持人、司儀）
專業禮儀事務人員

一般接待事務人員

禮儀小姐

禮賓工作光譜

我們將此圖再對照上面所提到的「禮儀工作金字塔」，就可以大致暸解相
關禮賓工作人員的角色與面向了。

第二節
一般接待事務人員

我們常常提到「禮賓人員」，心中想到的總是一些特定的工作與行業，例如：公關工
作、外交人員、活動籌辦等等的從業人員。作者曾經在一個場合中，觀察到一個現
象，才驚覺一個值得讓各行各業、政府機關或是民營機構正視的問題：

作者所服務的單位，有天出借場地給政府某個委員會做為召開大會之用，因為本辦
公室也支援一位同事來幫忙協助接待賓客，個人基於督導之責，也出現在入口巡視
一下狀況，發現所有的引導動線中的工作人員，只有我們單位支援的同仁是西裝筆
挺，其餘某委員會前來支援工作的接待人員（全都是小姐們），服裝隨興到令人驚

訝的程度！不禁令我心想：在這麼正式的場合之中，為何這些擔任臨時禮賓工作人員的服裝居然是如此地「輕鬆」與「休閒」。有人穿涼鞋、有人穿蓬蓬裙裝著與黑色半統襪；有位小姐下半身裙裝著絲襪、高跟鞋，終於找到一位符合我心目中穿著的最低標準了……但是往上一看，上身穿的，卻是一件可愛大頭狗圖案的T恤！而後面轉角站在定點的一位小姐，肩上背著自己的名牌包為賓客指引方向。對於長年所受禮賓訓練與累積相當經驗的作者來說，真是覺得匪夷所思、瞠目結舌！至少在個人十多年的工作記憶裡，是從來不曾有的景象。當然，這是別人處理的「場子」，也沒有作者本人有所置喙的餘地，只是剛好有了一個難得的機會去思考：一般人是怎麼看待「接待賓客」的工作與「禮賓人員」的角色？

目前國內各大學院校已經紛紛成立相關「禮賓親善」性質的社團，都可以視為將來在社會職場上「禮賓人員」的預備人才。但是，在一般的公司行號與政府機關之中，如果沒有相關的公關科室與人員，難道平常業務的往來、乃至於國際性質的接觸與交往，有許多的工作是牽涉到「公關禮儀」與「禮賓實務」工作，而這些工作都是由誰來擔任呢？當然，撇開大型的會議、宴會等等專案，外包給專業的公關公司或會議公司承包辦理不談，如果您的公司或單位並沒有「外包」的財力與能力，相關賓客接待的工作，勢必是由公司內的員工來擔任，這便是標題所稱的「**臨時編組的禮賓人員**」。接下來，我們不禁要問：公司企業、政府單位甚至是一些非政府組織（NGO），怎麼看待「接待賓客」的事務，又怎麼樣培養「禮賓」知能以承擔相關工作？我們先來揣度一般公司與單位主事者的心態：

「只不過接接人、送送客而已嘛～沒什麼大不了的……」
「嗯～我們部門有派人過去支援指引大會的動線啊！只要客人不要走錯地方就好了……」
「公司只希望我們員工加強專業知識就好，其他不關我們的事……」
「我從不知道公關禮賓工作也是一項專業技能，從我出社會工作到現在也沒有人教過我……」

以上的對話，都是作者親身所聽到的，印證之前的實際例子，就可以知道一般單位多不注重「公務禮儀」乃至於「禮賓工作」，這到底是「無知」還是「忽視」？恐怕只有主事單位的主管人員才清楚，而為何指陳是單位的「主事者」須負起責任，因為主管如果認為「禮賓接待」是一件慎重的事，代表著主辦單位對會議的「謹慎」，以及對於出席人員的「尊重」，就絕對會要求現場接待人員的「服裝」，還會指點現場工作的「技巧」，也不會出現作者所遇到的現象，相信這應該是冰山的一角，或許在國內的許多場合之中，類似如此的案例層出不窮，

也許很多人不以為意，因為大家都是以類似的心態來看待這樣的工作，會產生以上的對話，也就不足為奇了！

在「國際化」的趨勢之下，國內各行各業的從業人員，對於與國外人士的接觸勢必愈來愈頻繁，不論是接待國外賓客，甚至是到國外參加會議等等的場合，國際間公商務人士對於「禮賓事務」嚴謹的程度，還有對於「禮儀工作」的豐富涵養，國內恐怕還差國際一大截，而且，這些人士並非全都是從事所謂的「禮賓」專業工作。其實，據作者所觀察到的是，國內企業主與公部門單位主管，一貫的態度都是過於強調「部門專業」、「專案研究」等等的範圍，而對於具有「程序性」、「儀式性」與「過程性」的「禮儀」與「禮賓」事務，就顯得漠不關心甚至是毫無興趣，總覺得這些不是解決事情的「根本」，完完全全是「枝微末節」的事務，殊不知「禮賓」工作就是「**搭橋**」的工作，業務要到達成功的彼岸，你可以精力充沛，用「游」的過去，但是又何必浪起浮沈，用走的不是比較快嗎？條條大路通羅馬，「禮賓」工作就是「**鋪路**」的工作，與其沿路顛跛，走條坦途不是比較好嗎？

其實不只是國際間如此重視禮賓事務，甚至連中國大陸公商各階層都已急起直追，對於「禮儀禮賓」的重視以及員工的訓練，也絲毫不馬虎。作者也發現在中國大陸出版有關於「國際禮儀」與「禮賓工作」的專業書籍，已經可以用「汗牛充棟」來形容，或許內容與素質有所差異，但是對於「一般員工」的在職訓練而言，「禮儀禮賓」也成為其中的一項必修課程，值得我們深思。

以下是本書對禮賓工作的建議與思考的要點：

(一) 對於賓客接待的禮儀，亦即所謂「禮賓工作」，不可等閒視之，因為某位賓客的不滿或是不悅，不見得會當場表現出來或者事後抱怨，然而卻可能放在心中，因而影響了某些層面的決定，或者可能造成了一些負面影響，而這些卻是當主人或者是主辦單位所永遠不知道的問題所在。

(二) 設身處地的站在賓客的立場想想：我受到尊重了嗎？

(三) 賓客所見到的「接待人員」的整體印象，就成了所屬單位的「整體形象」。

(四) 「公商務禮儀」與「禮賓工作技能」，都是現代職場上所必備的工作知能，是每個商務人士都要學習的。

(五) 你的公司曾經提供員工們這方面知識與技能的學習機會嗎？

(六) 學習「禮儀」與「禮賓」，要從主管做起。管理階層有了正確的認知、正面態度與深刻的體會，才會對所屬員工有所要求與加強訓練。

所以，就算是「臨時編組」的禮賓人員，也要建立起正確的態度，學習與充實相關的「禮儀工作」技巧，相信你也可以表現的很出色，為自己的單位塑造出正面的形象！

以下就談談在一般的商務場合之中，一般事務人員如何正確地接待賓客：

(一) 引導入座的禮儀實務：當賓客到達時，應先引導到貴賓室就座休息並且奉上茶水，再立刻通報主管或負責人會面。在雙方見面之前，秘書人員應先將來賓的「基本資料」、「來訪目的」以及「談話相關參考資料」提供主人（或是主管）參閱，以便雙方在見面時能立刻進入狀況。

(二) 賓客到訪時正確的應對進退

將訪客引導給受訪者之後，先退後一步再轉身離去，再隨手輕輕關上門。如果訪客提早到達，應該請賓客在休息室或會客室稍坐一下，並可拿出報紙、雜誌，或者是公司的出版品請賓客閱覽。

(三) 奉茶禮儀

當賓客來訪並且就座後，隨之就應立刻奉茶，上茶的人可以是接待人員親自服務，或者是專門奉茶的人來服務。如果飲品可供選擇，可以先請教客人的喜好，看是喝茶或咖啡等等的飲料。如果備有茶點招待，就應該事先擺好，或者是點心端出之後再行上茶，記得飲品溫度應該適當，茶水不要過冷或太燙，而且倒約8分滿即可。當端上茶杯時，需襯以托盤端出，如果茶杯或咖啡杯有拿柄，那麼拿柄的方向應朝向客人的右手方，以方便賓客取用，如此也能表現出接待人員的體貼與細心。此外，如果現場賓客坐定後才一一奉茶，上茶的次序應該秉持「**先賓後主**」，以及位階「**先高後低**」的原則奉上，如此才符合接待的禮儀。

(四) 禮賓人員的「送客禮儀」

當賓主雙方即將展開會談後，不論是正式晤談還是私下會面，接待人員都不需停留在場地之內。當會談結束之後，禮賓接待人員也要立即隨同主人做歡送的動作，依照主賓與主客之間位階的高低，看是主人送到會客室正門即可，還是送位階較高的賓客到公司正大門也好，這時，負責接待的工作人員都要隨同引導與協助。如果賓客步行離開，禮賓人員送至公司正大門後，也不能立即轉身就走，因為這是很不禮貌的舉動，應該以眼睛目送對方，保持笑容頷首或揮手道別，直到客人離開視線範圍為止。

假設是送客人上下車，此時就有些必須注意的事項：

1. 如果賓客有司機為其開車，那麼司機就有為賓客開車門的職責與義務，在正式場合中，禮賓人員並沒有為賓客開關車門的義務，而為客人提行李或物品也不恰當，因為一些屬於私人的隨身物品，尤其國外賓客不見得願意讓他人代勞，就算在大飯店搬運行李物品的也是行李員（porter）的工作，國內人士常常不清楚這種小細節，更不知道各種身份所應該要有的份際為何，特別是在外交場合接待國外貴賓時，如果禮賓官員為人開關車門而成了「司門」，這便是自貶身份了。當然，禮儀工作是隨機應變的，如果來賓是身障者，或者是賓客攜帶的物品太重或太多，實在是騰不出手來，協助他上下車時開關車門也是人之常情，這時只是純粹幫忙而無關乎地位與禮儀，不須太過於拘泥。此外，如果在一般的場合中，我方多位人員陪送賓客到大門上車，為求迅速起見，也可由低階人員開關車門，這也是權宜措施，主人或高階迎接人員不需要過於殷勤而親自為之，除非接送的是自己的長輩或師長，彼此有著特殊的關係或私人情誼才能如此。

2. 如果賓客是搭乘計程車，禮賓人員可以「協助」開關車門，以及基於「安全」的理由以手掌護住賓客頭部幫忙上下車。

第三節
禮儀小姐

在談「禮儀小姐」之前，我們先看看相關新聞的報導節錄：

「北京奧運帆船賽在青島舉辦，為了迎接這次盛大的比賽，特地從1000多名報名者當中，選出25位擔任奧運禮儀小姐負責頒獎典禮。想要當禮儀小姐除了要具有黃金比例的臉蛋和身材外，練習走路要頂書本在頭上訓練，平常還得咬筷子練習笑容，而且只能露出6到8顆牙齒，她們平均年紀只有20歲，要上禮儀課、芭蕾課，還有舞蹈表演課。為了讓大家一張嘴就能露出6到8顆牙齒，一開始的時候，會讓大家咬著一顆筷子練習，頭上要頂著一本書，就讓她走路不會上下顛、左右晃，還要拿紙夾腿保持身姿。她們的身高都在168公分到178公分之間，臉蛋五官小巧精緻，因為想當奧運禮儀小姐，得要有黃金比例的身材、甜美的笑容、專業的服務態度，北京奧運會場上，禮儀小姐將是選手外最令人賞心悅目的焦點……」

中國大陸主辦活動的單位，對於徵選「禮儀小姐」是嚴格出了名，根本就是比照模特兒選拔或是大型選美比賽的標準來要求。至於國內呢？

「2008年520總統就職典禮，一改以前由○○大學金釵隊領隊，而改由○○親善服務團負責接待外賓，同學們絲毫不敢馬虎，光是鞠躬一個動作，每天就要練個上百回，連角度都有要求，首先鞠躬只能15度，眼睛要注視對方、對笑容要求：嘴唇微開露出上排10顆牙齒，雙手則擺在正前方，虎口交叉拇指不露出來，最後雙腳併攏，成人字步站立……」

美麗的「禮儀小姐」近年來成了矚目的焦點，而所謂「禮儀小姐」，原來指的是剪綵典禮中從旁提供協助的女性工作人員，助剪者多由主辦單位的女性職員著正式服裝擔任此一工作。相關工作演化至今，主辦單位常以多人組成的團隊提供以下的服務工作：
1. **迎賓**：在活動現場負責列隊迎來與送往。
2. **引導**：進行時負責與會貴賓的行進、就位（或就座）與退場。
3. **服務**：為來賓提供飲料茶水、文件資料發送等相關服務。
4. **典禮襄儀**：剪綵、捧盤、接待檯賓客佩證與別胸花

由於近年來「禮儀小姐」選拔的基本條件，都朝向相貌姣好、身材頎長、年輕健康、氣質高雅、音色甜美、反應敏捷、機智靈活、笑容可掬等等的外在條件徵選，有些重要場合甚至必須接待外賓，因此還加上語文能力的評選，幾乎可與近年來所帶動的「名模風」相互比擬。作者多年辦理重大活動，也有數次必須借重大學院校學生的支援，來擔任賓客接待的「禮賓小姐」，而學生的來源多半來自餐旅、觀光、航空等等相關科系的學生，因為與其所學有關，而且也被視為重要的工作經驗

與資歷，因此學校徵選時學生報名相當踴躍，競爭也相當激烈。近年來因為風氣已開，不但是女性願意擔任此一工作，連男性也頗感興趣，因此又產生了「禮儀先生」的工作人員。此外，就人員的訓練來說，梳妝打扮多要求化淡妝、盤髮，穿著統一色彩與同款式的服裝（改良式旗袍或者是套裝制服），並著絲襪與穿黑

色高跟鞋，也不佩戴任何首飾，重點在於穿著打扮、甚至連身高也盡可能地追求整齊劃一。目前國內多所大學院校社團如「親善服務社」、「禮賓大使」就是培訓此等禮儀工作的學習性社團，也有許多機會受邀擔任各個公私立機關團體與公司行號活動與典禮的禮賓接待工作。

第四節
校園親善大使隊

綜觀這十多年來，國內許多大學紛紛成立了「親善大使服務隊」，主要工作為襄助學校對訪賓的接待與活動及典禮的工作，親善學生們的身影也成為校園活動中的一景，擔綱角色也愈來愈形重要，其表現也備受肯定，特別是許多學校的親善大使團隊，訓練嚴謹、團隊堅強，甚至能走出校園，擔任政府機關甚至是國家典禮的禮賓工作，進一步成為襄助盛典的重要角色與「幕旁功臣」！

但經過各校親善的用心經營，社會大眾也都逐漸肯定他們的貢獻與服務，評價也多朝向積極與正面，頗令人有苦盡甘來、柳暗花明的感覺。「禮賓訓練」不是只有穿旗袍、制服排隊迎賓的表面功夫，而是居「穿針引線」連結與襄助活動順利完成的重要角色與工作，這方面的訓練，無法專屬於某科系，而是一種「跨科際整合」（Interdisciplinary）的知能訓練，「親善大使」團隊的訓練與學習，便是陶冶學生具有服務群己能力的最佳環境！「禮賓親善」應列為學校重點教育之一環，相關資源亦值得加強挹注，因為：

- 「禮賓教育」的推廣是改善學生群己關係的新契機！
- 「禮賓訓練」可增加學生職場上的競爭力！
- 「親善精神」是鼓勵學生關心社會、健全人生觀的思想與信念！

至於大專院校「親善大使服務隊」的養成，可以以下面的禮賓工作全覽圖來規劃相關課程與訓練：

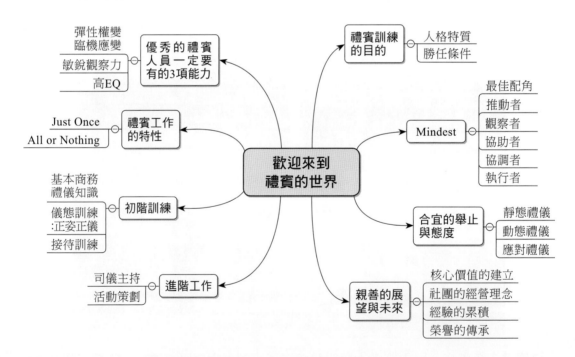

(一) 說明服務本質與健全心態：強調群體服務與團隊精神是核心價值。
(二) 禮賓訓練的目的：是健全青年的人格與服務社會的價值觀。
(三) 禮賓工作的特性：面對第一線，現場工作沒有再來一次的機會，因此「台上一分鐘、台下十年功」的勤練功夫，就是禮賓工作的精神所在。

(四) 建立正確的心態（Mindset）：禮賓服務人員是「最佳配角」、是活動的「推動者」、是工作成果的「促成者」、是計畫的「協助者」與對人服務的「執行者」、是居於每個主辦與協辦單位或每個工作分工中，以及主人與賓客間的「協調者」。

(五) 禮賓服務教育可以培養青年學生合宜的舉止、態度與表達：包含良好的「靜態禮儀」、進退合宜的「動態禮儀」，以及口語表達與溝通的「應對禮儀」。因此在課程設計上，可以安排「正姿正儀課程」（靜態禮儀）、「活動接待與賓客引導」與「人際關係與溝通」等相關訓練課程，再進一步安排「司儀」與「活動企劃」相關課程，這些對於學生的氣質與能力的培養，有非常大的幫助，也能增加未來在職場上的競爭力。

(六) 對於社團團隊經營，可鼓勵親善學生擔任幹部，培養領導與溝通協調能力。

上面的「禮賓工作訓練全覽圖」不只給大學禮賓社團作為課程訓練的規劃，也可提供各公司行號、職場人士與管理顧問公司有關活動接待禮賓人才的訓練內容指南。

作者曾多次獲大學親善大使服務團隊邀請前往授課演講，對學生們的禮賓工作訓練分享知能與實務演練，「禮賓親善」在校園裡不單是工作，更是一項全人教育與品德學習，謹向全國大學院校親善團隊師生獻上四個座右銘：

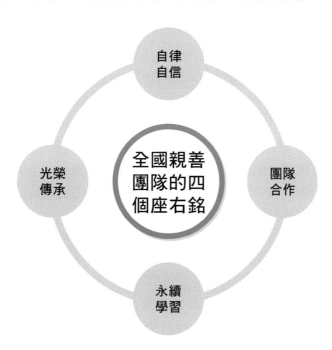

參觀導覽人員

在現代的公商務活動中，有時賓客是第一次到訪，被拜訪的公司常常會安排環境或設備的參觀與解說，對於各個產業而言，這正是宣傳單位品牌、行銷公司理念與產品特性的大好機會，也有助於來賓能夠更深入地認識我方的各項背景與資料，包括歷史、沿革、組織、經營現況、發展目標以及對未來的展望，而這方面活動的安排除了配合簡報工作之外（本書亦有討論），往往也會搭配實地的參觀；此外，對於政府單位或是非營利組織、基金會等等單位，也常有展示品、建築物、歷史文物甚至美術藝品對外公開展出。因此，「參觀導覽人員」便成為近年來頗為流行與需求殷切的專業人員，特別的是對於政府單位以及相關文化歷史與藝術景點，也有熱心而且不支領薪水的「志工」投入這一項工作。參觀導覽人員的工作型態、特質以及訓練素養，也需要接待來賓的相關技巧，因此，這項工作的從業人員，也可以被列入「禮賓工作人員」的行列之中。

就如同上面所提到的，參觀導覽人員也如「一般接待事務人員」一樣，有兼任的（公司單位臨時賦予任務），也有專職專業擔任的（如博物館及美術館解說員），但同樣都需要充實一定的禮儀知識與禮賓技巧。針對「導覽人員」的工作特性，有以下的安排與要求重點：

(一) 參觀導覽人員的形象管理

1. 居於「準主人」的角色：心態與角度都必須以單位為觀點，就如一般的禮賓接待人員一樣，來訪賓客會把對「導覽人員」的印象，投射成公司團體的形象。

2. 適用禮賓人員合宜的「靜態禮儀」與「動態禮儀」：以整潔、淡雅的穿著打扮面對訪賓，並且運用笑容表情、聲調與肢體動作，親切、誠懇並且耐心地向賓客解說與進行互動。

(二) 極為熟悉介紹與解說的內容

不論是公司單位內部兼任，或者是臨時的任務交付，還是專職從事固定解說導覽的工作者，導覽解說人員都必須對於解說內容的「**人、時、事、**

地、物」充分瞭解，甚至於詳加背誦而至滾瓜爛熟，對於實際工作才能發揮其專業素養以及利用流暢的口語表達，這也才能夠成為隨時臨場「隨機應變」、「信手拈來」以及「侃侃而談」的基礎。

(三) 對於解說對象背景資料要有基本的認識

解說導覽訴求的對象就是到訪的來賓，必須根據不同國家、語言、年齡、教育程度來對解說內容作適度的安排與調整，甚至妥善預先規劃參觀行程內容與動線。以下針對不同的解說對象來分析其工作技巧：

1. 外國人士：除了能夠流利的使用該國語言為之解說外，也必須注意國際間共同遵守的禮儀，避開政治、宗教與文化差異等等的口語禁忌，肢體動作與行禮方式也須事先瞭解。

2. 年長者：行進間不可過於快速，除了配合賓客步伐外，也要特別注意安全，例如上下樓梯與跨越門檻時，都必須先要提醒，必要時也可以協助攙扶，解說音量也可略為提高。

3. 身障人士：事先探查與規劃適當行進動線，並配合無障礙設施協助導覽工作。

4. 學童：用親切和藹的態度，以及用「孩子們聽得懂的話」、「說故事」的方式來解說，也可贈送小獎品，以有獎徵答方式提高學童的注意力與興趣。解說時間不宜太久，與年長者一樣，適時安排休息與上廁所的時間。

5. 地方性團體與宗親組織：此時如能安排配合所屬的方言導覽，更能拉近彼此間的距離，而增加親和力。例如接待「全國客屬宗親會」時安排客語導覽人員、接待「海外傳統華僑社團」時，如安排「粵語」導覽，就更能貼近賓客所使用的語言，客人會感受到主辦單位的「用心」與「貼心」。

(四) 解說導覽的「方式取捨」

參觀導覽人員多半由一人擔綱，而工作人員本身可以建立起專屬於自己的風格，解說時可分為：

1. 「走動式解說」：也就是邊走邊講。

2. 「圍站式解說」：在動線中到達值得細加講解的景點或物件所在地點時，可以請參觀賓客面對解說人員成半圓式隊形，向觀眾進行解說與互動。

3. 「圍坐式解說」：如果動線中有特別的地方，需要花相當多的時間講解，而場地也能讓聽眾坐下聆聽，採取這種方式也能讓賓客都能聽到導覽人員的詳細解說。

(五) 解說導覽的「內容取捨」與「時間管控」

其實這兩方面是息息相關的，先瞭解有多少時間講解導覽，再據以取捨內容甚至安排動線。更重要的是根據現場導覽的實際情況，如果時間上若有餘裕可以多詳細講解，甚至多回答幾個問題。相反的，假如時間不夠用，那麼恐怕只能點到為止了，尤其不要為少數幾位賓客而佔去太多面對所有觀眾的時間，除非他是團體中的主賓或重要的賓客。

(六) 導覽人員解說的風格建立

解說人員的口語表達，就如站在講台上向聽眾發表演說一樣，也需要一些技巧。在規劃的時間之內，妥善利用「起、承、轉、合」的技巧：

「起」：簡短歡迎詞與問候、組織單位簡介、緣起與歷史。

「承」：開始介紹動線中和簡報中的主要內容。

「轉」：例如面臨時代挑戰與問題解決、反向詢問聽眾想法、觀感與意見。

「合」：對未來的展望、短中長期計畫。最後加上感謝詞。

解說風格上的建立與取捨，還是要依據訪賓的特性決定。大致來講，對於社會一般成人民眾採取「敘述式」解說，也就是簡略並且突顯令人印象深刻之處，以加深對方印象即可。對於高階層等等的專業人士則採取「簡報式」，可加上數據、條列式的方式，講求精確與詳實。此外，對於學生或團體可採取「問答式」或「探索式」的解說技巧，以提高學子們的學習興趣以及增加趣味與互動。

近年來各公商團體為了增加對於社會大眾的認識與提昇知名度，進而建立起在社會大眾中的優良形象，不論是對於組織本身或者是辦理的各項活動中，「導覽解說人員」已經成為一種相當專業而且不可或缺的人員。總言之，「導覽與解說人員」是集「知性美感」於一身的專業工作者，一方面具有豐富的專業知識，另一方面更是屬於「禮賓人員」的一份子，任務在於接待前來參訪的賓客，而能使來賓對於自己的單位增加瞭解，以及充實相關的知識。所以，外在形象的建立與相關禮儀訓練，對於導覽人員來說，也是必備的學識與能力之一。

第六節
活動專案經理人

對於許多的公商務活動辦理中，往往會有主要辦理人或者是實際執行的負責人，在實務上，會給予「負責人」、「總監」、「總幹事」或「執行長」等等的「任務型職稱」，實際上就是「活動專案經理人」。專案負責人，可以是召集人，召集人有時是敦請具有名望的人士掛名，但總執行人則是由其他人擔任，常有名稱為「執行總幹事」之類的職銜便是，就企業管理上稱之為「專案經理人」，是屬於任務型的編組，專案一完成，臨時任務編組就解散，人員也隨之歸建到原來的單位，當今公部門、非政府組織與各大企業公司都很缺這方面的人才。

請讀者再次參閱本書有關於「專案」與「活動專案管理」的定義與內容。對於綜理「活動專案」的總負責人，便是「活動專案經理人」。要成為一個優秀專案經理人的條件，包括：

(一) 具有一定的語言能力

包括英語或其他外國語文作為對內對外順暢的溝通媒介，更可以運用語言的優勢來「拓展人脈」、「爭取經費與資源」，以及成功「伸展活動專案」的觸角與影響力。此外，也不要忽略運用方言的暢達溝通，特別是對於活動的對象（客戶），是屬於地方民眾或人民社團，以方言溝通更能達成彼此的思想意見能儘快有所共識，訴求表達方式也能更加親切而讓人接受。

(二) 暢達圓融的溝通能力

明白來說，就專案管理的實務中，有可能常常見到「外行領導內行」的情況，因為「專案經理人」的角色可以是通才，不必一定是專才，所領導的分工幹部在某個專業領域有可能懂得比上司多，但這也是組織分工中，要依照專長與經驗分配執掌的道理所在。專案管理總負責人的天職，就是要使人力「**適才適所**」（專長任務分配）以及對事能「**調和鼎鼐**」（資源、物力、時間與資金分配）。因此，必須具備相當的「溝通協調能力」，讓所有具有專長的人員各就各位，運用「激勵」及「約束」的方式，進而凝結成為一個工作團隊。

(三) 時間管理能力

「專案管理」不但是在期限已屆時要達到預定的效果與績效，也是在每段時間進度上都能適當的掌握應有的速度，有經驗的專案經理人，必須要在擬定活動計畫時，根據以前的例子「調查舊案」當成參考，或者與工作團隊採取「腦力激盪」（Brainstorming）的方法，想出可能遇到的障礙與變數，對於時間的妥善分配才能作更佳的彈性運用。

(四) 預算管控能力

所謂「巧婦難為無米之炊」，辦理活動一定要有資源、人力與經費，但是對於一般的公商務活動專案而言，經費預算往往很有限，如何將有限資源加以妥善地分配與利用，而能發揮最大的效益與展現成果。

(五) 具有韌性與耐力的人格特質

要對一個活動專案擔任總負責人與執行者，往往必須承受時間的壓力、面對資源的不足，也必須協調與處理複雜的「人員管控」問題，除了具備相當的知識與能力之外，基本上，也要培養下列的個性或工作認知，當個「活動專案經理人」，才能全心投入並且勝任愉快！

1. 不怕難不怕煩：活動專案往往是以前所不曾出現過的案子，或許與前案相類似，但是資源條件與活動目的所要達成的績效與目標，絕不會相同。而且，大型的活動往往也包含了許多的個別專案，錢少事多的情況下就不能畏難，尤其在進行活動專案辦理期間，往往所有雜事紛至沓來，如果這時你心浮氣躁，往往會使得方寸大亂，一步錯則步步錯，因而導致「政不通」且「人不合」的情況發生，專案執行恐怕不會有好的結果了。作者在實務上曾見過許多專案執行者，不是能力不好，也不是各種的資源不夠，而是在他的個性與執行專案的工作認知上出現了問題。所以，要成為一個稱職且易於成功的活動專案執行人，一定要具備相當的「抗壓性」與「多工進行任務」的能力。

2. 要多培養、歷練經驗及「宏觀眼界」：
   您還記得什麼是「專案管理」中的4項要素嗎？請您再看本書開宗明義第一章所說的，專案經理人對於P.C.T.S要精確掌控與執行：
   ・成果導向（P，performance）。
   ・成本控制（C，cost）。
   ・時間管理（T，time）。
   ・眼界（S，scope）。

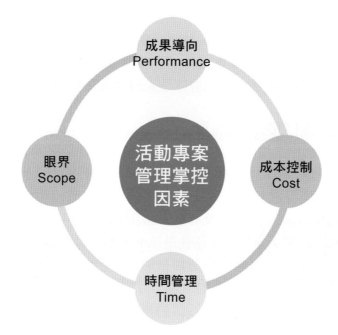

特別是對於最後一的「眼界」來說，負責專案的經理人對於整個專案，一定要「**宏觀控制**」（Macro-control）與「**鳥瞰監督**」（panoramic view），也就是不要跳下去親自動手做，必須信任分工與整體性的監督與執行過程，千萬不要拘泥與沈溺於各組的細項工作，特別是對於機械式的工作（例如打字、校對、邀請函印刷、黏貼等等所謂的「紙上作業」（paper work）可以發包出去或者交代下去。請記住，對於活動專案的辦理，有限的「時間」與「個人精力」的重要性，甚至比「經費多少」還更居於關鍵的位置。

最後，對於「活動專案經理人」的角色定位來說，是統整全部活動的大腦與靈魂，或許對賓客的「禮賓接待事務」而言，也只是專案分組的其中一項。但是，畢竟專案總負責人對於禮賓工作安排也能具有基本的素養，對於活動的執行，在「精緻度」上一定會有相當大的不同。畢竟，對於工作任務的完成，可以從做到「對」（及格），更可以做到「好」（優良）。對於「專案管理」來說，是另外一門專門的學科，有興趣的讀者可以參加相關的課程與訓練，甚至通過檢測而成為「專案管理師」，在這裡就不再深入討論了。

第七節
我們需要怎樣的公關禮賓人才？

我們常常到聽各行各業的公司企業，強調「以人才為本」，「人」是組織經營與運行的有機體；因此，人力素質的良劣與否就成為良好績效表現與永續經營重大關鍵所在，而新進人力的挑選，在有規模的組織中，也自然得設立一套擇才系統，將企業的精神當成標準來衡量，看符不符合公司理念與想法。講白話，就

是找「志同道合」的工作者:「志」是「想法」、「看法」甚至是「願景」;「道」呢?本書認為就是一些「核心價值」與「人格特質」。長久以來愈發覺得,「術」易學而「道」難培,學識技巧猶如工具,不管當事人願不願意學,能不能有所心得與累積經驗,在被要求遵循一套標準工作模式下,還可有一點最起碼的成果,但時間久了,就可能把原本壓抑收斂的本性顯露了出來,對工作造成了不利影響,工作上的特性與要求,有可能工作者不再認同與忍受,而單位主管也常對此頗為苦惱。所以個性、人格特質、態度的條件,對工作性質的契合,的確是當初甄試新進人員考慮的重點與核心。

做為一位甄試新進人員的主管,面對著形形色色的應試者,如有一套甄選的標準,通常多藉由筆試與口試的方法測驗,如果過程嚴謹一些,還會不只一次的口試面談,一關關檢視、一層層過濾,期待找到單位真正需要的人才。為何對於「找新人」這個過程是如此地重視?一句話:「請神容易送神難」。

(一) 長久以來,我們都怎麼徵選公關禮賓人員?

當職缺一開出,如果是對外公開徵選,條件往往會被要求「標準化」與「條列式」,以提供人事單位的作業及參與徵選委員的評量參考,而且是要能寫成具體文字描述的。因此,對於這方面專業工作的甄試,往往會趨向許多容易被看到的,例如外貌;可聽到的,例如初步表達能力與說話口條;容易被衡量的,例如英語托福測驗一定成績以上;可以藉此引申參考的,例如擔任相關工作與活動辦理等具有幾年經驗等等。而實務上,為了公平起見,也為了評選容易,擔任評選者能掌握的資訊很有限,且所知都是應徵當事人所提供的,懂得應試的「自我包裝」者,往往能避短揚長,個人「行銷技巧」實在得法,等真的入選加入工作行列,才發現來者的工作表現根本不如履歷與口試表達那般的精彩亮眼。而主事者面對眾多的應徵者,初步只能先用「刪去法」,挑去不予考慮的,其餘首輪考慮者,就會讓評選人費思量了。

(二) 過於側重「外在條件」,對徵選公關禮賓人員產生了什麼問題?

對一般人的印象來說,接待人員與公關禮賓工作者,往往存在著:「外表不錯」、「外語能力佳」、「善表達」的既定印象,反應到人才的甄選,就很容易側重這方面的條件,標準一定,紅線一劃,似乎未符合這些「形於外」的標準的人,就真的不適合擔任公關禮賓相關工作?筆者個人秉於多年經驗來談,看看某一些符合以上條件者的真實案例,在實際禮賓工作上,出現了哪些問題?

→「外表不錯」：自視甚高、難以親近、冰山美人、自我突顯。

→「外語好」：愛秀外語、接待外賓時談論過度（主管不是提醒過，切忌向賓客發表評論的嗎？）

→「善表達」：萬一沒有掌握好份際，是會造成誤解與惹來麻煩的。

如果只憑以上的外顯條件，缺乏了一些專屬從事禮賓公關工作所需的價值與份際的掌握，以及真正觸及到「服務」工作所必需的人格特質，路就可能會走偏，表面功夫再多，也不會使禮待賓客與公共關係能做得真切與完善。所以，這些「外顯條件」，是否能為工作「加分」，還須端賴一些對於基本核心的精神與價值認同才行。

(三) 什麼是公關禮賓人員的「核心條件」？

談到「核心條件」之前，要先問問：什麼是禮賓工作的「全貌」？何為公關活動的「態樣」？難道只是接待賓客而已？

禮賓工作所需要的核心人格特質為何？

你問我什麼是禮賓工作？我會先回答你，絕不是只有接待工作而已。

在實務上的禮賓是公關工作中的一環，「接待」已經是所有禮賓籌劃業務中最後端的外顯工作，之前的專案計畫、聯繫協調、人員出席、工作人員配置、節目安排銜接、場地布置，皆是重要事務。其中有關「聯絡事務」（**Liaison**），個人覺得更是核心工作，此等工作項目不只是打電話的勞力而已，而是牽涉到繁雜事項的確定、說明、協調甚至是「談判」，聯絡事務在國外官方涉外單位，除了「禮賓辦公室」（Protocol Office）之外，甚至設立了「**聯絡辦公室**」（**Liaison Office**），而從禮賓工作中突顯出「聯絡工作」的重要性。

因此，禮賓業務的核心，其實根本在於「**聯絡**」、「**溝通**」與「**協調**」，而這些都較為偏向於「內業工作」，相較於「接待」等外顯工作來說，這才是禮賓公關靈魂之所在。職是之故，作為一個禮賓公關從業者，當選擇新進人才，懂得「內行」，就應該知道希望挑選某種特定的個人特質來做工作伙伴了。

公關禮賓人才的核心能力與附屬能力，作者綜合多年心得與經驗，在此規納條件為「**三心**」與「**三外**」：

三心：即為「**耐心**」、「**細心**」與「**貼心**」，是屬於內在或內修的特性，是適合擔任禮賓工作的核心特質。

1. **耐心**：禮賓工作多繁瑣，常常短時間內有多項事情亟待處理，倘若沒有立即決定優先順序的能力，耐不住煩，不但自己痛苦，工作也會一團混亂。

2. **細心**：作者常在演講中指出，禮賓工作是「100-1＝0」的特性，「魔鬼出現細節中」，「靜心冷靜」與「快速反應」的個人特質，才是禮賓最歡迎的人才。

3. **貼心**：「易位原則」與「進位原則」是公關禮賓人的思考模式，有為對方設身處地考慮的人格特質，一來對活動計畫才能有預先模擬的能力，二來在現場工作才能對服務的對象有著令人「感動」的效果。

三外：「外表」、「外語」及「外緣」，是屬於加分附屬能力。

1. **外表**：外界世俗多認為是「相貌」、「身高」、「膚質」、「神韻」，其實禮賓工作者需要的是「笑容」、「親和力」等流露在外的氣質。相貌身高多已固定較難改變，氣質是因為蘊於中後才形於外，是可以長時間來培養的。

2. **外語**：有種迷思認為勝任禮賓工作一定要外語好？首先，要釐清的是，禮待賓客的任務只限接待外國賓客？接待國內賓客就不是禮賓工作？只要閩南語、客語流利，方言司儀還非你莫屬呢！外語佳，只是增加了工作的廣度，因此外語好，只是擇才的加分項目之一，不是必要條件。

3. **外緣**：外緣好不好，這是兩面刃。如果某人長袖善舞、遊走各方皆自得，外緣好不好？當然好。但是這種個性如拿來謀取自己的好處，做個人的公關，而不能把握真正屬於禮賓工作者的份際：搭舞台、做配角，這反而是最忌諱的行為。更甚者，假如不能謙沖自持，自以為接觸的都是大人物，時間久了會自我膨脹，睥睨一切，流裡流氣，甚是「近廟欺神」，個性不穩者很容易會忍不住戴上自高一等的「魔戒」。數年前作者曾赴法國拜訪某禮賓單位主管時，就所屬人員培養訓練深入交換心得與經驗，對方也深有此看法，甚至還舉出實際案例，可見這一行對人的觀察與問題，舉世皆然。因此，說到「外緣」如何，其實有利有弊，如果累積的人脈與關係，是為工作順利而廣結善緣，那自然是高層次的公關人才；相反地，如果居心是為己之私，可是背離禮賓精神的行為。

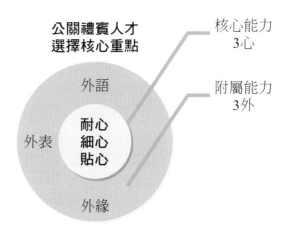

公關禮賓人才
選擇核心重點

核心能力
3心

附屬能力
3外

外語

外表

耐心
細心
貼心

外緣

三心VS.三外

綜合上述的「三外」，實屬於一種「包裝樣」、「工具型」、「加分性」、「附屬式」且「易察覺」的條件，沒有「三心」的核心人格，外在條件缺乏根基，個人會對辛苦、急促、繁雜的禮賓工作沒了歸屬感、失去認同，對單位主管而言，也難以帶領，沒有「三心」為熱忱、當動機，能教導肯訓練的禮賓主管就算再厲害，也難以帶領。

西諺有云：You can lead a horse to water ,but you can't make him drink.

活動辦理與禮賓是屬於服務工作，真的要自己真心喜愛與投入，一定要從「三心」出發，勉強之下不會有好表現。

(四) 禮賓從業人員可培養哪種人格與特質？

如果真的認同禮賓工作、有興趣嘗試與發展這方面的領域，或是本此精神運用在其他領域的服務性職涯，可培養哪些專屬於禮賓人才的人格特性？

→就是「三心兩意」的特質！

「禮賓學」
對人格的要求
與培養

三心
同理心、責任心、虛懷心

兩意
意願高、意志強

這不是教你猶豫不決或是瞻前顧後，而是三個「心」：

1. 同理心：Always put yourself in others' shoes.

   禮賓學的「易位思考」態度，真的要成為習慣。此不僅是工作態度，也是圓融練達的人際關係與修煉。

2. 責任心：與其說是「負責」（Responsibility），更應說是「**當責**」（Accountability）。職場工作者常有一種成見，總認為在固守的領域有做到，在我這段有完成，就是盡到了責任（就是有人堅持只做「業務職掌表」上有載的項目）。而就公關禮賓工作的特性而言，常有一些模糊地帶與突發情況，如果工作者不懂發揮相互補位的互助精神，與工作夥伴之間計較過於精明，也不願正視問題的存在與失誤的風險，不去確保成果能精確達成，說實話，這也不適合擔任禮賓工作。須知一點，「禮賓」是以「成果」為導向的，活動圓滿完成，功成立即身退！

3. 虛懷心：禮賓人員何其有幸，多有機會參贊榮典、見識場面、見證歷史、親近顯要。當時間一久，自覺見多識廣了，會不會拿到了上文提到的「外緣之刃」，而自以為是。其實世面見愈多、人面愈廣，才深覺得人外有人、天外有天，常常自省哪有還有學識不足之處？看看別人，本身能力哪裡還可加強？待人處世還有哪裡可再圓融？自己能再為他人貢獻服務些什麼的？要常常提醒自己常懷謙虛之心，禮賓工作就會帶給人一種督促自己、不斷自我充實與學習的原動力。

兩個「意」，是公關禮賓人員發自內心的工作原動力，是自我鼓勵與督促的動機與力量，這是熱情的來源。

1. 意願高：這是個人誠心想做，不是被人逼迫，個性不合也做不來，不喜歡不認同者，也別勉強了。

2. 意志強：禮賓公關相關事務策劃是屬於一種「腦力激盪」工作，現場接待任務也需長時間的體力消耗，自我鼓勵與堅強意志，也是需要培養的人格特質之一。

作者個人常以一個從事禮賓工作奮戰多年的老兵自居，也盼望著能將長年累積的經驗與心得傳承與分享，也樂見禮賓生力軍能不斷地加入工作的行列，能將這特殊領域的知能實際運用到各個行業中。同樣地，也欣見具有「**三核心**」（耐心、細心及貼心）特質的朋友們加入禮賓公關工作的行列！

第八節
禮賓工作人員的「放」與「收」

禮賓接待人員的界定，可以分成兩個方向：一是**日常公務常規式**的；第二則是屬於**專案活動性質**的。就日常公務常規式的公關禮賓事務而言，公務機關與大型的企業則多設有「公關部」、「公關組」或者由「秘書室」統籌這方面的工作，飯店等服務業也有相關禮賓部門來處理對賓客的接待與服務。當然，囿於公司規模與組織規劃，也可能由各個主事的業務單位人員出面接待來賓，這也就是為何除了從事公共關係、禮賓交際等相關工作的專業人員，一般公商務人員也需要具備各種禮儀常識與訓練，甚至還要進一步接受「禮賓接待」專業訓練的緣故。

如果單位中規劃一個活動專案，不論是國內外各種規模的會議、茶會、餐會、商務大會、典禮儀式等等，一定會接待與會的貴賓，甚至是外面單位的工作人員與媒體記者，因應這方面工作的需要，通常會設置接待處或貴賓報到處，在接待處的接待人員便是該場活動的「禮賓人員」，負責貴賓的報到、簽名、分發資料、配戴貴賓證，甚至引領至會場等等的工作。作者根據多年來觀察，許多擔任政府單位、民間企業公司的接待人員，或者是「活動專案」的禮賓接待人員，都有共通的毛病，不是「失之冷漠」，就是「過度熱情」。長久以來，國內一般人都不太注重所謂的「禮儀」或「禮賓」工作，近年來因為對於行銷活動的推廣，才開始重視對外界擴大接觸面，藉由上述各種活動達到交流、交誼乃至於行銷宣傳的目的，所謂「禮賓接待」相關工作以及工作人員，才逐漸受到矚目與重視。

所謂「禮賓人員」，可以由專業從事國家典禮、禮賓事務的官員（禮賓官）、外交官，乃至於各單位機關的接待人員，以及包括近年來最流行的「禮儀小姐」，都可以泛稱為「禮賓人員」。然而，現今禮賓人員對自己工作「份際」的認知，還是相當地欠缺，主要的原因是因為人員的組成，常常是臨時編制或是臨場客串而已，根本談不到專業訓練與職能要求；另一方面，就禮賓的專職人員而言，工作的養成往往沒有資深前輩或好老師的帶領，欠缺許多正確的觀念；至於「禮儀小姐」則多專注於化妝打扮的技巧，以及「美姿美儀」的訓練，根本是弄錯了方向，常常淪為「花瓶」，反而模糊了原先應該從事工作的重點，所應該發揮的功能也就無法彰顯。

就禮賓接待人員的問題來說，「失之冷漠」並非對來訪或到場的賓客不加理睬，而是接待賓客過程中流於**制式化**與**機械化**。有些公司行號特別是服務業，常常要求對待賓客有一套「禮貌標準作業規定」，例如客人來時一定要說「歡迎光臨」，此時眼睛卻沒看著客人，卻只顧著做自己的事；有時面對賓客僅完成現在的程序，而沒有熱心地進一步說明下階段要做的事，「失之冷漠」指的是禮賓工作只流於形式，到訪的賓客往往體會不到主辦單位的熱忱與貼心，所以說，禮賓工作實際上是一項「藝術」而非死板的「技術」。

相對於「失之冷漠」來說，「過度熱情」也不可取，作者曾經主辦某一場大型餐會時，由其他單位找來一位熱心大方的同事來支援，心想其個性應該適合接觸人群，然而在現場從事接待工作時，卻跟報到的賓客聊起天來，噓寒問暖不是不可以，而是又繼續聊起家住哪裡等等的話題，禮賓人員與賓客之間的互動份際在於「誠懇」而不過於「熱情」，畢竟彼此並非熟人，過度熱情會讓人起防衛之心，使人感到不自在，而且很容易失去對於現場接待工作的重點，不可不慎。

此外，第一線的禮賓接待人員就是單位組織的「門面」，甚至有著「準主人」的地位，因為賓客到訪第一眼所看到的就是禮賓人員，禮賓人員的整體形象、談吐與舉止，往往會讓他人產生主觀的第一印象，尤其牽涉到國家或其他官方的禮賓人員（禮賓官）更需要注意到這一點。除了外表的形象管理與塑造之外，在舉止上，是不是有那些容易被忽略的地方呢？這裡有一些細節必須注意：例如，迎送賓客時不需要幫對方拿禮品、提行李、皮包或公事包，也不需要為賓客開關車門，因為在正式官方場合中，「禮賓官」是執行禮儀程序（protocol）的官員，不是「司門」（bellboy，也就是專門掌管為賓客上下車時開關車門的工作），若讀者不知何謂「司門」，可以去大飯店的門口看看，手戴白手套專為上下車的客

人開關車門的人員便是。為賓客提行李與物品也太不適當，因為一些屬於私人隨身物品，尤其國外賓客不見得願意讓他人代勞，就算在大飯店內搬運行李物品的工作，也是行李員（porter）的職責。國內人士常常不清楚這些小細節，更不知道各種身份所應該要有的份際為何，特別在接待國外貴賓時，若禮賓官員為人開關車門而成了「司門」，這便是自貶了身份，自然也是不符合外交禮儀。當然，禮儀工作是隨機應變的，如果來賓是身障者，或者是賓客所攜帶的物品太多太重，實在是騰不出手來，協助上下車開關車門是人之常情，這時純粹是幫忙而無關乎地位與禮儀，切勿過於拘泥反而不近人情。

禮賓人員的「放」與「收」都要恰到好處，其中拿捏的技巧必須長久經驗方能體會，不過對於有興趣的朋友可以多請教資深有經驗的人士，吸取別人的智慧與經驗，可以少一點摸索與試誤的過程（trial by error），畢竟進行實際的禮賓工作，常常沒有可以容許犯錯的權利，對於資淺的人員來說，在有把握與相當的自信之後，雖然經驗還不豐富，但是只要能把握上述的一些觀念與作法，「收」與「放」都能自如，對於從事禮賓工作來說，相信就能夠勝任愉快了。

第九節
談接待禮儀的內外精髓與培養重點：
笑容的美妙、禮賓的靈藥

對於面對人群的工作或活動，接觸到賓客的第一線，往往就是服務人員，「禮賓接待」，也是服務工作重要一環，假設我們是來賓或顧客（請常以「易位原則」看事情），第一眼所看到的，一定是接待人員的面容，此時當你看到的是一張張的笑容，相信心情也會隨之輕鬆愉悅。

在論述專業的禮賓訓練之前，我想要先談談許多人因為臉部表情的問題，而在人際關係上造成的負面的影響。想一想，在你生活周遭的人中，應該有那麼幾位，總是會讓人感覺到臉總是「臭臭的」，也不知道否真是心情不好，還是在彼此應對中，自己哪裡得罪他？然而，結果總是讓別人退避三舍，人際關係上自然大受影響！但是，可別因此怪罪他如此的欠缺修養。根據國外的報導，全世界至少上百萬人曾有過這種「臭臉症」的困擾（或許我們曾見到的「冰山美人」，或是被形容成「面惡心善」者也是吧？），也不見得就是心情不好，或者故意擺個臉色給你看，也許是習慣性的繃緊臉部肌肉，也就更不知道保持微笑的習慣與方法，實在不是故意的，但就這樣的情況，無形中讓人不敢親近，也少了業績談成的機會，增加了人際的緊張；有此狀況者，有些人有自覺，也常常深受這種自然狀態下面容表情的困擾，糟糕的是，有人還不自知有這種問題的存在。

一般人如有這種「臭臉症」的狀況，對人際關係已是一項嚴重的負面因子，如果，你的工作是擔任前線櫃檯人員、業務或禮賓工作，是屬於面對客戶、接待賓客的性質，倘若有這種毛病，那恐怕是非常致命的缺點；真的別懷疑，作者個人就多次察覺到許多飯店住房與餐飲櫃檯人員，處理動作迅速到位，但是，就是少了笑容，緊繃的臉部肌肉，作為一位賓客，真的感受不到自己是受到歡迎的，然而，我毋寧相信他不是不喜歡他所做的工作，只是不太懂得如何「微笑」吧？

沒錯，我們從小的生活教育，乃至於就業後的工作訓練，很少教我們怎麼去「笑」，如果不會微笑、不懂得笑，如果是擔任服務賓客、接待訪賓的工作，恐怕真的是一種重大的危機！在作者所知的校園親善訓練中，或者囿於時間所限，絕大部分都著重在肢體動作迎賓引導的指導與練習，經過重點提示，並一再反覆地實際訓練後，讓親善學子們能掌握要點，展現出一個團隊樣貌；然而，我也發現，或許是初接觸禮賓訓練，為達標準而心情緊張，動作一致卻也少了笑容，如果實際投入接待工作，就算能有隊形，也有團隊紀律，表現也屬水準之上，但，是不是少了些靈魂？

禮賓工作之所以不是「花瓶」的原因，正是因為有著「靈魂」，讓活動辦理有了生命，禮待賓客能真實的展現主辦單位的真摯與誠意！活動的計畫是個骨架，有了禮賓工作，才是加入人與情感的因素，便有了血肉與溫度，不是一部機器，而是個有機體。

迎賓待客，第一眼的深刻印象，便是笑容。身為禮賓人員，第一個動作為何？不是體姿與手勢，而是親切的笑容，親善精神的精髓即在此。誠如之前所講到的，在禮賓工作中，如何有誠摯適切的笑容？常有人說要「訓練」，但是說句實話，想想在你的日常生活中，不論是會心一笑，還是捧腹大笑，哪一個不是你真的想笑，才會笑的出來的？「訓練」出來的笑，很難自然，賓客不少是各界賢達，社會閱歷、人情事故皆為豐富練達，豈會不察覺？本書認為禮賓接待的笑容，要出於內心，是自我悅納的心理所產生，是要「引導」出來的，並且須順應個人的特質，才會真心自然。

好，我們來談談如何在親善禮賓工作上，能夠笑的自然。先來看看當前所謂的「笑容訓練法」。

咬筷露齒？你覺得呢？

相信您也知道這種所謂的「笑容練習法」，除了咬筷子，有時還會強調露出幾顆牙齒。然而，這種笑容根本不自然，硬撐出的笑只是勉強了自己的臉部肌肉而已，笑容的表現，是要真心想笑，才會牽動臉部肌肉的自然動作，尤其要瞭解，每個人的臉部肌肉與協調，運動方式還是有些差異，要順應個人特殊性，才能表現自然，切勿硬性規定與要求，那種一致性的樣板笑容，反而過於造作，常見如此訓練禮賓小姐與模特兒，像是訓練軍隊般的標準化，如果笑是如此刻板式的操作，那還真是花瓶與樣板了。

如何笑得自然？

(一) **笑得自然，就要容許差異**：如果要搞形式上的整齊以求「軍容壯盛」，那叫部隊，不叫團隊。就像帶領一組禮賓工作人員，你不會全要求女性都是165公分、男性都是180公分吧？身高的差異，接待隊形以順次排列即可整齊美觀；同樣地，要顯現微笑，每個人臉部肌肉表情多有些不同的動作，更不能統一要求露出多少顆牙齒，「皮笑肉不笑」或是「僵笑」，比不笑還糟糕。再說，每個人長相有別、面容也各有特色，有人明眸大眼、有人細緻鳳眼，大眼、瞇眼笑容都很迷人，笑顏如果標準化與統一化呢？讓人實在想不出如此作法有何益處。

(二) **真心悅納、笑從內心**：誠如前文所說的，笑容不是「訓練」出來、不是「硬撐」出來的。服務團隊領導者對於團隊成員笑容的培養，要採「引導」的方式，笑容不能勉強，要用鼓勵與情境想像，當在培訓姿態時，也能鼓勵學員們，調整呼吸以先柔軟肢體，再請學員們想想最近讓自己開心與得意的事，多些時間讓大家培養情緒（這是一種情境營造方式，與更進階的司儀主持或舞台工作一樣，都有類似的講究功夫），除了體態不能僵硬，臉部肌肉也要放鬆，禮賓不是皮相工作，發自內心才能做得自然。以上所說的，從一證百，從事客服等工作也一體適用。

(三) **正姿觀心、照鏡開始**：從事禮賓工作這麼多年，深深覺得，端正姿儀，照鏡自我調整助益很大；每當擔任大型活動與重大臺上幕旁工作前，總要有項必須進行的功夫，對鏡中的自己、看著自己的眼睛培養自信。同樣地，培養自然笑容的氣氛，也可照照鏡子，想著開心的事情，你笑得很自然，不需太過擔心嘴角上揚的角度，如果大家一起進行這樣的程序，愉快的氣氛還會相互感染的喔！

(四) **榮譽歸屬、禮賓靈藥**：這項特別針對在實際投入工作與現場而說的。如果工作成員能有「榮譽感」與「歸屬感」，更能激發工作精神，此時笑容是從內心湧出，每個人除了真心笑容外，連眼睛都是發亮的！舉例來說，如果工作團隊成員能有幸參與一項外界難以參與的盛典，或是接待某些知名的人物，見識到盛大的場面，心中是如何的興奮與感到榮譽！能激發所屬成員的榮譽感，此時自然而生的笑容，更是令人感到愉悅與閃耀！

如果禮賓團隊帶領者，採取的方式只是模版式的統一規格，捏塑燒製出來的，當然就只有花瓶，沒有靈魂與精神，再努力，也只是加上更多紋飾的花瓶，怪不得他人的批評；假使能讓禮賓服務工作賦予意義，成為活動辦理中不可或缺的關鍵角色，表情與一舉一動都是「自然」與「發自內心」的真誠，這才是接待禮儀的精髓與精神之所在！

孩子的笑是最自然美妙的，你會訓練他們硬撐出笑容嗎？

結 語

國際間的所有對外公開活動與往來互動，都離不開對人的服務，尤其是牽涉到禮待賓客與彰顯榮耀的場合，對人的服務工作就是「禮賓」的內涵，只要你的服務能帶給對象禮遇與尊榮，對單位形象能加分，對活動能順利暢達，那你就可以稱作是「禮賓人員」！

本章節介紹最常見的禮賓工作的型態與角色，包括事務性接待人員、禮儀小姐、導覽人員，以及校園裡蓬勃發展的禮賓學習性社團或隊伍：「親善大使」，下個章節所專論的「司儀」工作，都是禮賓群像之一，不論是擔任哪一種，核心精神與認知都一樣，即是以「團隊」為主體，以「成果」為導向，接待動作與笑容皆以「自然」為佳，禮賓人員的認知是襄助活動圓滿成功，以成就主角（主人與賓客）為目的，充實內涵使角色發揮功用，不要淪為「花瓶」，更不要「喧賓奪主」，禮賓工作是進退間的分寸都拿捏得剛剛好，這才是各個禮賓角色的份際與真義！

要點回顧

一、「禮儀」是「知識學能」、「禮賓」是「實務運用」。

二、「禮賓」工作就是為人際關係與單位形象造橋鋪路的的工作。

三、常見的禮儀專業工作大致分為：
（一）一般接待事務人員。
（二）禮儀小姐。
（三）參觀導覽人員。
（四）主持人與司儀。
（五）活動專案經理人（策劃人）。

四、禮賓人員工作的範圍，包括：「對人的服務」、「對程序的掌握」以及「對禮儀事務的執行」。

五、就禮儀工作的位階來看，依專業學識知能的深淺與經驗，可依序分為：
（一）一般商務接待人員。
（二）司儀與主持。
（三）活動規劃人。

六　一般商務禮賓工作，要熟悉：
（一）引導入座的禮儀。
（二）賓客到訪時正確的應對進退。
（三）奉茶禮儀。
（四）送客禮儀。

七、禮儀小姐的角色與主要擔任工作：
（一）迎賓：在活動現場負責列隊迎來與送往。
（二）引導：進行時負責與會貴賓的行進、就位（或就座）與退場。
（三）服務：為來賓佩證與別胸花及提供飲料茶水、文件資料發送等相關服務。
（四）典禮襄儀：剪綵、捧盤。

八、「禮賓親善服務隊」在校園裡不單是工作，更是一項全人教育與品德學習。

九、導覽解說人員都必須對於解說內容的「人、時、事、地、物」充分瞭解，甚至於詳加背誦而致滾瓜爛熟，對於實際工作才能發揮其專業素養以及流暢的口語表達，這也才能夠成為隨時臨場「隨機應變」、「信手拈來」以及「侃侃而談」的基礎。

十、導覽解說可以採取「走動式解說」、「圍站式解說」及「圍坐式解說」三種方式進行。

十一、導覽解說方式，可以採取寫作式的要點「起、承、轉、合」，以求解說的生動、有條理。

十二、要成為一個優秀專案經理人，必須具有五項特質：
(一) 具有一定的語言能力。
(二) 暢達圓融的溝通能力。
(三) 時間管理能力。
(四) 預算管控能力。
(五) 具有韌性與耐力的人格特質。

十三、禮賓工作所需要的核心人格特質：
「三心」：耐心、細心與貼心，這是甄選人員的重點。

十四、禮賓人員附加的外顯條件：
「三外」：外表、外語與外緣，可以加以培養，不是甄選公關禮賓人員的必要條件。

十五、當成為一個禮賓工作人員，可對人格及思想的培養方向：
「三心」：同理心、責任心與虛懷心。
「兩意」：意願高、意志強。

問題與思考

1. 請說說看,「禮賓工作」在商務場合上的角色為何?
2. 禮賓專業工作的可依身分區分哪些工作項目?
3. 一般公司接待人員需要具備哪些基本接待禮儀實務項目?請試說明之。
4. 請說明「奉茶禮儀」中,服務上茶的先後次序。
5. 接送賓客上下車,請說明需要注意的要點。
6. 禮儀小姐主要的工作項目為何?請說明之。
7. 如何才能成為優秀的活動辦理經理人?說說看你的想法。
8. 尋找合適的禮賓公關人才所著重的核心是什麼?

Chapter 5 活動司儀

學習目標

- 司儀與主持人有什麼不同。
- 司儀的工作項目。
- 司儀工作的三項要求。
- 司儀的種類。
- 司儀的搭配形式。
- 司儀工作的定位。
- 司儀的人格特質與養成條件。
- 司儀的工作項目與重點。
- 司儀實戰演練。
- 司儀現場必須完成的程序
- 司儀工作的誤區與禁忌。
- 司儀經驗與心法傳授。

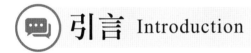

引言 Introduction

什麼是「司儀」？本書來下個定義與解釋：

所謂**司儀者**，按照字面的解釋：「司」者主導控管、「儀」則為禮節程序是也。簡單來說，就是掌管典禮儀式進行的人，英文為"master of ceremonies（MC）"，也有另外一個字**Emcee**，也是司儀的意思。

不論任何公開場合，只要有一定的「程序」者，就要有「司儀」的存在，他的職責在於掌控會場流程的順暢，也是工作的首要任務，是**扮演會場的「監督者」、「提醒者」與「掌握者」的角色**。例如，司儀需設計讓會議耳目一新的開場白，以及表達熱忱歡迎與會者的歡迎詞，更重要的是：提醒與會者注意「手機禮儀」（開會前宣布關機或調整為震動模式），並且簡單的介紹場地與動線（例如茶水間與洗手間的方向及位置），之後適切地介紹主席。

各位讀者從上面對於「司儀」的定義與工作方向來看，您是不是可以發現，「司儀」的根本角色，就是一個「發號施令者」，不論是官階再高、地位崇隆的人士，只要到了一定的場合之中，也都要聽司儀的宣布與遵循指令，很了不起吧！既然在工作性質上有如此「神聖」的地位，對於「司儀」的素質與培養來說，也就必須採取「高規格」的要求了。但是在談司儀的「條件」之前，還是必須釐清司儀的工作內容，以及他的「份際」、「角色」與「定位」為何？

第一節
司儀的工作項目

關於司儀的工作項目，可以包括下幾點：

(一) 配合典禮、大會、會議、宴會活動的主辦單位，對於節目各個「**節點**」掌控與現場宣達。

(二) 現場「**注意事項**」的宣布。

(三) 適切簡潔的**介紹**活動主席與貴賓。

(四) 時間的「**精準**」掌握與「**彈性**」控制。

(五) 現場氣氛的「**帶動**」與「**收斂**」。

(六) 臨場對於突發情況的**隨機應變**。

(七) 有外賓則須備有傳譯（翻譯人員），如果司儀有能力也可以兼任，有時外賓有即席致詞演說內容時，則注意是否需準備口譯人員（interpreter）。

第二節
司儀工作的三項要求

對於司儀工作的素質表現，基本上有三個要求：

(一) **穩健**：就是落落大方、神態自若，有能力與氣勢掌握全局，因為「大家都要聽你的」！

(二) **順暢**：就是讓現場程序順利進行，讓每個節目或順序都能銜接得自然，司儀工作就是具有這個連接與轉場的機制與功能。

(三) **靈巧**：簡單來說就是「隨機應變」（香港人稱之為「執生」），長期擔任司儀的專業人士都會有不少的經驗，每個流程或節目不見得都會依照原先計畫進行，有時臨時面對節目增刪或次序調動、某位貴賓臨時缺席或突然出現，或者是許多不可預期的突發事故與狀況，這正考驗著擔任司儀者的臨場反應與隨機應變，而對良好「隨機應變」的形容詞，便是「靈巧」，如果擔任司儀者能練到靈巧的隨機應變，那便是一位成功的司儀了！

第三節
司儀的種類

雖然每種場合都有可能安排「司儀」，但是您可知道，司儀可以分成很多種類型：

(一) 典禮司儀

元首軍禮、贈勳，官方及企業組織的動土、開幕、開工、落成、通車、週年慶祝大會、表揚大會、頒獎典禮等等。在這些場合的司儀所宣達的儀式節點明確清晰，一個宣布賓客就是一個動作，特性是莊重又具正式性。

(二) 會議司儀

掌管會議流程進行的工作與重要事項的宣達，重點在於掌控會議的流暢性與時間管理。

(三) 禮俗司儀

就是在婚禮以及喪禮[註1]上掌管儀程的人員，前者的特性屬於喜悅、溫馨與感性；後者則充滿哀戚與肅穆的屬性。禮俗司儀除了按照婚禮或喪禮的儀節程序之外，更是著重在適切「氣氛」的營造。

(四) 公關活動節目司儀

所謂公關活動，就包括了公務與商業宴會、音樂會、表演節目等等的公開場合，在每個節目的開始與結束中，主要負責「串場」的工作，表現的特性為順暢、輕鬆與自然，讓所有節目活動都能「珠玉串連」而順利進行。打個比喻，節目活動如果是「珠玉」，那麼「司儀」便是串起節目的線繩，重要性不言可喻！

第四節
司儀搭配的型式

可以單人、雙人乃至於多人搭配，而雙人搭配的組合又有兩種情況，一是男女搭配，這是為了增添陽剛與柔和的相互調和，具有相當的節目效果，較趨近於「**主持人**」的功能取向。而另一種則是因為語言翻譯的關係，一人為國語司儀，另一人則為即席翻譯，因此組成了雙人司儀搭配的形式。如果擔任司儀者能夠「**雙聲帶**」，例如中英語、中日語或中西語（西班牙語）等等外語，而方言也可為雙聲帶，例如國台語、國客語等等。當然，能夠「多聲帶」甚至到達「中外語」皆備的能力，一人可擔任多人的司儀工作更是理想，那就更是上乘的司儀人才了。

第五節
司儀工作的角色與定位

這裡對於「工作定位」非常的注重與強調，因為只有認清一項工作的「職權」與「份際」，才能擔負起「稱職」甚至是「成功」的角色。針對本書之前對於「司儀」工作的分類之後，「司儀」的特性定位與角色扮演，相信就非常清楚了：

(一) 司儀是「最佳配角」：請記住司儀的工作重點，是在輔助活動流程的進行，千萬不可「喧賓」又「奪主」，擔任司儀者要配合主辦單位與活動的規劃，「主從」關係一定要弄清楚。

(二) 各種司儀各有「調性」：當然專業司儀可以轉換各種不同的場合，但是根據作者長年工作所見與擔任司儀工作的經驗來看，很少有所謂「全方位司儀」，因為各種場合需要搭配不同「屬性」的司儀。舉例來說，如果是官方正式典禮與儀式的場合，司儀的表情、音質、聲調等等表現，便是雄糾糾、氣昂昂，讀者可以看看國慶大典或元旦升旗典禮的司儀，是不是就是雄糾糾、氣昂昂的模樣？又如宴會、茶會、會見、會議等司儀，司儀本身流露的便是自信、自然、親切、和緩的特質，語音的傳達是具有「知會」、「提醒」與「敦請」的特性。如果像是民俗禮儀場合中的喪禮司儀，又是另一種不同專業的工作面向；而婚禮、表演節目等歡樂場合的司儀，調性又是大大不同，甚至不見得要長相體面，反而是善於帶動歡樂氣氛，運用技巧說說笑話、開開玩笑，而有時又能營造溫馨的氣氛，其實已經偏向於婚禮、節目活動的主持人的性質了。然而，擔任司儀的人，不見得一定要讓自己成為「通用型」司儀，因為每個人的特質，包含外貌、音質、說話語調、氣質甚至是個性，都有偏向適合於某種場合的特性。譬如說，你是一位長期擔任正式典禮的司儀，突然間要你擔任婚禮或慈善晚會的司儀，如果還是拿洪亮聲音與正氣凜然的語調來說話，恐怕就不適宜了，除非您「轉場」的功力雄厚、「變聲」的工夫了得，不過實際上很難到達如此的境界。所以，認清自己的形象塑造、氣質屬性與口語特性，來選擇擔任適合自己的發揮場合，而且進一步的充實技能與加強實戰演練，才能成為一位「適才適性」且能「發揮所長」的司儀。此外，對於擔任調性相差太大的司儀工作，要特別謹慎小心，因為每個人總有一些根深蒂固的「職業反應」，一不小心就可能會鬧笑話，甚至造成極端尷尬的情況，這裡有一個堪稱經典的例子：根據2007年8月24日新聞媒體報導：位在高雄縣的杉林大橋，這年8月3日舉行通車典禮，司儀站在杉林大橋旁口沫橫飛地講祝賀詞，沒想到後來當宣布「奏樂」時，口誤成了「奏哀樂」，當場喜事變喪事，讓在場的人臉都綠了，說錯話的司儀頻頻道歉，最後連新臺幣2千元的工作費用也不敢拿。沒想到在事隔16天後，竟然就發生杉林鄉許姓民眾連人帶車墜橋死亡的悲劇，墜落點還是在同一個地方，邪門吧？想必這位司儀平常應該就是擔任「喪禮司儀」的工作，一時之間直接的反應便是「奏哀樂」，長久的「積習」與「直接反射動作」是人性最難克服的弱點之一，所以必須要認清自己是屬於哪一種「調性」的司儀，這是一項非常重要的前提。

第六節
「司儀」與「主持人」有什麼不同？

相信大部分的讀者一定常常搞不清楚兩者的異同點，本書大致說明如下：

(一) 「司儀」通常偏向於儀式性較強、時間與節目「節點」明顯的場合，例如典禮儀式與大會。而「主持人」則偏向較為軟性的場合，例如婚禮、聯歡會、表演節目等。

(二) 「司儀」屬於配角，而「主持人」有時也可能成為主角之一，例如在會議中的主席亦可稱為主持人，而宴會中的主人也可擔任主持人的角色。這也可說明一般司儀台都在舞台側邊，而主持人卻可步上舞台中央的緣故。

(三) 「主持人」可以兼任「司儀」的工作內容，而一併主掌節目程序的進行。相反地，司儀的工作限制較為嚴謹，就只能主司流程的進行、管制與宣布而已。

(四) 「主持人」可以在台上多說話表現自己，司儀反而不可如此。

第七節
司儀的人格特質與養成條件

對於司儀的「角色」與「定位」來說，只要把這項職務的面向、工作項目與功能界定清楚，就可以尋找適合的人，或者是瞭解需要怎麼樣的能力與條件，才能擔任「稱職」乃至於「成功」的司儀。

而哪些是成為良好「司儀」特質？作者依據長年的實務工作經驗提出看法，簡單的說明如下：

(一) 就個性而言，喜歡與人群互動，願意主動與不熟悉的人接觸。

(二) 說話與應對的收放，掌握得相當良好，不會沈默寡言，也不會滔滔不絕，也就是對於說話應對，分寸拿捏得很好。

(三) 說話發音咬字清晰、速度快慢適中。當然，音質是天生的，如果有人與生俱來一副磁性嗓音，說起話來動聽悅耳，那還真是老天爺的恩賜，早些年一些電台廣播節目的主持人，就是屬於「天賜」型的，天生就是靠聲音吃飯，這也可以理解一些正式的重要場合，會挑選符合「調性」的司儀或者是節目主持人，就會從廣播電台主持人中尋求擔任，近年也有從電視台新聞主播中尋找的，作者就曾有經驗與某電視台男女主播合作過，他們兩位擔任節目主持人，個人則擔任司儀，的確是相當難得的經驗。當然，大部分人的聲音都不是如此這般麗質天生，如果您對司儀工作有興趣，的確可以靠後天的練習，勤練「發音」（正音）、「咬字」、「節奏速度」、「音量」等等的說話技巧，熟練有自信後，也可以風采翩翩地站在司儀台的麥克風之前，請各位讀者相信，只要有心，真的可以做得到！

(四) 容易自我調適者：在這裡明白說，就是懂得想辦法克服緊張，能儘快進入氣氛與狀況的人。任何人面對群眾都會有壓力，壓力隨之帶來緊張，即便像作者個人雖經歷十多年禮儀禮賓的實務經驗，當我面對從來不曾辦理過的事情，或者是特別隆重的場合，我也會緊張，只是本於多年的訓練與經驗，我會懂得如何「繞過」心理障礙，第一步先弄清楚所有的活動流程，然後確定擔任司儀時所要掌控的節點，接著撰寫「司儀稿」，再加以適當的練習之後，在麥克風之前便可以氣定神閒，讓「指揮群雄」的氣勢與感覺「上身」（找不出更好的形容詞來形容這種感覺！），那便能迅速地進入會場狀況了。

(五) 個人特質符合「調性」：請注意！在各種工作與活動場合之中，不同類型的司儀各有「**調性**」，對司儀工作有興趣的讀者，請先思考自己的氣質、談吐口才、外表等等內外在條件，比較符合哪一種「司儀形象」？「典禮司儀」、「會議司儀」，還是能進一步談笑風生成為輕鬆場合如宴會、婚宴、展覽會、促銷活動的司儀乃至於主持人？

(六) 要對於「**公商務禮儀**」嫻熟者：學習知識可以靠後天的努力，「司儀」既然是「禮儀禮賓」工作者的一員，又多於公商務場合出現擔綱而負有重任，又怎麼能不嫻熟禮儀規則呢？尤其是「禮賓排序」（precedence）、「稱謂禮儀」、「謙語敬語」等等的使用，這都是擔任司儀所必須具備的基本知識。

因此，本書鼓勵讀者試著學習與多加爭取擔任「司儀」工作的機會，因為這工作真的是一項「綜合性」、「協調性」乃至於「應變性」很強的工作，就算您不見得成為像作者一樣的專業司儀，也可能會在工作中臨場客串

司儀工作，個人見過不少視拿麥克風為畏途者，當被指派發言時，拿麥克風好像接到手榴彈一樣，手還不停發抖，曾經看過電視新聞報導中，某公司有位自稱為「公關主任」的人接受電視採訪，手拿著麥克風時直發抖，真是令人驚訝！畢竟稱為「公關主任」者，還是無法克服心中下意識的恐懼，專業的公關人員，還是要適才適性較好，否則必須是非常喜歡這項行業與工作，還要花上比別人更多的努力與磨練，才能克服個性上的弱點。

第八節
司儀的工作項目與重點

談到司儀的工作，工作執掌包含以下各項：

(一) 領導典禮、會議或節目的進行

在各種公開的場合，只要有「明確」時間點的安排，就會有所謂的「程序」（官方稱為「儀節」），而在每個程序與程序、節目與節目之間的宣布與串場，就必須由一位專責負責的人員擔任，他就是所謂的「司儀」，只要司儀沒有宣布下一階段的程序，流程就沒有辦法進行。但是請注意，司儀並不是單純的發話機或是傳聲筒，而是一位或多位能夠獨立思考以及掌控現場狀況與流程的「司令官」，說是領導典禮、會議也不為過。司儀的工作必須「**三維思考**」，也就是由「點」來串成「線」，再由交錯與平行的線組織而成為「全面」（單場節目），如果這位司儀是負責多場「節目」的進行，例如三天的國際會議，在會議與會議之間也會串場連結，因此加入時間因素，就變成了「空間－時間」**四維**的工作面向。司儀的「連結」功能非常重要，沒有司儀的順暢組織，節目就成了一盤散沙。

從以上的說明，讀者們更可以瞭解，為何司儀不單是現場進行時的工作，如果是大型的會議專案或典禮，也必須親自參與會前會議與流程討論，熟知每一個節目時間節點，也對於主持人、主講人、頒獎人、演講人有所瞭解，是屬於綜觀式的全盤思考。因此，司儀在確定節目流程之後，就要把節目流程表（儀節表）詳細研究註記，並且據以撰擬各場（或僅有單場）的「司儀稿」。

(二) 列席會前會議（或籌辦會議）甚至參與討論

在前一項就已經說明了司儀是屬於全盤流程的掌握者，因此有責任也有義務出席籌備會議或者是說明會，以求瞭解主辦單位的規劃與要求，再儘量配合以達到預期效果。當然，如果有問題與建議，也要適時提出，以求彼此充分的溝通。

司儀要對節目流程細節逐項瞭解，有疑問也要事前提出討論並確定。

(三) 司儀稿的撰擬

根據確定的程序儀節，開始撰寫「開場白」、「注意事項」、「賓客介紹」、「程序宣布」等等詞稿，重要原則如下：

1. 撰寫原則：簡潔、明晰與通暢。
2. 注意賓客介紹的禮賓次序。
3. 注意「稱謂禮儀」，以及「敬語」、「謙語」的運用。
4. 用語文雅，不過於口語化或流俗化。
5. 注意「破音字」（同音字），避免使人誤解。例如：「素食」與「速食」、「傅局長」還是「副局長」等等。
6. 注意「抑揚頓挫」：記得在司儀稿上標「重音」。此項需要實務演練，標示重音可以幫助聲調與正確的發音。

第九節
司儀實戰練習

以下是一般大會、宴會等活動中英語司儀稿的通用範例，讀者們請加以詳讀與熟悉，一則此範例是所有大型活動的標準儀節，您可以依實際需求刪減或增加節目，一方面熟悉整個活動的流程，另一方面可以根據每個節點知道司儀該宣布些什麼內容（含英文稿），請多加實際練習，或請專業講師設計於課程中，讓學員上台實際口語練習（一定要上台站著講，有麥克風更佳），可以設計示範與講評，使學員現場感受臨場氣氛，即席演練並瞭解缺點以及可改進之處。

程序順序	儀節程序	適用場合	司儀詞稿內容
1	歡迎詞	問候	各位女士、各位先生，早安（午安）！ Ladies and gentlemen, good morning （good afternoon）！
		大會	歡迎您參加「2011年臺北國際企業管理大會」！（語氣上揚） Welcome to the **"International Business Administration Conference 2011 Taipei"**.
		晚宴	各位女士、各位先生，歡迎參加今晚的宴會！ Ladies and gentlemen, welcome to tonight's banquet.
		茶話會	各位女士、各位先生，歡迎參加今天的迎賓茶會！ Ladies and gentlemen, welcome to today's tea party.
		通用	首先，誠摯歡迎所有參加開幕典禮的國內外貴賓！（語氣上揚） First of all, let's extend our warm welcome to all of the distinguished guests both at home and abroad for this opening ceremony.

程序順序	儀節程序	適用場合	司儀詞稿內容
2	開場白	安頓現場秩序	（如會議場合，有必要時） 請各位來賓就座，會即將開始！ Ladies and gentlemen, the meeting（conference） will begin in a few minutes. Please take your seat.
		介紹程序	今天的歡迎茶會（宴會）進行程序如下： The tea party（banquet）will proceed as follows：
			主人文新集團張總裁文順暨夫人將於10時到場，在與各位貴賓致意後，邀請您一起享用茶點。大約10分鐘後，請張總裁致歡迎詞，續由國際企管協會會長Dr. Augustin Soliva致答詞並致贈紀念品予張總裁。隨後，Dr. Soliva也代表各位接受回禮。 Our hosts of today, President of Wen-Shin Group, Dr. Vincent Chang and Madame Chang will arrive at 10 o'clock .After the greetings, you'll be invited to enjoy some refreshments. About 10 minutes later, Dr. Chang will give his remarks, and Dr. Augustin Soliva will also give us a few words. After that, Dr. Soliva and Dr. Chang will exchange souvenirs.
		照相安排	最後，我們將會安排各位貴賓在大廳一起合照。 Lastly, we'll arrange a group picture taken in the lobby.
		請賓客等候開場	茶會（會議、宴會、音樂會）即將於10分鐘後開始，請各位貴賓稍事休息。 Our tea party（meeting, banquet, concert）will start in 10 minutes. Thank you.

程序順序	儀節程序	適用場合	司儀詞稿內容
3	注意事項的提醒	通用	各位貴賓，提醒您將行動電話關機或轉為震動，感謝您的合作！ （Ladies and gentlemen,）please turn off your cell phone or switch it to vibration mode. Thank you for your co-operation.
4	主人致歡迎詞	通用	各位貴賓，現在請今晚的主人，頂新集團張總裁文順致詞！（語氣上揚） （Ladies and gentlemen,）now our hosts of the evening, President of Ding-Shin Group, Dr. Vincent Chang will deliver his welcoming remarks.
5	主賓致答詞	通用	請國際企管協會會長Dr.Augustin Soliva致答詞！（語氣上揚） Dr. Augustin Soliva, Chairman of the International Business administration Association, will now give us a few words.
6	宣佈活動開始	餐宴	各位貴賓，宴會正式開始！ （Ladies and gentlemen,）the banquet will now begin. Please enjoy yourselves.
		音樂會	各位貴賓，音樂會現在開始！ （Ladies and gentlemen,）the concert will start now!

程序順序	儀節程序	適用場合	司儀詞稿內容
7	介紹現場重要嘉賓	以開幕典禮為例	接下來，為各位介紹今天參加開幕典禮的重要貴賓，他們是： Now, we'll introduce the honorable guests in this opening ceremony. They are：
			・國際綠十字協會總裁暨執行長：李荷托閣下（瑞士） Dr. Alexander Likhotal, President and CEO of Green Cross International （Switzerland）. ・國際舉重總會總會長：湯瑪士・阿漾閣下（匈牙利） Mr. Tamás Aján, President of International Weightlifting Federation （Hungry）. ・亞洲醫藥協會總會長：菅波茂博士（日本） Dr. Shigeru Suganami, President of Association of Medical Doctors of Asia （Japan）.
			今天到場的嘉賓還有中華民國經理人協會的會長暨副會長，以及來自世界各國的與會代表，讓我們以熱烈的掌聲對所有貴賓的蒞臨表示熱烈歡迎！（語調上揚） Today, the president & vice-presidents of Managers Association, R.O.C （Taiwan） and delegates from other countries are present as well. Let's give our distinguished guests a warm round of applause.
8	請賓客發言	通用	請主辦單位代表易傳公司張經理發言。 Now, the representative of the organizer, Mr. Chang, Manager of E-trans Co. Ltd., will give us a few remarks.
9	感謝貴賓發言		感謝張經理的發言。 Thank you, Mr. Chang.

程序順序	儀節程序	適用場合	司儀詞稿內容
10	請貴賓剪綵	開幕剪綵	現在，請文新集團張總裁文順及邀請上台的貴賓剪綵！（語調上揚） Hereon, we'd like to invite Dr. Vincent Chang, President of Wen-Shin Group and our distinguished guests on the stage, to cut the ribbon.
11	介紹安排節目1：「音樂節目」	通用	各位貴賓，現在向大家介紹具有40年歷史的「臺北市兒童合唱團」，現有團員100人，所帶來的2首歌曲：臺灣童謠「點仔膠」以及西洋經典歌曲"Over the Rainbow"，展現小朋友們純真自然的聲音，請大家欣賞！ Now we'd like to introduce the "Taipei Municipal Children's Chorus", which has 40 years of history and features100 students. They will perform two songs："Asphalt", a Taiwanese children's ballad, and "Over the Rainbow", a western classic. Please enjoy.
12	介紹安排節目2：「舞蹈節目」	通用	各位貴賓，下一段表演是由「臺灣民俗藝術舞蹈團」所帶來的舞蹈：「桃花過渡」，是根據臺灣歌仔戲，描寫桃花姑娘想要過河，與擺渡人之間詼諧有趣的對話，請大家欣賞！ Our next performance is presented by "Taiwanese Folk-art Dance Group". The dance "Peach Blossom Takes the Ferry" is adapted from a popular classic Taiwanese ballad, portraying a young girl who wants the ferryman to take her to the other side of the river. Please enjoy.

程序順序	儀節程序	適用場合	司儀詞稿內容
13	接近尾聲	宴會	各位貴賓，宴會在這裡告一個段落，感謝各位貴賓的蒞臨，晚安！ Ladies and gentlemen, thank you for gracing us with your presence, and hope you all have a pleasant night.
		開幕式	謝謝各位到場的嘉賓，開幕式到此結束，請參觀展館。 Once again, thank you for gracing us with your presence. This concludes the opening ceremony. Please enjoy the exhibition.
		贈送禮品	各位貴賓，宴會到此結束，主辦單位中華民國企管協會與您歡度元宵佳節，特別準備了手做燈籠作為禮品，請您離去時不要忘記攜帶。 Ladies and gentlemen, the banquet is now concluded. To celebrate the Lantern Festival, the host, the Business administration Association, R.O.C（Taiwan）, has prepared for each of you a Chinese paper lantern. Please don't forget to take it with you when you leave.
		道別	祝您有個愉快的夜晚！ We hope you all have a very pleasant evening!

以上是中英語對照的司儀稿。大致來說，一般的公商務常見的正式活動大都不脫這些程序，讀者可以依實際場合擷取與修改。當然，沒有外賓的場合，只要就國語部分撰擬合宜的司儀稿即可；如有需要必須中英語司儀同時進行，司儀可以一個人擔任，也可以同時由兩人分別擔任不同語言的司儀。在實務上，如果現場需要為致詞貴賓作口譯的工作，也可以協調口譯人員擔任外語司儀的角色，兩人之間也必須事前演練以培養節奏與默契。

第十節
司儀現場必須完成的程序

(一) 工作之前現場的檢查與練習

會場工作的成功與否，這一項佔很重要的部分，司儀必須提前相當的時間到達現場（個人的經驗與要求，至少1小時之前到場），檢查與瞭解現場賓客動線與相關設施（洗手間、茶水與服務接待檯等）位置，測試影音設備效果（音樂播放、麥克風試音）與聲音大小，有問題立刻請「場控」或其他負責人請求協助與改善。一切無誤後，再利用時間**演練（rehearsal）**一番，藉此培養心情與順暢的口語表達，兩人以上的司儀（含翻譯）也要相互作「提示（cue）練習」，來培養彼此的默契，而使相互之間的詞語表達更加地流暢。

(二) 節目、會議或儀式開始前提醒事項的宣達

司儀還扮演著「諄諄提醒者」的角色，要把所有與會者都當成第一次步入會場的陌生人，要提醒所有人將行動電話關機，或是轉為「震動模式」，並且說明洗手間與點心茶水所在位置的方向等等事項，讓會場裡所有人都能儘快進入狀況。

(三) 節目或程序即將開始的「暖場」

這項暖場的台詞一開始就必須寫入司儀稿之中：首先歡迎所有貴賓的蒞臨與參與、簡單介紹即將開始的主題等等。在實務上，也有把上面的提醒事項宣布一併寫在這一階段，使得「暖場工作」一氣呵成。

(四) 介紹主人（宴會）、主席（會議）、主持人（節目）、主講人（員工月會、發表人、學術研討會等）、頒獎人（表揚典禮）、致詞人（大會等活動），以及介紹重要與會貴賓

這可就是標準的禮賓工作了，請注意幾個要點：

1. 事先瞭解被介紹的對象：有經驗受邀的致詞者，會給主辦單位書面的簡介，司儀再據以簡單扼要地濃縮成介紹稿詞，適時介紹給所有人。假設致詞貴賓沒有給簡歷，主辦單位就要自行準備並且核對一下是否為正確的資料，無誤後交給司儀進行介紹的宣布工作。

2. 如果同時介紹數位貴賓，請依照「**禮賓順序**」（**precedence**）：如果司儀不按照職位高低順序宣布賓客，這可是會得罪人的！

(五) 精確掌控時間

這就是為何司儀必須具有「**決斷力**」的緣故。常常見到致詞者冗長的發言，相信你我都不陌生，因為居高位者，通常都有強烈的「發表慾」，能夠「克己復禮」者當然不少，但總是有一些致詞人或表達意見者喜歡喋喋不休，然而節目或議程總是有時間上的限制，更重要的是，每場節目環環相扣，在「骨牌效應」之下，往往造成時間延宕，導致台下賓客疲累不堪而煩躁不已。此時，司儀有責任使用技巧提醒致詞者時間有限，該結束講話了。常用的方式，包括遞紙條、比手勢提醒，甚至適時在講者停頓時，委婉表達因為時間實在有限，必須進行下一個議程或節目。如果是與會者發言，也可請他以書面方式發表意見。實務上常常看到司儀憚於致詞者的地位，而不敢有所提醒與暗示，使得讓整場節目因為時間拖延而造成負面影響。

(六) 現場氣氛與情緒的管控

有些特別的場合，例如表揚大會、員工激勵大會、溝通協調會、追思紀念會，都有一些特殊的調性與氣氛，就算是一般公開場合的致詞者，也可能不只安排一位人士上台講話。如果第一位賓客舌燦蓮花、幽默風趣或是感動人心，因而台下聽眾反應熱烈、氣氛熱絡，在大家一致的鼓掌叫好聲之中，如何把大家的心情「歸位」，也是司儀的職責之一。否則，台下聽眾情緒仍舊很高亢，對第二位上台的致詞貴賓來說，不就處於一個不利的地位了嗎？因此針對人數較多的場合，司儀對於現場氣氛與聽眾情緒的掌握，必須「收放自如」。譬如說，當演講者或貴賓蒞臨現場，司儀就要宣布：「○理事長到達現場，請大家掌聲歡迎！」

如此帶動現場氣氛。相反地，如果聽眾反應熱絡，而有起立或離座的情形，或是掌聲久久不歇等等的情況，司儀就必須適時「收斂」現場氣氛，例如，可以即時透過麥克風提醒賓客：「各位貴賓，請回座！」、「各位貴賓，請就座！」，甚至是僅僅宣布：「各位貴賓！」，提醒賓客停止掌聲，因為司儀要說話了。此時暫停約3到5秒鐘的時間，司儀這時眼光巡視觀眾一番，等所有人都停止了動作，再宣布下一位致詞者或是下一個程序的進行。氣氛的「收斂」可是需要一些經驗與功夫，司儀如果沒有昂揚的自信，還有充分的決斷力，可是無法掌握這項技巧的！

(七) 突發事故的處理與臨場應變

這就是專業的司儀工作的修煉與藝術之所在了！如果您是臨場客串的司儀，或許不會這麼「幸運」就遇到臨時突發狀況，對於經常性的司儀工作者來說，「臨場應變」與「隨機反應」就是他所要具備的能力，因為所有的公開活動場合，都是充滿著「人」的因素，說到人，唯一不變的的情況就是「多變」與「善變」，常遇到的臨時狀況包括：致詞貴賓遲到、中途貴賓蒞臨、臨時變更程序、刪去或增加節目、增加某位人士講話、宴會中臨時幫某某人慶生等等，這些都是最常見的「臨時事項」，擔任司儀者必須立即反應，修改程序、更動司儀稿文字等等應變。還有一些是想都想不到的情況，個人十多年前還曾遇到某退休高級長官要作者本人（正擔任司儀）也跟隨賓客高歌一曲的，那時還真的愣在現場令人不知如何是好！也有聽過開幕典禮上因為聚光燈過熱，讓布幔著火的情況發生！所幸小火立刻被撲滅，而司儀也充分發揮了應變的特性，正當賓客驚魂未定之時，宣布這正代表者「遇水則發、遇火則旺」的象徵！貴賓聞言無不鼓掌稱讚，現場氣氛瞬時輕鬆許多。

第十一節
司儀工作的誤區與禁忌

「禮儀學」中，有一項稱之為「避忌原則」，就是只要不犯明顯的錯誤與避開禁忌，至少就及格了！基於同樣的道理，禮賓人員只要平平順順的完成任務，也可算是稱職了。那麼，哪一些是擔任「司儀」工作所要避免犯的錯誤與禁忌呢？

(一) 司儀是「綠葉」，來賓是「紅花」

成為司儀必須有個工作上的體認，就是在角色的定位上，要成為最佳男女配角，是屬於「襄助」的角色，當儀式或節目能夠順利進行，司儀就是「幕旁」（反而不是幕後）的「推手」，除了掌控流程之外，也是要在現場彰顯主人與貴賓的地位與重要性。因此，不要多話、插話甚至過於情緒化，司儀可以泰然自若，但也必須要「謹守份際」！

(二) 不需表演不要「秀」

呼應(一)，司儀不需要「自我介紹」、「自我彰顯」、「代表他人的身份講話」、「談論自己的事務」、「講笑話」與「說故事」等等與議題及程序無關的事項。安排雙人（男女）司儀時，兩人之間也不要相互聊天、插科打諢，因為在場人士沒有義務、也沒有興趣知道這些事情。

(三) 根據場合精簡話語

當然，許多不同的場合具有不同的調性，氣氛輕鬆或嚴肅之間就存在著一條光譜，大致來說，像典禮、表揚大會與正式會議等等，性質就比較莊重，程序也比較固定，司儀可以自由發揮的地方不多，對於說話用詞的方式則相當的文雅精簡，類似於「公文」所使用「半文言、半白話」的方式。舉例來說，在莊重的典禮上，請貴賓致詞時，司儀可宣布：「現在請○理事長○○上台致詞」，如果在較輕鬆的場合，例如公司內部員工績優表揚大會，司儀稿就可以改成「各位同仁，現在是不是請我們的大家長王總經理○○上台說幾句話，與大家共同勉勵！」。又例如司儀請主人、主席或貴賓暫時留在原地，不要頒完獎後或講完話後立刻轉頭就走，要說：「請張董事長**留步**！」，如果司儀要請在場貴賓發表意見，可說：「請各位貴賓**惠賜卓見**！」，這也就是為什麼擔任司儀的本質學能要懂得「稱謂禮儀」與「敬語」、「謙語」的使用，如此一來，便可展現專業司儀文雅簡要的「說話藝術」！

(四) 適切美化致詞人或演講者

簡單來說，就是不要過度吹捧來賓，如果在請貴賓上台致詞或演講前要簡單介紹，其實最好由「主人」或者「主持人」擔任介紹的角色方為適當，如果交由司儀擔任，也不是不可以，只是要以簡單與簡約的陳述即可，主持人或司儀不需要渲染誇張，稱人「學術泰斗」、「大師」等等稱呼，或是浮誇事蹟，讓聽眾甚至連被介紹者自己都掉雞皮疙瘩，這就「太超過」了！作者甚至聽過在某一商務場合，公司負責人迎接德國賓客的歡迎詞一開始，便稱「德國人是世界上最優秀的民族……」云云，此時外賓臉色大變當場抗議，因為這種帶有「民族階級意識與偏見」的恭維之詞常有人不自覺有什麼不對，特別是國人若把吹捧拍馬屁的文化用在涉外事務場合上，嚴重的話會成為一項「禁忌」而得罪人，這是非常危險的事情。

(五) 詞語表達不卑不亢而且親疏合宜

您是不是聽過主持人或司儀說過：「各位親愛的長官與貴賓……」，特別是在公開的公商務場合中，「親疏合宜」是很重要的原則，在場賓客其實跟您不見得如此熟悉，如此呼喚「親愛的」，十分不適宜。

(六) 介紹賓客或是邀請賓客上台，禮賓排序不當

請各位讀者記得作者個人的長年禮儀與禮賓工作心得：**嘴裡愈說不重視排名的人，才愈是在乎與計較排名者！**無論如何，「禮賓排序」是相關工作重點中的重點，因為名次先後隱含著地位的高低，這是非常敏感的！在司儀工作進行之前，請把「司儀稿」與專案總負責人或其他主管再次確定排序，如此才能避免失禮與不愉快的情況發生。

(七) 介紹貴賓時遺漏賓客

相對於第（六）點來說，遺漏更是失禮，被漏掉的貴賓會覺得被刻意忽略，不會想到其實是司儀稿漏寫，或者是看走了眼沒有念到。這裡有個實際的案例：

「司儀漏請吳揆鬧彆扭拒上台」

（引用新聞來節略並改寫：2010年12月27日蘋果日報：王文傑／花蓮報導）

〈祈福大典氣氛僵〉

「行政院長吳敦義、立法院長王金平昨到花蓮德興運動場，參加縣府舉辦花蓮各宗教為民祈福大典，由王金平主祭並念禱文，祈求來年風調雨順、國泰民安。主祭時因司儀漏請吳敦義上台，惹惱吳，吳索性坐在台下觀禮不願上台，縣長傅崑萁一度中斷祭典下台相請，但吳敦義仍不動如山……」（下文略）。

在重要的典禮儀式上，其實最忌諱漏掉貴賓名字，在這場活動中，司儀先介紹由立法院長王金平擔任主祭，而花蓮縣長傅崑萁、議長楊文值，以及其他宗教代表依次上台陪祭，卻偏偏單獨遺漏了行政院長吳敦義而讓他枯坐在座位上（依照行政院官員禮賓次序，行政院長還排在立法院長之上），後來司儀才發現漏請，趕緊補請吳院長上台，但是他卻揮手示意典禮繼續進行。當事人心中在不在意？對主辦單位和司儀自己來說，應該很清楚明白知道，真的是得罪人了！

因此，司儀在活動開始之前，便要就賓客名單再次核對與確定！所以不論是「恭請」貴賓上台，還是「介紹」台下的重要嘉賓，司儀在事前一定要一再確定無誤，現場宣名或介紹時，也要一一用筆勾畫註記，以避免上述的疏失與錯誤發生。

有人問：如果因為緊張或看走眼真的漏念，怎麼辦？

只要當場發現的話，司儀便要隨機應變馬上插入補行宣布，因為這樣總比沒念到來的好，只要損害控管得宜，「或許」現場人士多半不會注意或是計較的。

(八) 念錯名字或頭銜

「名字」與「頭銜」就是公商務人士的個人招牌，念錯了就是當場失禮，就如同第（七）點所談的，司儀事先必須詳實核對貴賓姓名與頭銜，以避免張冠李戴、發音錯誤或是誤植頭銜的情形發生。

(九) 避免無謂的「填言墊語」

司儀的宣布如果能夠順暢通達，對於現場賓客而言，實在是一件很舒服的事情。這裡對於「順暢通達」來下個定義：就是說話不疾不徐、速度適中，而音量控制也剛好，加上精簡優美的司儀詞，能夠自然的表達出來。

作者就長年的司儀工作觀察，發現擔任許多人在口語表達上最常產生的「填言墊語」包括：

1. 無謂語助詞

例如：「嗯」、「ㄟ……」、「這個……」

這種個人對談式的語助用詞，對於司儀口語表達來說，會讓現場人士會有自信心不足的感覺，對司儀專業度與信任度，或有相當的傷害。

所以，有時候在每句之間，有些連接詞如「接下來」、「是的」、「好的」要謹慎運用。至於「嗯」、「ㄟ……」、「這個」等等停頓時的語助詞，練達的司儀是不會發出類似這種的聲音，因為這些對於聽眾而言，是一種聽覺上的「疙瘩」，會讓司儀的口語不順暢，或許這是一種自然而然的說話習慣，但是這種習慣對於司儀工作來說，是一種負面因子，必須要練習克服，並且加上培養自信心，才能去除這種口語上不好的習慣。

2. **過多連接語**

例如：「接下來」、「是的」、「好的」。司儀對於活動中各節目串場儀節點宣布時，常會使用上面的語句，不是不可以用，而是要謹慎運用，特別是連續唱名上台宣布得獎者上台時，沒有必要在短時間一直重複使用，以免使聽眾覺得厭煩。

3. **語意相疊**

例如：「正在進行〇〇的動作」，便是一種語意相疊的口語表達。在司儀工作中也可能產生類似這種「語意相疊」的狀況，例如宣布：「現在開始進行書卷獎頒獎的程序」，其中「現在開始」以及「的程序」就是屬於「贅詞」，我們可以把司儀稿改成宣布：「開始頒發書卷獎，請得獎人張文明同學上台接受」，如此會比較精練暢達，不是嗎？其他如：「參加人數超過千人以上」，「以上」也屬於贅詞。

「成為未來的明日之星」，「未來的」也屬贅詞。

「又要再度發生」，改為「再度發生」就好。

「出乎意料之外」，改為「出乎意料」就好。

「稍早之前」，說「稍早」就好。

「評審十分非常肯定得獎人的優異表現」，你認為怎麼修改較好？

「司儀工作」的口語表達，是一種精練式口語傳播，在短時間的節點中，立刻要讓現場貴賓**聽得清晰、瞭解得明明白白**（這樣參與者才能馬上聽你的話來配合呀！），這是對這份工作最起碼的本職學能要求，以及對活動參與者表現出最起碼的尊重！

(十) 音量不當

如果聲音太小，當然聽眾不清楚你在說些什麼，而且也會顯出自己缺乏自信；相反地，聲音太大也會對於現場人士產生干擾。此外，如果字字鏗鏘，每字每句都是重音，也會讓人覺得突兀，畢竟，人們喜歡的是悅耳的聲音。

(十一) 語調平淡，無抑揚頓挫

可以說是「念乾稿」也不為過，現場來賓一聽到這種乏味的「乾稿語調」，會覺得很不自然，這樣的毛病常出現在新手或是臨時客串的司儀身上，因為緊張怕念錯，所以一直盯著稿念，當然語氣僵硬，該停頓該換氣的地方都略過，語氣沒有高低輕重變成了不自然。要克服這種問題，必須要事前適當的演練與資深者在旁聆聽與修正，再多磨練幾場才能自如。

（十二）「螺絲」連連

吃「螺絲」（語氣不順、停頓不當或念錯），對於司儀來說，已經是讓人自責了，就實務來說，因為「自責」又會讓人不斷的出錯而螺絲連連，這是會有骨牌效應的。對於有經驗的司儀來說，歷練的過程中多少都有吃螺絲的經驗，只有事前多加練習與放輕鬆心情，才能減少「吃螺絲」狀況的發生。當然，如果當司儀時偶然有「小小螺絲」產生，重念一次無妨，輕鬆以對，正確就好，當下順過去，化小瑕疵於無形，千萬不要影響心情，讓自己還停留在那一個已經無法挽回的「誤點」之上，否則，您可能會不斷的出錯而導致一發不可收拾，多年來作者看過不少這種「災難」的發生！本書想要分享的是，不要期望成為一個無懈可擊、超級完美的司儀，就算專業工作者也或多或少有些「小錯誤、小疙瘩」，專家與生手之間最大不同處，是專家懂得「圓滑」地潤飾過去，心理建設強得很，請有興趣的朋友可以找機會來磨練磨練！

（十三）注意某些特殊的用語、習慣的稱呼方法

對於專業司儀而言，常有機會面對各式各樣的團體與對象，而各自或許有些不成文的「習慣」與「作法」，不論是主辦單位或是賓客對象要多詢問以及多請教，尊重對方的習慣，便是司儀的工作禮儀。

例如，稱呼「國際獅子會 300 A1 區」，司儀該怎麼念？應該念做「國際獅子會參零零 A ONE 區」，而不是唸成「三百 A1 區」，成功司儀之道無它，除了「經驗」還是「經驗」、除了「請教」還是「請教」！

（十四）避免「聯想」上的禁忌

所謂「禁忌」者，就是絕對不要犯的錯誤、不要踩的紅線，因為您就算做對了 99 項事情，只要犯了一項禁忌，工作成果就是「零分」！作者舉個實務上的例子來說：

1. 司儀請台上貴賓回到原座位，該怎麼宣布？

   錯誤禁忌→請貴賓「下台」！

   正確→請貴賓「回座」！

   在2009年臺北聽障奧運的開幕式表演中，有一段由明星郭富城擔綱演出的歌舞表演，表演前是與臺北市長郝龍斌在台上對話，對話結束之後表演即將開始時，郭富城說了一句：「請郝市長下台！」，真是讓人嚇了一大跳！郭天王應該是無心之過，畢竟他不是司儀，更不知「官場禁忌」，就是叫人下台！無獨有偶，2014年藝人劉香慈主持元

旦升旗典禮，在總統馬英九致詞完畢走下講台時，口白說到：「我們總統正在「下台」……」隨即引發議論。受過專業訓練的司儀，絕不會叫主人或賓客「下台」，切記！

2. 主人、主席或首要貴賓先行離開，司儀該如何宣布？

禁忌→「各位貴賓～郭總裁要先離開我們了，請大家……」，聽起來是不是怪怪的？這是真實案例，當時台下還引來一陣竊笑聲……

正確→「各位與宴貴賓～郭總裁因另有要公，必須先行離去，請大家掌聲歡送！」

3. 嚴重的禁忌口誤：

就如前文所提到的橋樑啟用典禮中，司儀誤喊「奏哀樂」，事後還引來一些不幸的巧合，您說是不是真的犯了禁忌呢？

(十五) 自信不足、眼光閃避

這還包括一直盯著稿念，明顯就是逃避群眾眼光，「缺乏自信」就是司儀工作的致命傷。既然要擔任「司儀」，就是成為現場的司令官，是要發號施令的，讀者您是否看過不敢面對眾軍士的將軍嗎？那麼仗還能打嗎？

(十六) 麥克風，是司儀的「勇士之劍」，磨利了才能上場

麥克風的作用，除了作為現場收音繼而擴音的用途外，對於講話者的音質，有著平衡潤飾的功能。因此，麥克風與控音各項設備事前的妥適準備，以及使用中的穩定性，就顯得非常重要了！個人常常發現，當某個

場合參加的賓客已經入場就座了，還有音控設備人員在「一、二、三…test…test…」試音，甚至擔任司儀者當者賓客面，站上麥克風之前，還用手拍擊麥克風而發出「碰碰」的聲音，須知這些試音動作，早應該在客人入場前就必須完成的，為何還在賓客就座後還有這些小動作？作者發現這是一般人面對或拿起麥克風時的一種反射動作，對於一位訓練有素、累積豐富經驗的司儀工作者來說，這是一種對主要設備的不信任，也是對自己沒有信心的表現，專業的司儀，是不會當場出現這些動作的。

(十七) 「滑世代」的習慣，可否用在司儀工作上？

作者在許多的場合，發現越來越多代表致詞或會議發言者，會看著平板電腦甚或智慧型手機中的數位致詞稿發言，似乎也成為了一種趨勢；而對於司儀工作中，我們常常使用的司儀稿（A4尺寸）或是更小張的「手卡」，我不禁多想了一些：是不是平板或手機，也可能一同端上司儀位上，把原來的紙面稿用電子載具的數位文字稿代替？可想見的，如果如此做的話，便會得見司儀就位後，手不停的滑呀滑的，如有司儀台可放稿者，或許手部會擋著不明顯，但如果僅單獨使用立式麥克風，那麼滑手低頭族的樣子，是否可為眾賓客接受？這點就值得討論了。就作者個人而言，紙面稿或手卡的功用，常常需要隨時在紙上圈點、標重音、刪去或增加，必要時還可折小，詞稿可在觀眾面前化為無形。這兩種方式，您覺得哪一種感覺較專業呢？因此，本書建議擔任司儀工作，還是用小張的「手卡」為宜。

(十八) 雙人司儀搭配，空檔時別相互聊天

就司儀位時，猶如就崗哨的衛兵，必須要全神貫注，除了要依照程序掌握流程外，還必須眼觀四面、耳聽八方，隨時警覺現場的各種情況。有時因為會場中使用雙語，假如兩種語言是搭配雙人方式，就請記得：司儀的表現舉止，皆會在賓客面前無所遁形！假如在空檔時，除必要且短暫的資訊交換外與提醒外，最好別長時間交頭接耳甚至談笑風生，不然就乾脆先下司儀台，一方面可暫歇喝杯水，想聊，也可聊個夠。在司儀台位置直接聊起來，別以為賓客沒注意，這可會損害擔任司儀者的專業形象！

第十二節
司儀工作經驗與強力心法

其實，司儀工作要做的好，不光只是要有知識與技術而已，還需要一些藝術巧思才能勝任愉快，有一些長年心得可以跟讀者分享：

請思考一下，您是否甘心於一成不變的職場生活？除非自己本來就不喜歡面對人群，自我歸類為「宅男」或「宅女」。
在生活與職業生涯之中，是否有一些可以挑戰自我而勇於突破的地方？
成就感如何追尋？
如何尋求「表現」的機會？
你想在群眾面前講話而不膽怯嗎？
你想成為綜理事務的「活動專案經理人」嗎？

如果您對於以上的詢問有肯定之處，那麼擔任「**司儀**」的工作，就是最好的途徑與訓練。對於司儀工作，本書有一些看法：

(一) 我們常說要培養「**自信心**」，但是這樣說法有些籠統與抽象，直接說就是要讓自己有種「**表現慾望**」，這樣才有膽量在公眾之前講話。

(二) 擔任司儀「**準備工作**」極其重要，對於服裝儀容要適合場合的屬性，對外（針對主辦人、負責人或主辦單位）要耐心傾聽與瞭解，有疑問立刻詢問與溝通，不可以不懂還裝懂，或者自認為「理所當然」的事，就一股腦兒的做下去，這樣常常會發生現場實際狀況與自己的經驗認知有所相悖之處。

(三) 雙人司儀搭配，一定要事前找時間「對稿」練習相互"cue"一番（暗中提示），避免搶話或同時緘默的尷尬，培養良好的默契是成功順暢的重要關鍵。

(四) **不練的藝術**：不是要不斷的練習嗎？一般的老生常談，就是叫你要不斷的「練習」，但是就實際的經驗來講，並不是真的「不練」，正確應該說是「適當與適量」的練習，練習到一個自認最佳的狀態之後，就要懂得停止，接下來就是要維持這種站在「高點」上的情緒與感覺，因為「超量練習」其實是會有反效果的！

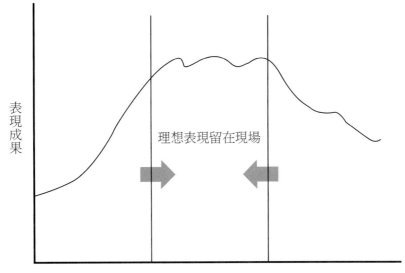

司儀工作實際表現成果量化示意圖

表現成果

理想表現留在現場

階段	成果漸升期	表現高原期	過度練習、疲倦、表現不如先前
策略	加強練習	沉靜、培養情緒，理想的狀態留給現場	停止練習、休息、培養情緒

筆者有一個深刻的經驗：十多年前曾經擔任一場西班牙語系訪客的司儀工作，司儀稿中有幾句簡單的中西語司儀台詞，但是某位主管卻要求筆者整個下午一直反覆練習，簡單幾句話不斷覆誦，最後發音正確卻也已經聲嘶力竭，真正上場時反而表現得不如理想。其實，一般人的練習過程的表現，效果如果畫成圖表，其實是呈現出一個「拋物曲線」，應該是要讓效果的「相對高點」階段，留在實際現場表現出來才對，不斷練習到了最後，成果的效益已經遞減，臨場反而不是表現較為理想的那一段。

(五) 強力司儀心法：司儀一就位，你就是上前線打仗的將軍、站在孤島上奮戰的勇士，必須隨時觀察現場狀況，能夠機敏決斷而隨機應變。

(六) 克服緊張與增強信心的實用方法：上場之前，請到休息室或洗手間的大鏡子之前站定，整肅儀容，兩眼正眼直視自己，不斷地告訴自己：我是領導者，全場都要聽我的！

(七) 提前就定位，站在麥克風之前，看著賓客入場，睥睨全景，大家都會感覺到你的非凡氣勢！

(八) 在儀式之中，眼睛注視全場，眼光採用"N"字或是"Z"字注視法掃過全場，讓貴賓或聽眾都覺得，你是跟他（她）說話，發表演講、致詞簡報技巧也是運用同樣的方法來抓住觀眾的注意。

(九) 籌備會議或在上台前，必須要瞭解幾件事情，包括：聽眾的年齡層、性別、職業、階層、教育程度、人數多少……等等。

(十) 保持彈性，預做隨機應變的準備。例如：準備好相關人員的行動電話號碼隨時找人支援、預留反應彈性時間，以便隨時安插進來的節目、台上致詞者動作的緊急支援（例如講話者麥克風沒有聲音，司儀就近先遞換自己的無線麥克風）。

(十一) 趁目前的節目正在進行時，觀察是否下一個節目或程序已經準備好。例如，晚宴或晚會上要為壽星慶生，趁老闆還在致詞時，就要確定蛋糕已經在場外準備好，司儀一宣布就可以立刻推進場，這樣節目才有效果，程序才算流暢。要不然，當司儀的只是「按表操課」，程序緊接程序，萬一宣布之後讓大家等了老半天，還是不見蛋糕推車的蹤影，或是宣布請得獎人上台合照，結果負責攝影的工作人員剛好跑去上廁所，這可就尷尬了。當然，在重要的正式場合，司儀旁邊多半會安排一位工作人員（甚至是負責監督的主管），可以走動聯繫內外，畢竟司儀站定位之後是不宜隨意走動的。

(十二) 司儀看稿當然可以，畢竟比較保險，但是某些簡單句子背一背，看著觀眾說，不但自然而且感覺也好得多。

(十三) 司儀不是"Talking head"（照稿念者），要懂得察言觀色。
察誰的言？
要察主人、老闆或主賓的言。譬如說，聽到：「感謝主辦單位的精心安排，個人僅代表……」等等的話語，就知道講話快結束了，司儀以及相關人員也該要為下一階段的程序作準備。
觀誰的色？
要觀主人、老闆或現場聽眾的色。「色」者，表情態度也，如果老闆或聽眾頻頻看錶、呵欠連連、面露不耐，甚至是眼光看著司儀，那就表示台上的人講太久了，當司儀的，就趕快救救聽眾吧！

(十四) 想成為專業司儀的朋友，可以觀察盛大的場合中專業司儀的氣質神采，學習他們現場表現的技巧與風範，請記得：多看就是多學！

(十五) 專業司儀，要懂得保護自己的嗓音，不抽煙、飲食避辛辣，生活作息要正常。所以，一個優秀的司儀神采奕奕，不是沒有他的道理！

(十六) 專業司儀路途要廣，就要多聲帶。台語甚至客語，有能力擔任外語司儀尤佳，必須說明的是，司儀不必要兼任傳譯，只要能夠將程序用不同語言宣布就可以。

(十七) 根據作者的經驗，主辦活動者不要兼任司儀，因為現場煩人的事情太多，你一定會忙不過來的。當司儀就是現場專任，只有「專任」才能「專心」，只有「專心」，司儀工作才做的好。

(十八) 「司儀」也為廣義的禮賓人員，請參考本書：「笑容的美妙、禮賓的靈藥」一文中所論述的內容。當司儀就司儀位置時，即便在節目進行時的空檔，經驗中每每發現靠近司儀位置的賓客，會很習慣地將目光不時地投注在司儀身上，甚至還有目光交流的機會。因此，只要一上司儀台，記得帶著自然自信的笑容，這便是一位成功司儀的專業表現！

(十九) 擔任「司儀」，是一份**責任**，更是一種**無比的榮耀**！

坐而言不如起而行，現在您要做的，就是累積實戰經驗，多多爭取當司儀的機會吧！

第十三節
談政府活動辦理與禮賓工作新趨勢：
司儀主持自己來

筆者長久以來對於職場人士常有一項期許與提倡，那便是除了自己的專業背景之外，儘量嘗試著把握對內與對外公開表現的機會，這裡所謂的「表現」，並不是為了自己的「社交」，而是為了**公務目的**在公開場合，並且站在眾人之前擔任相關的工作，如此除了努力於自我業內的亮眼績效之外，也需要有培養與訓練自己勇於表達的能力，以展現其他外在優良的溝通與表達，再進一步爭取為公司或單位在公開場合露臉的機會，相信你一定會比他人更受人注意而有出線的可能。

同樣地，也常常勉勵公務界同仁，除了自己明訂的業務執掌之外，是不是也能發展一些才華與能力，特別是在目前政府機關舉辦對外溝通、宣傳與倡導的活動愈來愈頻繁，相關工作也愈來愈重要，可是相對於這方面的活動辦理，公務人員卻很少有這方面的背景與訓練，大部分的人員都是經過各種專業職系的考試進入某機關的系統之內，於是乎，「辦活動」的籌畫與人力，從以前迄今，都是習慣用一定的預算「外包」廠商辦理，這些公司也很多是所謂的「公關公司」承攬舉辦，企畫內容包括硬體的準備與配置（場地、音控、影音設備、茶水、餐飲、印

刷品……），以及相關流程規畫與人力安排（包括接待、主持、司儀等），以前當政府預算還可支應時，多半外包以圖個一勞永逸，但是，當現今經濟環境相較以往已經大不相同，開支也儘量撙節成為政策的方向之後，政府機關對於活動的辦理，趨勢也就相當明顯了。

以下的新聞報導，很明確的透露了當前與以後政府辦理活動的態度：

朱立倫：活動主持　多找自家人

（節略改寫引自2012年12月19日 中國時報－陳俊雄／新北市報導）

「新北市撙節開支，鼓勵各局處辦活動盡量不委外，也誕生了六位模範活動主持人，這六人搞笑、臨場應變功力一流（下略）……」

「現在各級政府活動經常都是委由公關公司辦理，好處是花錢了事不用搞得人仰馬翻，問題是主持人經常報錯貴賓姓名，為此新北市政府鼓勵各局處盡量以同仁籌辦記者會，不僅可撙節開支，也可避免講錯貴賓及長官姓名。這六位得獎主持人分別是民政局專門委員……（略）。朱立倫表示，各局處辦理記者會不需「委外」，如此不僅可節省公帑，也可將資源運用在關切市民的重大政策與建設，參與記者會的公務員也能從活動中累積經驗、訓練口才，增進自信心，培育出各局處的主持人，可謂一舉數得。」

從以上的報導，除了跟作者本身的主張一致之外，更透露了幾個訊息：

一、 **公務單位活動自己辦：**
就如上面的報導所說的，政府預算日趨緊縮，相對應經費也已不斷節省，就算委外辦理，辦理的項目也不斷減少。

二、 **核心的「禮賓工作」與「關鍵人員」，「外包」具有風險，效果可能有限：**
這裡特別指的是「主持人」與「司儀」，也包含接待人員。不僅是外包的主持人或司儀常報錯來賓姓名，據我多方的接觸與經驗上所瞭解，這是因為他們有時並不具備「正統」與應具有禮賓的學能與訓練，更重要的是，不僅是公家機關，而是每個行業與公司行號，外人並不清楚專屬於該行業或單位的「文化」與「習慣」，例如「稱謂」、「賓客之間尊卑大小的禮賓排序」等等，甚至公關公司派遣的接待人員在現場多半不認識「重要」的來賓，當場叫不出名字認不出人，禮待賓客的尊榮感便少掉了大部分，甚至座位卡常有打錯名字，或是唸錯人名與職銜的情況，如果司儀、主持人犯了這種錯誤，活動辦得再熱鬧也沒有用。所

以，本人總是一再強調「禮賓人員」是各種辦理活動中的核心，核心的東西與人員一定要自己掌控。

三、 公務單位多面相工作能力人才的訓練與培養：

在以前政府單位總是認為員工自己業務辦好就好了，少去招攬其他事情，多一事不如少一事的心態根深蒂固；然而，因應新時代的趨勢，辦理活動增加對外界的溝通以推行政策，而又逐漸不能把所有活動事項都外包給廠商，那麼，事情還是要有人做，如果針對活動現場中的核心人物，就非「司儀」、「主持人」莫屬了，相對於此，政府單位對於「禮賓人員」的培養與訓練，實在有其必要性與迫切性。

其實，「禮賓事務」與「公關聯繫」，不能專屬於「公關部門」所獨有的訓練，特別是大部分的機關，或囿於法定組織結構，哪裡有「公關室」或「秘書科」乃上至於「交際科室」的編制？所有的公務單位，面對日常的公務往來、接待賓客，再到活動、典禮的辦理，都一定要有經過禮儀、禮賓訓練，而具有相當素養的員工來擔綱重任，自己掌控核心工作與人員表現，這才是辦理公務活動成功的關鍵。目前所瞭解到的，除了報導中獲知新北市對司儀主持人人才的培養，許多政府單位也有提供課程訓練，作者也曾獲邀至多個單位訓練在職人員，對於新時代公務人員的培養，看到了一個正向的趨勢與前景，我們對此充滿了樂觀的期待與深深的期許！

結 語

你是否不甘心只能埋首在辦公桌前，鎮日趕文件忙著打字？如果公司舉辦活動時，不妨爭取當「司儀」的機會，讓自己在單調的辦公生活中，也能爭取在上司與同事前表現的機會，展現自己不同的能力，試著站在麥克風架之前主控全場，展現你的大將之風與非凡的氣質，擔任「司儀」的挑戰性與成就感就在這裡。這個工作如本章所分析的，需要良好形象管理、豐富禮儀知能、順暢的口語表達，甚至已經成為一樣專門職業，更需要通曉練達的人情事故與機敏的臨場反應，如果你勇於挑戰自我，希望將自己提升到更高的境界，非常歡迎你加入司儀的行列！

要點回顧

一、司儀的職責在掌控會場流程的順暢，是扮演會場的「監督者」、「提醒者」與「掌握者」的角色。

司儀的工作項目包括：

(一) 配合典禮、大會、會議、宴會活動的主辦單位，對於節目各個「節點」掌控與現場宣達。

(二) 現場「注意事項」的宣布。

(三) 適切簡潔的介紹活動主席與貴賓。

(四) 時間的「精準」掌握與「彈性」控制。

(五) 現場氣氛的「帶動」與「收斂」。

(六) 臨場對於突發情況的隨機應變。

二、司儀工作的3項要求：穩健、順暢、靈巧。

三、司儀的種類包括：典禮司儀、會議司儀、禮俗司儀、公關活動節目司儀主持人可以兼任司儀，專任司儀卻不可以主持人的角色自居。

四、司儀的工作，工作執掌包括：

(一) 領導典禮、會議或節目的進行。

(二) 列席會前會議（或籌辦會議）甚至參與討論。

(三) 司儀稿的撰擬：注意精確掌握各節目與動作節點，並且精簡詞稿。（重要！）

五、司儀現場必須完成的程序：

(一) 工作之前現場的檢查與練習。

(二) 節目、會議或儀式開始前提醒事項的宣達。

(三) 節目或程序即將開始的「暖場」。

(四) 介紹貴賓。

(五) 精確掌控時間。

(六) 現場氣氛與情緒的管控。

(七) 突發事故的處理與臨場應變。

六、司儀工作的注意事項：

(一) 司儀是配角，不要突顯自己，光環要給主人與到場賓客。

(二) 依據場合屬性精簡言詞。

(三) 恰如其分地介紹致詞人或演講者。

(四) 詞語表達不卑不亢而且親疏合宜。

(五) 介紹貴賓或宣名上台，注意排名次序。

(六) 介紹貴賓須注意正確唸法與頭銜。

(七) 避免無謂的語助詞與贅詞。

(八) 注意適當音量與與抑揚頓挫。

(九) 注意用詞禁忌。

(十) 不要死盯著司儀稿，眼光要看著觀眾。

(十一) 事前不要過度練習，適可而止就好。

(十二) 在你宣布下一個節點時，請與場控人員確定相關的人事物都已經準備好。

(十三) 上場之前，除了準備充足，生活習慣也要正常，多關照自己的嗓音。

(十四) 成為優秀的司儀沒有捷徑，只靠「三多原則」：多觀摩、多練習、多上場。

問題與思考

1. 什麼是「司儀」？工作是什麼？請說明之。

2. 司儀的工作項目為何？

3. 司儀工作有哪3項工作要求？

4. 司儀依照場合的不同，可分成哪些種類？

5. 「司儀」與「主持人」擔任的角色有何不同？請說說看。

6. 一位良好的司儀，有哪些特質？請說說看你的看法。

7. 司儀的工作執掌包含哪些項目？

8. 哪些要點是司儀現場必須完成的程序？

9. 如果你擔任一場頒獎典禮司儀，在介紹觀禮貴賓時因為緊張，唸到一半才發現漏念了一位長官，你打算如何補救？

10. 你擔任一場頒獎典禮司儀，當頒獎人在台上頒獎完畢該回原位了，你該如何宣布？

11. 在一場典禮受邀請上台致詞的貴賓，滔滔不絕的講了20分鐘，而且沒有要結束的意思，眼看後面節目時間已經受到影響，你是司儀或是場控主管，此時你該如何因應與展現作為？

實戰演練

口語實戰練習：

講師請學員一一上台實際演練以下司儀稿，練習中可予指導修正及講評。

司儀練習搭配引導襄儀進行頒獎典禮進行：

當司儀已相當熟練，可搭配典禮襄儀學員進行動作同時演練，典禮禮賓人員包括舞台兩側引導人員、台上兩側引導人員、遞禮人員、收禮人員。

司儀稿撰擬練習：

如果你是「日昇企業」的員工，公司欣逢成立20週年年慶，你被主管指定擔任20週年慶祝典禮及績優員工頒獎表揚活動司儀，現在就請你依照以下校慶的範例，改寫屬於你（你們公司）的司儀稿。

○○大學創校60週 年校慶典禮司儀稿

註：括弧內文字為節點與動作，箭頭後為司儀需要宣布的內容。

<u>08：50前開始重複提醒</u>

‧各位貴賓、各位師長、各位同學，大家好！

校慶典禮即將開始，請各位來賓儘速就座。

‧首先，提醒各位：

請將行動電話關機或調為震動，以免影響典禮進行。

禮成之後，請各位同學及家長在原地稍待片刻，等貴賓離席後再離開會場。

謝謝您的配合！

（視情況可再重複宣布）

<u>08：53～08：57貴賓進場就座</u>

‧讓我們以最熱烈的掌聲歡迎教育部潘部長○○、章校長○○以及所有貴賓們蒞臨會場！

<u>09：00典禮開始</u>

‧○大學創校60週年校慶典禮，典禮開始！

（校長開場）

‧首先，讓我們以熱烈的掌聲恭請我們的大家長章校長○○致歡迎詞。

<u>09：10校長致詞完畢，續由潘部長致賀詞</u>

‧謝謝章校長，請章校長回座。

<u>校長就座完畢</u>

‧請全校師長同學以熱烈的掌聲，歡迎潘部長○○為我們致詞。

09：20部長致詞完畢

‧潘部長在百忙之中，撥冗參加本校60週年校慶，令我們深感榮幸！部長另有公務行程，現在以熱烈的掌聲恭送潘部長，謝謝部長！

〈章校長陪送部長至大禮堂門口，與部長握別後回座，潘部長續由劉副校長及主任秘書送至學校大門口上車處〉

09：25～09：45表揚服務資深教職員工及教學績優教師

‧欣逢本校60週年校慶，自創校以來歸功於歷屆校長與師生們的辛勤耕耘及努力，一步一腳印，學校當今的豐碩成果有目共睹，畢業校友在各行各業發展也相當優異，相信在場各位貴賓都與有榮焉！

‧為了感謝資深教職員工與教學績優教師，現在舉行頒獎典禮，有請本校大家長章校長〇〇上台主持頒獎。

（引導及襄儀人員動作開始，此頒獎典禮屬於單位內部表揚活動，建議可採「輪流上台第2式」或「全體受獎人台上一字排開式」舉行頒獎。有關頒獎典禮程序與工作人員行動要點請讀者重新複習本書「公關活動主戰場－各式活動專案的辦理要訣」有關典禮部分）

09：45～10：00頒獎完畢，校長先行離場

‧感謝章校長為我們主持頒獎，校長另有公務會議主持，讓我們再次以熱烈的掌聲恭送我們的大家長章校長！

10：00～10：30表演節目開始

精采的校慶表演即將開始，請老師及同學將您的目光焦點回到我們的舞台上。（掌聲歡送校長後，氣氛要收斂……）

‧本校「Fasion－Pop活力熱舞社」創設15年，十多年來參加全國流行舞及街舞大賽榮獲3個冠軍、2個亞軍及2個季軍的好成績，現在就請他們上台，為我們帶來「青春60‧耀動未來」動感流行舞的精采演出，請大家掌聲歡迎！

（工作人員帶動掌聲響起……）

附註

註1：機會特別與讀者釐清一個國人常常犯的錯誤：對於喪禮而言，一般會有「家祭」與「公祭」，各位是不是常常看到「告別式」的字眼？其實在中文裏沒有這樣的用法，應該說是「公奠」才正確，「告別式」是日語，不知何時被轉用於中文使用。

Chapter 6 國際訪賓接待實務

學習目標

- 什麼是「國際觀」的定義？
- 何謂「跨文化差異」？何謂「跨文化理解」與「跨文化溝通」？
- 國人與各國人士觀念習性明顯差異之處為何？
- 國人價值觀念與國外人士差異為何？
- 什麼是我們接待外賓應該抱持的基本心態？
- 熟悉接待外賓時應該知道的基本應用外語。
- 對國外訪賓應該如何適切的稱呼？
- 國際間饋贈禮品的「必要」與「不要」。

 引言 Introduction

對於禮賓工作實務來說，對於賓客的接待事宜，是屬於「禮儀知能」的活用，必須根據對象來做不同的調整，更重要的是來自每個不同地方的賓客，各自有著不同的「屬性」，包括「語文」、「宗教」、「禮俗習慣」以及「偏好」與「禁忌」。所以，對於從事禮賓工作，不太可能只用同一套方法，或者是用相同的原則，來處理相關的商務禮儀與接待工作。對於賓客的分類，最簡單也是最基本的，就是區分為「國內」與來自「國外」的賓客，特別是對於「**外賓接待**」，在禮賓專業事務上，可以特別獨立出來討論以及分享實務經驗，當我們接待外賓甚至出國訪問時，要先瞭解跨文化差異，以「易位原則」瞭解對方的想法，對外賓接待的服務工作才能適切妥善。本章就說明這方面的正確觀念，以及與外賓面對面的實務應用。

第一節
文化差異、跨文化理解與溝通

學習國際訪賓接待，工作人員本身不能不瞭解相互間的文化差異，也不能不先建立起對「國際觀」的基本認識。

(一) 什麼是國際觀？

許多專家學者都曾經對「國際觀」下過定義[註1]，本書綜合所有說法，並是從「禮儀學」的角度來說明，現代人所需要具備的「國際觀」，應該是：**對於國際事務的認識、瞭解與進一步的關懷。**

上面對於「國際觀」的解釋與定義，其實是有階段性的。

首先是「**認識**」。怎麼認識？多半藉由平面與電子媒體的報導。然而，這些新聞的報導是否「失真」甚至是「錯誤」？到底是「新聞報導」還是「新聞評論」？如果是新聞評論，就會夾雜作者或評論者的主觀意識。因此，吸收國際新聞與新知的方式，就是要具備相當「外文」的能力，基於「英文」是國際通用語文，所以具有國際觀的初步，就是要具備相當的英文能力，避開媒體參差不齊的翻譯品質，接下來直接接觸英文報紙、雜誌、電視與廣播，如果藉由網際網路更是無遠弗屆，特別是一些國際性的媒體，可能的話，多看不同的媒體取其平衡，一方面求其「全觀」，以避免某些媒體無意甚至刻意忽略的面向，其次是聽聽看不一樣的報導方式，各家有何不同，而且為何不同。

第二階段便是「**瞭解**」，接受到資訊，就必須加以消化與思考，能夠更深入獲知事件的背景與來由，增加對國際其他地區人事物的認知深度與厚度，以避免既定印象與膚淺的想法。

第三階段便是「**進一步的關懷**」，當您已經深入瞭解國際上所發生的事件，您的看法是什麼？您是否能站在當事者的立場思考與反應？有否更好的解決方式？給你的啟發是什麼？甚至是，我能做些什麼？

當然，除了以上三個層次，如果個人還能夠觸類旁通，再就相關聯的人事物繼續研究下去，那麼加強、加深與增廣自己的「國際觀」，那就更加理想了。

如果從「禮儀學」的角度來觀察，為何說具有一定程度的「國際觀」對「禮儀事務」特別的重要？本書認為具有「國際觀」才能談「國際化」與「全球化」（Globalization）。其實，「國際化」與「全球化」之間有些不同，「全球化」指的是「國家與國家間因跨越國境之經濟活動，以及社會、政治和文化層面之交流日趨密切，導致相互依賴提高，產生彼此相互影響，逐漸形成全球社區的過程」（林文程，2002：38）。因此，「全球化」強調的是「融合」與形成「共同整體」的概念；簡單來說，就是所謂的「地球村」（global），已經打破「國域」與「疆界」，可以說「世界是平的」；而「國際化」則是強調「交流」與「共識」，仍保有國界的觀念，不是「融合質變」，而是「兼容並蓄」。而「國際禮儀」呢？本書認為是屬於「國際化」的觀念，因為「國際禮儀」除了是世界各國或是區域所形成的共識與規範原則，據以從事國際活動行為的準則，最重要的，還是可以包容與尊重各地區、各國、種族、宗教信仰的「個別差異性」，具備「國際觀」也是基於尊重「個別差異性」的精神所來的。因此，本文認為具備「國際禮儀」的素養，也是具有「國際觀」的條件之一；相反地，深化與培養「國際觀」，對於「國際禮儀」的知能與「國際禮賓」的工作更能落實。

請讀者注意，「全球化」有利有弊，但是「國際禮儀」的「國際化」特性是很重要的，否則國際間的往來活動與交流沒有依循的標準，就會有誤解與紛爭。再深入說明，「國際禮儀」是「異中求同」，追求的是國際活動的共識與準則，而「禮儀」的實踐就是所謂的「禮賓工作」，所強調的是「同中存異」，也就是仍然尊重與安排各個成員或接待對象的差異性（舉個例子，這也就是為何在「國際餐宴實務」中特別注意到「飲食禁忌」的緣故），而這個「差異性」或許是來自不同的宗教信仰、風俗習慣或其他特別的要求與禁忌迴避。其實，對於所謂的「國際禮儀」，可以用以下的圖示瞭解其概念：

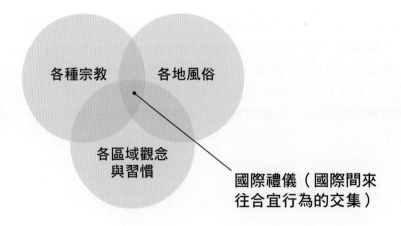

從上圖來看，「國際禮儀」就是「共識」，在這共識之上，又能尊重因為風俗民情、思想觀念與宗教的差異性，這才是「國際禮儀」的精神，而不是強加一己的思想觀念於他人之上。所以「國際觀」對於「禮儀」來說，是非常重要的元素之一，講明白一點，我們自己看待其他國家或地區的人來說，少了「國際觀」的第一階段的「認識」，那便是「無知」。舉一個新聞案例而言，國內居然有雇主對待印尼外籍移工，強迫她們吃豬肉一事[註2]，經過外籍移工控訴與媒體大肆報導之後，引發軒然大波，甚至國際媒體也廣泛引用報導。因為個人行為而引發國際對我國的負面觀感，而當事的雇主辯稱她不知道印尼穆斯林不吃豬肉，強迫她們只是因為「補充營養」的原因，如果真是不知回教穆斯林不吃豬肉，那還真是缺乏國際觀的「無知」，又如果明知回教徒不吃豬肉而逼迫，那更是「惡意故犯」了。因此，「國際觀」培養的重要，是必須普及於每位國民的，尤其在現今社會中，已經不是政府單位與民間企業組織才會與國際人士接觸，而是鑒於「國際移工」的僱傭關係與「國際通婚」的實際例子愈來愈普遍，「國際觀」的基本素養也不再是高高在上的觀念了，而是有它的重要性與急迫性。

(二) 正確「國際觀」的辨正

普遍的認知：國際觀＝英文流利＋出國喝過洋墨水？

就「禮儀學」觀點的正確國際觀，國際觀的培養有下列目標：

1. **具有「設身處地」的能力**：國際禮儀強調「入境隨俗」、「在羅馬行如羅馬人」，便是最好的註解。

2. **以「平等」與「尊重」的心態對待彼此**：禮儀的根本原則就是「平等」、「尊嚴」與「對等」，如前面所述，國際觀的陶養的過程：

知道（what）　➤　瞭解（how）　➤　理解（同理心、同情心 compassion）　➤　體諒與包容（國際禮儀基本精神）　➤　「融入」或「融合」

（補充說明：「融入」或「融合」這階段非禮儀必要性，深度的投入便成為「同化」）因此，培養「國際觀」就是達到「國際禮儀」的基本精神與要求。

3. 對各國家、各地區、各民族與各宗教的內涵具有基本認知：舉例來說，您可以在地圖上指出我國邦交國的所在位置嗎？各主要國家或您的公務與私人交誼往來對象國家地區的背景資料，您瞭解嗎？各種宗教的基本教義為何？禁忌為何？流派為何？各區域及民族有何歷史背景與衝突，目前現況為何？知名具影響力國際組織、NGO等等，可以舉出例子嗎？什麼叫「申根簽證」？這不是益智問答遊戲，而是基本「國際觀」的素養而已。

4. 擁有「全方位」（well－rounded）的國際觀：對於國際禮儀來說，特別是國際禮賓工作，強調的是廣泛的國際知識與處理能力，否則，怎麼面對來自不同國家地區的人士？特別是禮賓工作的基本要求是不能「犯忌」的，沒有「全方位」的國際觀，是沒有辦法做好這一工作的。

5. 能跨越政治、文化與國家界線等等的障礙：簡單來說，就是能不能成功地「溝通」，用「禮儀知能」與成功的「禮賓」安排，讓對象感受「尊榮」與「受重視」，這就是不論任何國家民族都能感受到的且需要的。

(三) 從「文化差異」到「文化溝通」

從事國際接待的首要功課，就是知己知彼，充實自己並且理解他人，須知因為文化觀念與認知的差異，常常會發生我方的善意，對他人反而產生困擾或者誤會的情況。因此，對於外賓接待的觀念，就是先瞭解被接待者的文化與我方迥異之處，彼此的觀念想法要合意一致，就算不能完全認同，在預先說明之下，也能**相互取得諒解與包容**，這是「國際往來」與從事「涉外事務」中非常重要的觀念與實務作法。因此，有關外賓接待事務，我們要先瞭解文化差異，對來賓認知方式產生理解，才能採取「易位原則」而進一步談到跨文化溝通。

差異　　理解　　溝通

(四) 文化與習性差異

以下簡單舉例國人與各國人士觀念習性明顯差異之處：

禮儀態度
中：謙虛為上
外：獻上最好

餐宴
中：為您夾菜
外：自取最好

時間觀念
華人、日本：依時間點完成事情（time-oriented thinking）
中南美：一件事完成後，才繼續下一件事（event-oriented thinking）

生活習慣
中：打飽嗝
外：感覺粗魯

要注意
民族與歷史禁忌

重要場合穿著
國內：隨性
國外：依循TOP原則

距離觀念
台灣人的距離感明顯不足

贈禮
東方社會當面不拆開禮物。
西方社會當面拆禮品，受贈人還需讚美一番。

尊先與次序的精神
中：敬老尊賢
外：女士優先
　　（Lady First）

飲酒習慣
中：乾杯啦！
外：輕啜品酒

動作
行禮方式、肢體語言

男女有分、女權、跨性別

稱呼、職位與榮銜
事關尊嚴不可輕忽

宗教價值
天主教、基督教、回教、佛教

國家政體
民主政體、集權政體、君主立憲

勿踩隱私的那條紅線

因「思考模式」不同，彼此會有不同的反應與處理，重要的是，這無關對錯。

秉持「禮儀」中的「包容」與「體諒」原則，也應提醒與自我要求。

世界各國、各區域之間在文化、習性、價值觀念與語言用法，都有許多差異，以上圖解是總合整理幾個面向，提供讀者參考，或許您也可以從自己的經驗中獲得許多寶貴的經驗與心得。

第二節
外賓接待基本心態與觀念

在從事外賓接待工作之前，有幾個觀念與提醒事項：

(一) 計畫務必周詳（Well planned）

(二) 你的一舉一動，都代表你的所屬單位

（What you act are behalf of your institution.）

(三) 大部分的外賓，恐怕大部分都是第一次到臺灣

（Most of the guests are strangers in Taiwan.）

(四) 多設身處地位對方著想

（Always put yourself in others' shoes.）

(五) 保持耐心（Be patient.）

(六) 要讓外賓清楚知道，你下一步要讓他們做什麼

（Make sure the guests who you received know what is the next step that he/she could follow.）

(七) 隨時保持彈性與隨機應變

（Be FLEXIBLE！）

(八) 目的要讓外賓感覺自在

（Make guests feel at home .）

(九) 善於傾聽（Be a good listener.）

(十) 接待人員面對賓客詢問禮賓分內所屬工作，不可說：「我不知道」；真的不清楚，趕快找人問清楚並為賓客儘速解決，在未明瞭狀況之前，也不要輕許承諾。

（Never say "I don't know" to your guests .If you're not sure, don't make any promise.）

(十一) 除有經驗者且外語能力不錯者外，大部分的國人對外賓接待還是有些害怕！因此，培養自信，面對外賓不要怕目光上的接觸！眼光閃躲對賓客也不甚禮貌

（Be confident. Please keep the eyes contact on your foreign guests.）

(十二) 事前確定賓客名字的正確唸法與頭銜稱呼。

（Correct Title and Pronunciation of guest's name）

賓客來自世界各國，名字牽涉到所屬父母族裔，不要用來自的國家來判別發音，例如美國人有許多祖先來自拉丁美洲、歐洲等地區，名字發音就有所不同，有些可能用西班牙語、法語、德語或東歐語系發音，不知怎麼念最好跟對方單位確定，如果還是無法確定，現場跟賓客當面請教，以便正式場合能正確發音，外賓都會很高興你能在乎如何正確念他（她）的名字，這也是一種最保險也尊重對方的方式。

以下舉出一些外賓的名字，你會正確的念出發音嗎？

・Mr. Francisco Guillermo **Flores** Perez（中南美洲人士，Flores 是父親的姓，Pérez 是母親的姓。簡單稱呼對方 Mr. Flores 即可）

・Mr. M. Lenoir（美國人，但為法國裔）

・Mr. Johann Sebastian Bach（美國人，但為德國裔）

・Ms. Edita Pfundtner （東歐國家「斯洛伐克」人士）

你極有可能不會念，但是擔任外賓接待、司儀、介紹人、主持人甚至外語傳譯工作者，念對外賓名字發音是一件重要且禮貌的關鍵，事先請教正確唸法就是一件很重要的事！

第三節
接待的基本問候外語

不管你是不是專職的禮賓人員，或者只是臨時客串國外人士的接待與引導工作，你也不見得對於來自某個國家的賓客能夠通曉他們所屬的語文。雖然「微笑」是國際語言，但還是得開口說話，如果能在接待外賓時，適時的用他所屬的語言問候，對方一定會備感親切，也能體會到接待人員的用心。下面就以「英語」、「西班牙語」、「法語」及「日語」為例子，列舉出在接待外賓時能夠派得上的簡單問候語，提供讀者參考：

簡易問候語接待常用外語				
華語	英語	西班牙語	法語	日語（括弧內為拼音）
你好嗎？	How are you?	¿Cómo está Usted?	Comment allezvous?	お元気ですか
很好	I'm fine.	Muy bien	Très bien	私は元気です
歡迎	Welcome	¡Bienvenido!（對男賓） ¡Bienvenida!（對女賓） ¡Bienvenidos!（對多人）	Bienvenue	ようこそ
幸會	Nice to meet you!	Mucho gusto	Enchanté!	お会いできて嬉しいです
早安	Good morning!	Buenos días	Bonjour!	おはようございます
午安	Good afternoon!	Buenas dardes	Bon Après midi	こんにちは
晚安	Good evening!	Buenas noches	Bonsoir	こんばんは
非常謝謝	Thank you very much.	¡Muchas gracias!	Merci！	ありがとうございます
旅途愉快	Have a nice trip!	Buen viaje	Bon voyage！	よい旅を
再見	Goodbye	Adiós	Au revior！	さようなら
先生	Mister	Señor	Monsieur	さん
女士	Mrs.（Missus）	Señora	Madame	さん
小姐	Miss	Señorita	Mademoiselle	さん

簡易問候語接待常用外語				
華語	英語	西班牙語	法語	日語（括弧內為拼音）
請	Please	Por favor	S'il vous plaît	どうぞ
請稍候	Please wait for a moment.	Esperen un momento, por favor	Un instant, s'il vous plaît	少々、お待ちください
請跟我來	Please follow me.	Sígame, por favor	Veuillez me suivre	どうぞ、私についてください
請坐	Please take your seat.	Tomen asiento, por favor	Asseyez-vous	どうぞ、ご着席ください
請用茶	Please enjoy some tea.	Por favor, sírvase el té	Servez-vous du thé	お茶をどうぞ召し上がってください
請各位一起團體合照	Please join us for a group photo.	Les invitamos a tomar una foto de grupo	Nous vous invitons à prendre une photo ensemble	皆さん、これから一緒に記念写真をとります

第四節
國際稱謂禮儀

(一) 一般的稱謂方式

如同稱呼國內人士，在商務場合合乎禮儀的的方式，優先稱呼「職稱」，不知職稱才稱呼「女士」、「小姐」、「先生」；如果不知職銜，但知道對方有博士學位，稱呼「李志成博士」、「李博士」也可以，請注意！只有獲得博士學位者才能如此稱呼，可沒有人稱呼「張碩士」、「林學士」的。稱呼國內曾任某官職的前輩或退休人士還有種慣例，就是「口語」上仍稱對方退休時的職稱，例如：張校長、林主任；政界也有如此的習慣，將曾任最高職位來稱呼對方以表尊重，例如：陳院長、羅部長，職稱也無需加一個「前」字。

國際人士的稱呼也是相同原則。例如，知道對方是教授，優先稱呼Prof. Michael Wood，雖然他有博士學位，也不稱Dr. Wood。如果不知道對方職稱或頭銜，對男士一般通稱「先生」（Mister，縮寫為Mr.），對於女性如不知婚姻狀況則稱「女士」（Ms.），未婚女性通稱小姐（Miss）即可。

此外，國際間習慣有「終身稱謂」，包括：

1. **大使**（Ambassador，Amb.）
2. **將領**（General，Gen.）：美國退休將領任職民間單位，也常見名銜上仍加上Gen.，但列在訪客名單上會註記"Rt."（Retired，退役將領之意）。
3. **王室冊封爵位**：例如英國王室所封「勳爵」（Lord，貴族）與「爵士」（Sir，王室對民間傑出人士的冊封）。或是馬來西亞聯邦王室對傑出貢獻人士的封號，如：「敦」（Tun）、「丹斯里」（Tan Sri）、「拿督斯里」（Dato' Sri / Dato' Seri）、「拿督」（Dato'，Datuk）等封號，其妻子也連帶有其所屬冊封的封號。[註3]

(二) 稱呼「女士」還是「小姐」？

作者曾經在核閱同仁送來的一份賓客的名單時，將其中一位女性的稱謂，從「女士」改為「小姐」，因為我知道這位國內賓客只有20多歲，稱呼「小姐」較為妥適。同事就問：稱呼「女士」還是「小姐」，有什麼標準？

就一般禮儀通則來說，如果不知道對方的「職稱」或「頭銜」，對男性可稱呼為「先生」（Mr.），而對於女性如不知婚姻狀況者，則可稱為「女士」（Ms或Ms.），至於未婚女性通稱小姐（Miss）即可，以上也是禮儀書籍上制式的說明。

但從上面的「通則」再進一步考究的話，很明顯地，這是從西方的稱謂禮儀原則移植到中文稱謂及華人社會而來。也就是說，西方社會稱呼「女士」或「小姐」，是從「婚姻狀況」來判別，但從禮賓實務上來看，當收到來賓的名單，女賓可能出現的情況：

1. **女性來賓僅為個人，未註明婚姻狀況：**
   這是絕大部分的情形，因為對方沒必要也不太可能表明自己是否結婚。在這種情形之下，如果是在西方社會或者是我們接待國外賓客，稱呼則會使用Ms 或 Ms.，中文就直接翻譯成「女士」。

2. **夫妻同為賓客,而妻只是陪同先生來訪的角色而已,沒有來訪團體的職位:**

   這時對女性則有習慣以丈夫為主體。例如使用Mrs.為稱呼,中文則直接翻譯為某某夫人;如果對此女性更為尊崇(位階高者),甚至可稱呼為Madame(Madam),即為「夫人」。有時會遇到外賓妻子不願以某某夫人的稱謂被他人稱呼,名字也不見得會冠上丈夫的姓氏,此時,就以「女士」(Ms或Ms.)及原名稱之即可,此情況為妻子仍希望在公開場合,仍有其獨立之社交或商務上的地位。

3. **夫妻同為賓客,但妻在該來訪團體上是有職位與角色:**

   此時,我們主辦會議或會見的單位,就應該將他們夫婦視為單獨的個體,名單與座位安排要依照訪團對口所提供的位階高低(禮賓排序)來依次排序,所以夫妻倆有可能不會相鄰而坐。筆者的同事曾經在一場外賓拜訪的實務工作中,將某位教授外賓具有職位的妻子,介紹稱呼為這位教授的夫人,而當場遭到她的抗議!可見外賓對其所代表的專業與職稱,以及所代表獨立的公開人格,是非常在乎與重視的。

(三) 中西方對「女士」用法觀念上的差異

在國內的公開場合,您是如何決定稱呼女性「小姐」還是「女士」?應該還是以「年紀」當作參考吧?所以,在我們所屬的社會中,對女性稱呼「女士」與否,是否跟西方社會一樣,是以「婚姻狀況」來做判別?恐怕不是!至少在華人社會,通常是對一定年紀以上的女性,才會使用「女士」的稱呼,年輕女性被人稱呼「女士」,恐怕會遭白眼也說不定。

由此可見,在我們的社會對女性稱呼「小姐」還是「女士」,觀念主要在對於「年紀」的主觀認知,這就與西方稱謂禮儀上以「婚姻狀況」為標準有著很大的不同。如果從「心理學」與「人際關係」的角度來看,女性總是希望被人認為「年輕」,所以實際在口語溝通的稱謂上,稱呼「小姐」對年輕女性來說是符合實情的敬稱,就算對「熟齡」女性而言,在心理上反而有一種「升格」的榮譽感,在面對面的交際往來與禮賓接待實務上,只要見到對方並非明顯是上年紀的女性,有時40多歲女性依然保養的很好,口語上稱呼「小姐」也是一種肯定,不是嗎?當然,如果在正式的公文書上,基於公務禮儀還是稱呼「女士」為佳(公文上如不知來文者性別,則一律稱「君」)。

(四) 兩岸對「小姐」用法觀念上的差異

對於「小姐」的稱呼，臺灣對於年輕女性的敬稱就是稱呼為某某小姐，反而中國大陸對於「小姐」稱呼的使用，特別在內陸地區，就要特別注意了！「小姐」，通常指的是在特種行業工作的女子，當然在沿海地區、大城市或臺商多的區域，對於稱年輕女性「小姐」的用法或許較能接受，也見怪不怪，臺灣人在各種場合稱呼年輕女性「小姐」習以為常，就連稱呼餐廳年輕服務生都客氣的稱「小姐」，但在中國大陸，對於女性服務生稱「服務員」、火車裡的工作人員為「乘務員」則較為妥當。

(五) 談英文尊稱（Honorific Addresses）類別與使用對象（進階補充）

對外賓除了稱呼「職稱」（Job Title）之外，如果接待的是政府或王室高階的貴賓，在文書或口語上，是否有更禮貌的稱呼？有的，在英文上可使用「尊稱」（Honorific Addresses），可依不同的對象而有不同的稱呼，而使用的標準，各國也有不同慣例用法，一般的原則如下：

英文尊稱	中文翻譯	使用對象
Your/His/Her Majesty	陛下	「國王」或「皇后」
Your/His/Her Royal Highness（HRH）	殿下	「王子」、「公主」
Your/His/Her Excellency（H.E.）	閣下	對大使、部長級人士乃至於總統、總理及總統使用。 面對天主教神職中的總主教（Archbishop）也可稱**Your Excellency**
Honorable（Hon.）	尊敬的	世界各國尤其英語系國家對於Hon.的使用，各有其慣例，當然一定是相當階層的人士才能使用此一尊稱。我國官方一般使用的習慣，大約在**次長**等級使用，法官也可使用。司長級以下或民間人士，用Mr.就可以了。

英文尊稱	中文翻譯	使用對象
Your/His Eminence （H.Em.）	樞機主教閣下	例如His Eminence Cardinal Paul Shan,S.J.，Eminence是對於天主教樞機（紅衣）主教的尊稱。Cardinal是樞機主教，而最後的S.J是什麼意義呢？就是Society of Jesus，耶穌會的意思。
Your/His Beatitude	大主教尊下	對於大主教（Patriarch）的尊稱

第五節
國際餽贈禮儀

對於外賓接待的實務來說，還有一項重要的關鍵工作，就是有關外賓的「贈禮」事宜，因此對於安排賓客來訪的負責人員來說,「國際餽贈禮儀」實務上也必須特別用心與注意。

(一) 送什麼給國外賓客？

「送禮」其實是一件非常傷腦筋的事情，怎麼根據對方的背景、喜好以及避開禁忌，商務上更要能夠表現出地主之誼，的確是很不容易的。就國際間公商務場合的備禮實務來說，選擇禮品的基本上有以下幾項提示：

1. 對於贈禮給外國人士，最好是選擇我國為產地，甚至是自己公司生產的商品。
2. 易於攜帶：禮品一定要包裝妥善，形狀 、尺寸及重量適當，能方便放入行李箱且不佔用過多空間者。

3. 對於不是第一次見面送禮的賓客，不要再送相同或類似的禮品。

4. 事前先瞭解賓客的喜好，對禮品的挑選也很有幫助。

(二) 不要送什麼給國外賓客？

這就是運用禮儀學中的「避忌原則」，要點如下：

1. 避免造成對方「負擔」

(1) 「運輸」負擔：尺寸過大、過重、形狀難以包裝或易碎的禮品。

(2) 「保鮮」負擔：除非致贈外賓少量的水果等農產品可請他在回國前品嚐，否則致贈生鮮禮品要謹慎考慮。

(3) 「心理」負擔：贈送來賓太貴重的禮物，對方可能會擔心，我方是不是有什麼想法或企圖？而且將來彼此再見面時，對方也會煩惱該回送我們什麼禮物才好，以回報我方曾經送過的厚禮。

(4) 「身體」負擔：如果對方是年長者或身體狀況不佳，就不要送煙酒類、高油脂或重鹹的食品。

2. **避免造成對方「尷尬」**：主人對異性間的贈禮，特別像是致贈對方伴侶的禮品，要避免尷尬與誤會。例如贈送香水、領帶、耳環、項鍊或其他貼身禮品。

3. **避免造成對方「違法」**：尤其對於具官方身分的賓客要特別注意，不要送金額超過他代表國家政府所規定的禮物。

4. **避免觸犯「禁忌」**

(1) 不吉利的寓意與數字：華人送禮不論金額或數量喜雙數避開單數；日本人剛好相反，習用奇數不用偶數，但又忌諱9這個數字（因為日語發音與「苦」相同）。

(2) 宗教禁忌：例如回教穆斯林不要送酒類與豬肉製品。

(3) 包裝方式與顏色禁忌：華人包裝喜用紅色，金銀色也頗為討喜，但對西方人士而言，「紅色」代表「警告」的顏色，國際間餽贈不要使用，而日本人送禮包裝喜用白色，剛好是華人的忌諱。此外，某些天主教國家不喜禮品包裝外加上緞帶紮成「十」字的方式。

(三) 國際商務餽贈的「名片禮儀」

除非本人親送，否則應在 品上附上名片並註明
"With the Compliments"的字樣。正式的方法
為準備能裝入名片的小張「信封」，上面註明
贈禮對象的名銜，再將贈禮者的名片裝入，這
樣的方法特別是在某個場合中，送禮人與受禮

> With the Compliments
> Dr. James C. J. Lee
> E-trans Co.,

人都不只一人時適用，這樣讓受禮者很清楚某份禮物到底是誰送的，這也
是國人在商務場合中常常不太注意的一項細節。當然，贈禮者可以採取更
富有人情味的作法，例如可以書寫放在禮物上的卡片，寫下祝福的話語，
使受禮者倍覺送禮人的用心。

結 語

本章節針對國際訪賓接待的各項實務與細節，是根據作者的實務
分享與提醒核心要點。其實接待外賓的前提，是要能理解各國文
化、習俗、思考模式與態度的差異，我們之所以能負責接待，就
是要能從彼此的差異中，設身處地的瞭解來賓的思維邏輯，並且
感同身受訪賓前來拜訪的陌生感，設法充分溝通提供便利的服
務，再進一步地從服務中讓對方感受我方的禮遇、尊重與殷勤招
待（hospitality）。

外賓接待的工作，不單是需要基礎的語言溝通能力，也在於對國
際禮儀的熟稔與適切體貼的給予協助，在國際化的現代社會，如
果你要具備「**全球移動力**」，也鼓勵讀者能挑戰自我，對「國際
訪賓接待」事務的熟悉與經驗累積，就可以培養起「溝通力」、
「適應力」、「專業力」及「實踐力」的實務能力，對自我職場
的競爭力便可以拓展到國際！

要點回顧

一、「國際觀」就是「對國際事務的認識、瞭解與進一步的關懷」。

二、具備「國際觀」是基於尊重「個別差異性」的精神所來。

三、培養正確的「國際觀」的目的：

(一) 具有「設身處地」的能力。

(二) 以「平等」與「尊重」的心態對待彼此。

(三) 對各國家、各地區、各民族與各宗教的內涵具有基本認知。

(四) 擁有「全方位」（well－rounded）的國際觀。

(五) 能跨越政治、文化與國家界線等等的障礙。

四、「文化溝通」的目的，不在於要求對方接受我方的看法與方式，而在於能相互取得諒解與包容。

五、外賓接待基本的心態與正確觀念，不在於禮賓接待人員外語能力有多好，而在於是否能讓來賓減少陌生感與焦慮感，目的要使外賓清楚知道他下一步該做什麼事情，或跟隨什麼動作。

六、如何適切的稱呼外賓職銜與名字正確發音，對外賓接待的基本尊重。

七、對外賓的贈禮，在消極面要避免造成對方的疑慮與困擾，積極面要設法表現出我方特色與貼心思考。簡言之，國際間的禮物致贈要能向對方說出一番緣由與道理，才能貼心的送到對方心坎裏。

問題與思考

1. 什麼是「國際觀」？說說你的想法與看法。
2. 「國際禮儀」是哪些因素的交集？請繪簡圖說明之。
3. 正確國際觀的培養，有哪些目標？
4. 請你說說看，國人與國外西方世界有哪些觀念與習性上的明顯差異有哪些方面，試舉例說明之。
5. 你被公司指派接待前來開會與訪問的外賓，你覺得有哪些要點須要提醒自己注意的？
6. 當你發現接待的外賓名字根本不會念，你該怎麼辦？
7. 國內與國外對於稱呼女性到底是用「女士」還是「小姐」，該如何決定？請你說說看。
8. 當你被主管告知要為國外客戶準備一份禮品，挑選的思考方向為何？

實戰演練

講師可於課程中設計一些場域與情境，讓學員以英語實際演練接待對談，以下為4種情境提供練習：

- Scenario A：At the airport.
- Scenario B：Leading the guests to the event.
- Scenario C：Giving directions and answer questions.
- Scenario D：Farewell to your guests.

註1：例如：「國際觀是一種知識、一種思考問題的方式、及處理事情的方法之綜合體」（林文程，2002），全球化下臺灣公務人員的國際觀。國家菁英季刊，第2卷，第1期。35－44頁。

「所謂國際觀，最高層次在對於國際事務的關懷，其次在於對國際專業訓練，再來則是英文能力。」（何易霖，2005），張忠謀：台灣學生提升競爭力需強化國際觀，中央社，5月13日。http：//hotnews.cc.nthu.edu.tw/view.asp？ID=999。2005/11/15。

劉必榮教授認為，「國際觀」就是對全球事務全面性地關照。而他認為培養「國際觀」的方法，一是「語言」，必須要懂外語。二是「培養對國際事物（事務）的興趣」。三是要有「國際文化的敏感度」，比如說，哪些國家有哪些禁忌？最後是「對國際局勢的瞭解」。（轉引自：吳毓珍等4人，2010，《如何培養公務人員的國際觀》，國家文官培訓所。）

黃奎博教授認為，國際觀包括「國際常識」、「國際知識」與「國際關懷」（中央通訊社，2007.11.29），《臺灣學生國際觀不足，7 成不知2012 奧運地點》。引自http：//www.cna.com.tw/SearchNews/doDetail.aspx？id=200711290155

註2：根據2010年5月10日自由時報報導標題：「首例 逼印勞吃豬肉 雇主被起訴」。

註3：此冊封爵位相關的國際稱謂知識，是屬於較艱深的國際外交事務，如果您是從事外交或高階涉外事務人士，或對此相關知識有興趣者，可以參考作者在部落格發表的兩篇專業文章介紹，網路請搜尋：

「國際稱謂禮儀（高階篇）：有關英國爵位制度與敬稱注意事項」
http：//benny881112.pixnet.net/blog/post/423251965
「國際稱謂禮儀（高階篇）：有關馬來西亞封銜制度簡介」
http：//benny881112.pixnet.net/blog/post/424776557）

禮賓工作瞭望台

學習目標

- 公關活動辦理因應時代的演進，要有什麼新的思維？
- 禮賓接待工作與事務安排，因應新的環境變遷，應該有哪些新的樣貌？
- 公關禮賓求新求變，只會增加此項工作的重要性，不會被時代淘汰，也不會被人工智慧（A.I.）取代。
- 禮賓公關活動辦理必須藉助資訊系統輔助的重要性。
- 禮賓資訊系統的規劃概念為何？
- 資訊建檔後的維護、保存與查詢對禮賓工作幫助甚大。

 # 引言 Introduction

觀察當今國際間各式大小不同規模的活動，甚至是層級高至外交禮賓事務，都已經儘量避免繁文縟節，使相關的重大活動與禮儀工作精簡，卻仍不失隆重的氣氛，在有限的人力與經費之下來提高效率。此外，活動辦理要擴大效益、加深影響力，只靠辦理單位的努力是不夠的，在當今網路無遠弗屆的時代，社群媒體發達且使用者深度依賴的情況下，是否可以加以運用而能有相乘效果？這些都是值得活動辦理負責人與禮賓工作參與人一同來思考的。

而公關事務事多繁雜，呼應本書開宗明義所述，禮賓與活動策劃是「待人」與「理事」為核心的工作，當有案件發想構思，就開始圍繞著4W1H的元素開始思考，隨著時間的經過，活動經理人必須規劃分工、控管時效與檢核成果，就單一個活動個案而言，就已是必須綜整多項的人事物，更何況累積許多的活動專案與禮賓接待工作，時間一久案子一多，每項個案之間還常常互有關連，例如：來我們公司的國外訪賓，以前是否曾經來過？如是，那麼準備的禮品就不可重複、參訪的地區

與行程是否應該做些區隔？再想想，您是否在業務中有許多的紙上作業需要重複輸入賓客姓名與大量資料？可否建構一套電子資訊系統統整資訊與便利文件的輸出作業，好讓所有工作伙伴的精力，集中在構思、協調、統整與創新的專案核心上？若工作上有太多瑣碎卻很費功夫的機械式工作，如果能建構一套系統，不但便利省時、精進效率、資訊及時獲得，而且還有利交接傳承。對於高階的活動專案經理人，以及有組織化的公關禮賓部門而言，建立一套周全完善的的電子資訊輔助系統，是必要的事。

第一節
新時代的禮賓工作新趨勢

經觀察，世界各國對於禮賓接待工作的思維，已經脫離數十年前的作法，畢竟因為交通的發達、網路通信的便利，以及政策及事務性的工作繁多，要解決問題往往靠電子通訊即可；相反地，也因為交通的便利快捷，我們或對方從世界任何角落來訪，都非常便利，因此只要能見面，禮儀接待工作絕對少不了，這也是能對賓客面對面近身表達重視與禮貌的最佳機會，一方面禮賓接待工作重要性與日俱增，另一方面為求快速反應與運用有限資源，國際間禮賓工作不論是政府機關或是民間單位，都有新的趨勢，而具體作法多從「精簡人數」、「濃縮時間」與「節約經費」著手。在正式的商務場合中，我們也可以跟隨著這樣的國際潮流逐步革新：

(一) **精簡人數**：其實各種禮賓場合所給予賓客的「尊榮性」，並不在於參與人數的多寡，反而現今各國的作法，常限定外國訪問團一定層級以上的賓客，才能參與相關的官方活動，因為所謂的「代表團」（Delegation）人員的組成，常常涵蓋隨員與工作人員，尤其邦交國元首來訪，組成人員規模更是龐大，例如與總統會見與宴請場合，若能經過溝通後，僅安排部長以上之層級參與，不但能精簡人數，在形式上更能提升參與層級及規格，反而有助於官式場合的尊榮性。

(二) **濃縮時間**：這個作法在實務上是從「儀節」（就是活動節目的程序表）上做更精實的安排。例如只安排主賓與主人致詞，而不另外安排其他人士講話；又例如安排午宴之方式，可以精簡上菜的道數，一方面時間不會過久，也可以避免過於飽餐的問題，特別是現代社會職場上商務餐宴很多，這樣的安排不只為了「健康」，還可以節省餐費。

(三) 節約經費：目前世界各國對於官式活動的舉辦，都已經朝向「小而美」、「花費少而榮譽高」的趨勢進行，例如宴會採用當地食材、一定層級人士方能參與，還有不以過於豪華的場地佈置為考量，除能節約經費外，仍然保有正式官方場合之嚴肅性與尊榮性。

對於國際間禮賓工作的趨勢，除了愈來愈趨「精簡」之外，還有兩大方向：

(一) 生態保育

國際間的官方活動與商務場合，對於「生態保育」的觀念與行動原則來說，已經是普世通行的價值觀了，就如我國官方宴會菜單的安排來說，也愈來愈重視「保育」的觀念，在早年常使用名貴的食材，例如燕窩、魚翅都曾入菜，而近年來則一律不准此等菜餚的出現。

此外，基於「人道」與「動物權」的觀點，「鵝肝醬」是否能入菜，都必須在國際餐宴的安排上慎重考慮，因為國際上有動物保育組織認為，這種食材是對鵝強迫灌食而產生的，也曾經因為虐待動物的緣故而發起拒食運動，就如同在國際的正式場合中，女士穿著「皮草」大衣出席，恐怕也會引起批評的聲浪是一樣的道理。

(二) 節能減碳

1. 「食物里程」觀念的導入：

所謂「食物里程」（Food Mileage），指的是從我們的嘴與食物原產地之間的距離。食物里程高表示食材經過漫長的運送過程，所曾經利用過的交通工具所消耗的汽油與能源，還有伴隨產生的二氧化碳排放將對環境造成破壞。曾有學者估計，製造食物所消耗所有的能量，只有1/5是發生在產地，另外4/5都發生在加工和運送過程。所以為了避免製造太多的污染，目前飲食的流行趨勢是鼓勵多吃「就近生產」而且是「當季」食材，特別是當季的食材會比較新鮮而且也比較便宜。此外，就促進地方經濟的觀點來看，提高對地方農業產品的消費，也能夠增加當地農漁民的收入。

2. 公商務場合「服裝禮儀」的調整：

目前政府機關在這幾年開始倡導夏天不穿西裝以及不打領帶，希望改為舒適輕便穿著，冷氣溫度也不需要調得太低；而日本政府也曾經在2005年推動一個簡化服儀的運動，這運動稱為「清涼時尚」（Cool Biz），由日本首相帶頭，提倡夏天不打領帶不穿西裝。如此一來，傳統上認為

男士穿西裝打領帶的穿著才是正式的觀念，在某些場合，勢必受到衝擊與挑戰。現今職場上的「穿著禮儀」，也已經加入了新的觀念與思維，西服適用於所有場合的情況已受到質疑，至少目前與將來，在國內適用的場合，將逐漸限縮在某些場域與接觸的對象。因此，順應現今「簡化」與「減能減碳」的時代潮流，公司、單位或企業組織，在實務上應該明白訂出一套「原則」，讓所屬員工的穿著方式有所依循，大概建議的原則如下：

(1) 公司內部活動，包括一般事務處理、內部會議、員工集會等等，不論西裝或公司制服，夏季期間可以不穿外套與打領帶。目的是求其舒適，避免因燠熱而影響工作情緒與效率。

(2) 代表公司對外的活動：包括拜訪客戶與洽商業務、參加正式典禮、有外國賓客場合，還是以「尊重」及「禮貌」為優先，西服外套與領帶還是不能少。

(3) 對於「禮賓接待人員」來說，因為工作「禮儀性」很強，通常的原則是服裝穿著一定要比被接待者隆重與正式，才符合禮儀。

(4) 有外界單位參加的會議，會議開始時，主席可以請與會者一起脫下西裝外套，能為與會者著想也不失禮儀。

第二節
網際網路、社群媒體是活動辦理新思維

綜觀當今社會橫跨各個世代，在社群媒體的風行與使用者重度依賴的情況之下，公關活動辦理可以透過社群媒體（Facebook、Twitter、Instagram、YouTube影音上傳、部落格分享等等其實也是有效媒介之一），透過社群分享圖文、傳送資訊、發表感言等方式，藉由社群成員群體之力為活動作公關行銷。但要注意，社群媒體是公開網絡，可用於公開大眾訊息有利傳播，但回歸活動辦理，還是一定要有良好的規劃，否則在開放的網路平臺上，負面評價也會公諸於世，活動辦理人在利弊得失之間，務必謹慎衡量。

第三節
資訊系統輔助禮賓工作的重要性及觀念建構

如果您是在各個企業機關與政府機構中，擔任秘書、幕僚、公關與禮賓人員，所從事的業務都一定是長期循環與相互關連的。例如，面對官方不斷地更換首長及知名企業的人事變動，或者是民間企業對於重要客戶與相關人士資料的建檔與整理，以便於安排活動專案，例如安排會見、邀請參加宴會、集會等等的活動，因為在現代的商務社會中，人事變化非常快速，而且人際關係之間的交往也相當頻繁，對於從事公關禮賓的從業人員，都必須謹慎、快速更新並主動反應相對的工作。例如地方政府首長、民意代表當選或就職時，應立即蒐集相關資料呈報上司，並準備祝賀之相關事項（贈禮或禮花祝賀等）；又如對於社會具有名望人士的婚喪喜慶，也可以有相同的處理流程。就是因為公關禮賓事務牽涉到這麼繁瑣的人情世故，長久進行下來工作頗繁複。但是，工作卻不會因此有絲毫錯誤發生的藉口，對多年來從事禮賓工作的人員來說，壓力實在相當地大。就公司的組織編制而言，也不見得會因為業務量不斷增加，相關的工作人員就會擴編（能夠不縮編就不錯了！）。

現今是屬於「創意」與「向大眾行銷」的年代，舉辦活動的形式不斷地推陳出新，除了創造話題、吸引大眾的注意之外，活動的內容也將會隨之不斷地增加。如果您是公關人員，您是不是常常會發覺：常見承辦人員一個人需處理多項專案業務，尤其工作的流程之中牽涉不少資料輸入、聯繫、以及印製請束、座次卡各種書表的列印、黏貼與寄發等等繁雜的工作，資料也必須一再核對確定無誤，機械式之紙上作業（paper work）佔去整體工作相當多的時間。有更多的情況是：活動企畫人員辦理專案，從規劃、簽報請示上司、簡報、爭取支持與預算到文書作業幾乎一手包辦，到了現場還需接待賓客甚至兼任司儀，這並非工作沒有分工協調，而是公關科室裡每位承辦人員常常有各項專案業務等著處理。因此，增進工作效率與確保正確性的輔助辦法，就是必須建立起「電腦資訊系統」來輔助禮賓作業。

我們就來檢視一下相關的「公關」、「禮賓」與「活動專案」業務，對資料之處理常常有繁瑣的輸入建檔作業，例如賓客姓名、電話地址、服務單位等等資料之輸入。但是，各項禮賓工作相互之間又常常有很大的關連性，譬如說，從國外來訪的外賓可以安排跟老闆見面，隨後就安排宴會款待；如果，前來公司拜訪的客人，怎麼知道以前是否曾經來過？如果曾來過，又怎麼知道我們曾經為他安排過

什麼活動？送過什麼禮物？到過國內哪些地方參訪？甚至安排住過什麼飯店？這些對於「人」、「事」與「物」的紀錄與統整，恐怕您再聰明也不見得有辦法全都記得住的。還有一些後續的禮賓作業與活動辦理的行政程序，例如：賓客名單排序、座位安排、請柬或邀請函設計與印製，座位卡片印製、程序單印製等等文書工作，也是相當的耗費時間與消磨辦理人員的精力。所以，採用「電腦資訊系統」來統整賓客與相關人員的資料勢在必行，一方面建檔一次的資料與紀錄之後，多項活動的資料就可以複製沿用，形成「平面化」的資料統整，再經過長時間的建檔與歸檔作業後，則形成「立體化」之資料庫，更可用於檢索查詢，例如在電子化系統的「查詢」欄位中，鍵入關鍵字例如賓客姓名，就可以顯示客人曾經何時訪問過本公司或機關單位、曾經何時安排過飯局、曾經送過什麼禮品？（可避免重複贈送同一種禮物）。所以在此建議各單位與企業，如果對於「賓客接待禮儀事務」有建置專屬與專責的單位與人員，就要花一點經費來建置「**公關禮賓管理系統**」！在這裡把這個「資料庫」統整與利用的概念傳達如下：

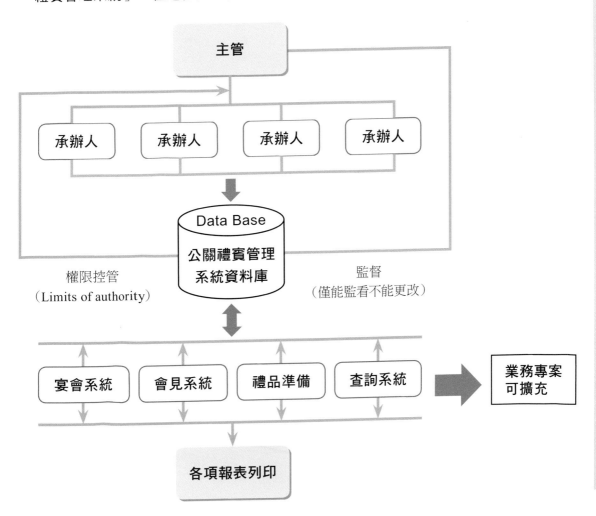

第一，在這個資訊作業系統中，主要的核心觀念是「**資料庫的統整**」，讓「公關室」裡工作的人員，對於工作資料與記錄能互通使用與更新。

第二，是「**查詢**」與「**檢索**」的功能，這對於禮賓工作上的作業非常重要，是對於「時間」上的一種記錄與串連。

第三則是「**相關書面印刷品的輸出作業**」，禮賓工作與活動辦理免不了事前的許多報表列印，而會場中也需要「名單」、「名牌卡」等等紙面印刷品的印製，這對於活動專案的辦理來說，就是最後結果的輸出。

建置這個作業系統，從頭到最後，可以提供辦理活動與禮賓事務很大的助力，不但節省人力、金錢，更可以增加工作效率來反應禮賓工作「隨時變化」與必須「快速反應」的特性。如果預算許可，便可以委外資訊公司設計，相信你會發現當個「公關禮賓人員」或者是「活動專案經理人」，會比以前愉快得許多！

結 語

公關活動與禮賓接待，是一體的兩面，彼此相存相依，一為對事的規劃辦理、另一為對人的體貼服務，在現今人事物快速變動的社會，展望未來，許多工作與行業都有可能被「人工智慧」（Artificial Intelligence，AI）所代替，AI所擅長處理的強項是針對「簡單且重複性」的工作，在「人工智慧來了」一書中指出，AI專長其包含以下3個特點[註1]：

1. 能透過「大數據」來學習
2. 具有清晰的標註及回饋
3. 能在單一領域做判斷與決策

因此，在未來某些具有在短時間立即出決策的工作，像是仲介、司機、記者、保險員、會計師甚至律師等，極有可能被AI取代工作機會。

此書也提到，哪些工作不容易被AI取代？例如：

1. 創造性工作
2. 跨領域結合性

3. 人類學、哲學、藝術家、演員等等人文類工作

4. 能與人交流，需要運用愛心、同理心及EQ來與人產生連結的工作

由此可知，「活動策劃」工作正是結合以上4點的特性，未來仍相當的看好且有其必要性；此外「禮賓工作」的目的更是滿足心理學家馬斯洛（Abraham H. Maslow）所提出「人類五大需求層次」中的「尊重需求」，也是一項以「易位原則」同理心為工作導向對人的服務工作，這工作是有「溫度感」的，不但在將來不會被輕易替代，更有其發展的空間！宏碁集團創辦人施振榮也認為[註2]，人腦優勢在處理「活的東西」（例如：變化、整合、不可預測的事物），而AI擅長於處理單一事項（例如運算、辨識分析圖像、分析大量數據），主要處理「死的東西」（重覆性、較沒變化的事物），因此，未來可能會取代固定且一成不變的工作；然而，「服務業」的特性，是要現場面對許多突發且不可預知的情況，必須要隨機應變，這方面AI就無法替代了。從各方面印證，「禮賓工作」在未來趨勢的無可替代性，因為這方面的工作與能力，突顯了「人」的價值。

我們可以這樣形容：以「**理性**」策劃活動、以「**感性**」禮賓服務，這項工作前景看好，值得您全心投入！ 同時，活動策劃與禮賓從業人員更要時時檢討流程，以更有效率、更易檢核並更加順暢的方式革新作法，並隨時思考：「可不可以做得更好？」；而活動的規劃辦理也要與時俱進、求新求變，以同一套模式、相同方法與相同組織分工運行的時代也已經過去了，當我們組織策劃一場活動，可以將分工組織彈性化，畢竟面對多樣性的公關活動，以及傳播力廣大快速的網路媒體，是否能及時應變甚至領導風向，這才是禮儀公關事務能順應時代變遷而有新生命的關鍵所在。

我們可以說：活動企劃人與禮賓工作人員，角色是「頭腦」；所有活動的順利暢達，「公關資訊系統」的輔助就是手腳。重點在於核心的工作人員，不要困在繁瑣的機械式的文書工作，本章節雖然簡短，但卻是作者分享一個公關單位對資訊需求的核心觀念。當然，你所在的單位業務或許有所不同，也可以借鏡此觀念調整後提出你的業務需求，從而建構一套符合作業所需的資訊系統，並依實務運作情形不斷提出更新與改良，這對於人力特別吃緊的單位來說，幫助甚大，也更能增加效率與正確性。

要點回顧

一、國際間禮賓工作新趨勢，方法多從「精簡人數」、「濃縮時間」與「節約經費」著手。

二、國際間也有兩大觀念，可以融合到禮賓工作與公關活動策劃之中一併考量：
(一) 生態保育。
(二) 節能減碳。

三、善於運用網際網路與社群媒體，擴大活動策劃影響力。

四、在未來人工智慧AI風行時代，活動辦理與禮賓工作仍有其重要性並前景可期。

五、「時時思考、常常創新」可賦予禮賓活動新的生命。

六、增進工作效率與確保正確性的輔助辦法，就是必須建立起「電腦資訊系統」來輔助禮賓作業。

七、禮賓工作系統的基本概念與需求，至少要涵蓋3大功能：
(一) 資料庫的統整。
(二) 簡易且實用「查詢」與「檢索」功能。
(三) 對相關書面報表與印刷品的輸出與製作能提供快速與便利。

八、禮賓資訊系統的建構，不但能便利省時、精進效率、資訊及時獲得，而且還有利交接傳承。

問題與思考

1. 請說明國際間禮賓工作的新趨勢？
2. 國際間哪兩大觀念，必須要融入禮賓工作與活動策劃中一併加以考慮的？試說明之。
3. 為呼應「節能減碳」的理念，我們在活動辦理與禮儀事務上的相關安排，你有哪些具體建議與作法？
4. 在辦理活動時為了擴大宣傳效果，你如何運用社群媒體擴大能見度與影響力？可否發表你的看法？
5. 在未來「AI人工智慧」快速發展的世界，你覺得活動策劃以及禮賓服務工作機會被取代嗎？說說看你的理由為何？
6. 請說明為何建構一套「禮賓工作資訊輔助系統」，對公關工作是如此地重要？
7. 建立一套禮賓公關資訊系統，提供的基本功能至少要有哪幾項？
8. 建立一套禮賓資訊系統，就長遠來看，你覺得好處在哪裡？
9. 如果主管希望你能跟公司資訊部門（IT）商談建構一套公關工作資訊系統，現在就請你將這個「資料庫」統整與利用的概念，用圖形畫出，好傳達給你的資訊部門工程師瞭解你的概念。

附註

註1：引述：李開復, 王詠剛（人工智慧來了,天下文化,2017）一書中對AI人工智慧的觀點。

註2：引述施振榮於2017年12月18日發表於聯合報 A15版之民意論壇
https：//udn.com/news/story/7340/2882582?from=udn-catelistnews_ch2

行政院59年10月9日臺五十九內字第九一一三號令核定

內政部59年10月23日台五十九臺內民字第三八八九四八號令公布

內政部68年5月25日台六十八臺內民字第一七七二二號令修正發布

行政院80年1月16日台八十內民字第二〇七八號函核定

內政部80年1月26日台（80）內民字第八九一三〇〇號函修正頒行

第一章　總則

第1條 本範例各種禮儀，係參照我國固有禮俗暨現代社會生活狀況訂定之。

第2條 覲見元首，升降國旗，國家慶典與祭典及外交、軍事等禮儀，依有關法令規定辦理；法令所未規定者，準本範例類推行之。

第3條 國民遵守傳統禮儀或信仰宗教者，其成年、婚、喪、祭禮等得依固有儀式行之。

第二章　一般禮節

第一節　崇敬國家禮儀

第4條 政府機關、軍事部隊、公私立學校、團體及民眾集會場所之禮堂、會議室（廳）懸掛國旗及相關照片，應依政府之規定。

第5條 懸掛之國旗及相關照片暨其懸掛處所應保持整潔；不懸掛時應妥慎保存。

第6條 遇升降國旗時，應就地肅立注目致敬；聽到國歌時，應肅立。

第7條 國家元首蒞臨集會場所時，在場者應肅立或鼓掌致敬。

第8條 在途中遇國家元首時，應肅立或鼓掌致敬。

第二節　日常禮儀

第9條 食應注意左列事項：

一、進食時，姿態應保持端正，使用餐具不宜撞擊出聲。

二、與長者同席共餐，應讓長者先用。

三、菜餚應就靠近面前者取用，不得在碗盤中翻揀。

四、在公共場所用餐，與同席者談話，宜低聲細語，不可喧譁。

五、食畢，俟首席或主人起立，然後離席，如於席間先行離席，須向主人及同席者致意。

第10條　衣應注意左列事項：

一、衣著應得體，式樣不宜怪異，並保持整潔、樸素。

二、參加典禮或重要集會對服裝有規定者應從其規定。

三、不可當眾赤身露體或脫鞋襪、更衣。

四、外出不可穿著睡衣或僅著內衣。

五、戴帽應合適，衣扣宜扣好，入室須脫帽子及大衣。

第11條　住應注意左列事項：

一、居家環境應保持整潔，廢物不可任意拋棄戶外；公共設施應予愛惜維護。

二、鄰居應和睦相處守望相助，並遵守住戶規則。

三、當街過道，不曬衣物；屋外停放車輛，不可妨礙交通。

四、收音機、電唱機、電視機及談笑等，聲音不可過高，以免妨害他人作息。

五、入室應先按鈴或扣門，等候室內回答，然後進入。

六、不應窺視或竊聽，以尊重他人隱私權。

七、鄰居遇有凶喪，不可作樂高歌。

第12條　行應注意下列事項：

一、駕車行路應遵受交通規則，如有碰撞情事，亦應態度謙和、平心靜氣合理解決。

二、搭乘電梯及車、船、飛機，須先出後進，先下後上，對於老弱、婦孺、傷殘、疾病者，宜示禮讓，必要時並予攙扶。

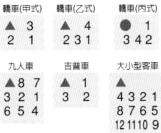

三、與尊長同行，應在其後方或側後方。

四、行、坐、站立之一般位次，前大後小，右大左小、內大外小。三人以上，中為尊、次為右，再次為左。

五、乘坐專機（車、船）時，位高者後上先下，位低者先上後下，並宜依次就坐。除機船座次依規定外，車輛座次如左圖：

說明：

▲為司機座位

●為主人親自駕駛座位　1、2、3、4表示位次大小

第13條　關於食、衣、住、行之日常禮儀，除本節所規定外，參照其他有關之規定行之。

第三節　相見禮

第14條　相見時，依身份、年齡行鞠躬、頷首或握手之禮；相別時亦相同。

初次見面，應互通姓名或遞名片。

第15條　介紹他人相見時，依左列所定行之：

一、將職位低者引見予職位高者。

二、將年少者引見予年長者。

三、將男士引見予女士。但年少女士與年長或位高男士相見，應先引見女士。

四、將賓客引見予主人。

被介紹者如有二人以上，應先引見職位高者或年長者。

介紹時，除女士與長者可不必起立外，被介紹雙方均應起立。

第16條 訪問應先約定時間並準時赴約。訪問不相識者，應先遞本人名片或介紹函件，等候接見。

第17條 晚輩見尊長，學生見師長，部屬見長官，應按輩分或職銜分別稱呼，並依左列所定行禮。

一、相遇時，鞠躬或頷首致敬。

二、長者入室，起立致敬。

三、與長者同席應請長者上坐。

第18條 同輩親友相見，應相互招呼，並視情況行頷首、拱手或握手禮。

第19條 握手時應輕重適度，注視對方，面露微笑，並注意左列事項：

一、與尊長握手，須俟尊長先伸手；男女握手，須俟女士先伸手。

二、男士戴手套時，應脫下手套。

第20條 行鞠躬禮或頷首致敬，應先脫帽。

第21條 答禮，宜視身分、年齡，行頷首、鞠躬、拱手或其他適當之禮。

第四節 集會

第22條 集會應於會前適當時間內通知，並準備會議資料、佈置會場。

會議應準時開始，參照開會儀式及程序進行，並應注意左列事項：

一、把握會議主旨，保持會場秩序，並嚴守預定會議時間，非有必要不宜延長。

二、遵守議事規則，無議事規則時，依照會議規範之規定。

三、尊重主席職權及與會者之權利。

四、發言應簡單扼要，態度宜謙和有禮。

五、討論時尊重少數人之意見，服從多數人之決定。

六、會議中途離席，宜徵得主席同意，並以不妨礙會議進行為原則。

七、會議結束，除另有其他事項外，與會人員於主席宣布散會後離場。

第23條 除政府規定之紀念日，依其規定舉行紀念儀式外，具有左列各款之一者，得特別為其舉行慶祝會或紀念會：

一、對國家民族有功勳者。

二、對學術文化教育有貢獻者。

三、對社會公益有貢獻者。

四、其他足資紀念或表揚之事蹟者。

第24條　慶祝會或紀念會之儀式如左：

一、慶祝會（紀念會）開始。

二、全體肅立

三、主席就位。

四、奏樂（不用樂者略）。

五、唱國歌。

六、向國旗暨 國父遺像行三鞠躬禮。

七、主席致詞。

八、演講或報告。

九、禮成。

以茶會、酒會方式慶祝或在非公共場所舉行紀念會時，得不必依前項儀式。

第25條　機關、學校或人民團體舉行成立會，依左列所定辦理：

一、邀請上級主管機關派員到會，並得酌邀有關機關、學校、團體及人士觀禮。

二、得在適當地點，舉辦慶祝活動。

第26條　成立會之儀式如下：

一、成立會開始。

二、全體肅立。

三、主席就位。

四、奏樂（不用樂者略）。

五、唱國歌。

六、向國旗暨 國父遺像行三鞠躬禮。

七、主席報告（簡要報告機關、學校或團體設立宗旨及籌備經過）。

八、上級主管及來賓致詞。

九、討論及選舉（無者略）

十、禮成。

第27條　祝壽會之儀式如左：

一、祝壽會開始。

二、主持人就位。

三、壽星就位。

四、主持人致祝詞。

五、向壽星行禮。

六、唱祝壽歌（或奏樂）。

七、分享壽點。

八、禮成。

一般慶生會得比照前項辦理。

第28條　追悼會之儀式如左：

一、追悼會開始。

二、全體肅立。

三、主持人就位。

四、奏哀樂（不用樂者略）。

五、上香（不用香者略）。

六、獻祭品（獻 _____ 花、獻爵、獻饌，不用祭品者略）。

七、默哀。

八、向〇〇〇遺像行三鞠躬禮。

九、致悼詞。

十、奏哀樂（不用樂者略）。

十一、禮成。

第五節　開創與落成典禮

第29條　破土、奠基、上樑、開工、開採、開幕、通車、通航、放水、下水、啟用、揭幕、立碑、命名等開創、落成典禮之舉行，得懸旗飾彩及舉辦各項慶祝或紀念活動，酌邀各界有關人士觀禮。並參照左列所定行之：

一、破土典禮在基地之適當地點行之；鐵路、公路、河道、橋樑之開工典禮，於路線之主要一端行之；行奠基典禮時，應將基石鐫明建築物名稱、奠基年月曰及奠基者姓名，安放在顯明地點。

二、行揭幕典禮時，在銅像、紀念碑、紀念塔上，覆以彩綢：紀念堂，則在堂內懸掛被紀念人相片或陳列其足資紀念之物品，並得於門前懸掛彩綢。

三、行通車典禮時，路之起點或橋之兩端得搭建彩牌，車首分插國旗。

四、行立碑典禮時，峙碑人恭立樹碑位置，執鍬墾土。雙手扶峙碑於中央：碑文應記述籌建始末，及開工、竣工年月日。

五、行放水典禮時，由主持人恭立閘口，撥動水門開關。

六、行下水典禮時，船上得佈彩飾，懸掛旗幟：擲瓶時，用酒一瓶，由擲瓶人將瓶身對正船首猛擲，船即徐徐下水。

七、行命名典禮時，在命名物所在地行之，命名物為贈與者，得在受贈人所在地行之：命名日，在命名物所在地懸掛國旗，並得結綵綴花。

第30條　開創或落成典禮之儀式如左：

一、典禮開始。

二、主持人就位。

三、奏樂（不用樂者略）。

四、主持人報告。

五、貴賓致詞。

六、奉剪（或綵索、綵鍬、綵鑰、綵瓶等）。

七、剪綵（或開工、開幕、揭幕、啟鑰、放水、擲瓶等，同時奏樂（不用樂者略）。

八、禮成。

第六節　喜慶與宴會

第31條　家有喜慶或歲時令節，得邀請至親好友敘晤，邀請通知宜敘明事由及日期、地點，並得附告其他之受邀者。

遇親友喜慶，宜通問致賀，除因路遠或其他特殊情形，得寄賀卡或賀電外，應親往道賀，以表達其慶賀之誠摯。

喜慶如舉辦宴會者，有關宴會事項，依次條所定辦理。

第32條　宴會依左列所定行之：

一、請柬宜於一星期前發出，得註明邀宴事由，附送與宴人員名單，並附回單。

二、正式宴會所著服裝，得在請柬上說明。

三、邀宴尊長或貴賓，應事先徵其同意。

四、受邀者接到請柬應即復「準時奉陪」或復「不克奉陪」。

五、宴席有兩桌以上時，其排列如下：

二桌排列法

第一式橫排　　　第二式直排

三桌排列法

第一式品字形　　　第二式一字形　　　第三式鼎足形

四桌排列法

第一式正方形　　第二式十字形　　第三式三角形　　第四式一字形

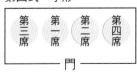

五桌排列法

第一式梅花形

第二式放射形

第三式倒梯形

第四式一字形

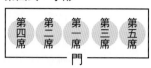

六、中餐座位安排如下：

第一式
方桌排法(單一主人)

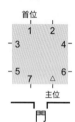

第二式
方桌排法(男女主人)

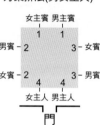

第三式
圓桌排法(單一主人)

第四式
圓桌排法(男女主人)

七、西式餐座次安排如下：

第一式

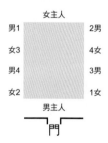

第二式

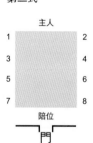

第三式

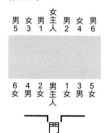

第四式

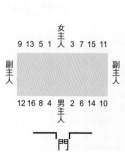

第五式

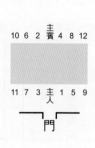

第六式
主人位高而居中，高位應
從內線靠近主位計起。

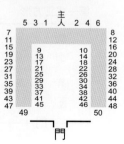

第七式
主賓位高,或與主人同
等,首桌需排主人與主
賓併座。

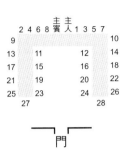

第八式
男女主人均排入首桌,但
其位高於與宴賓客時,則
居中央首位,席次高下由
女主人之右算起。

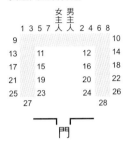

第九式
男女主人與男女主賓地
位相等時,則夾位於中
央,以示平等尊重。

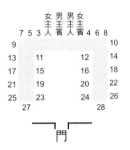

八、席位座次除主客座首席外,其餘席位以年高或位高之順序定之。（一般
　　宴會以年高為主,官式宴會以位高為主。）

九、賓客入席後,主人得視情況需要,於適當時間起立舉杯致意。

十、宴會時,不宜中途離席,如欲先行離席,宜向主人及同席者致意。

十一、宴畢,中餐俟主客道謝後告辭;西餐俟主人起立致意後告辭。

第三章　成年禮

第33條　凡年滿十八歲之男女青年,宜為之舉行成年禮,以諭知其人生應有之責任與
　　　　義務。

第34條　成年禮得個別辦理,亦可集體辦理。個別辦理者,家長為主持人;集體辦理
　　　　者,由團體負責人主持。典禮得邀請親友觀禮,並須特邀年高德劭堪為青年
　　　　表率者擔任上賓。

第35條　行成年禮者之服裝宜端莊整潔,集體行為者得統一規定之。

第36條　禮堂佈置務求簡樸莊重,中央設置「某姓列祖列宗之神位」,或「中華民族
　　　　列祖列宗之神位」。

第37條　成年禮之儀式如左:

一、中華民國某年某月某日,某姓（某團體）青年子弟成年典禮,典禮開始。

二、奏樂（不用樂者略）。

三、禮生引導行成年禮者就位（集體行禮者由外魚貫進入禮堂,男左女右分
　　列,肅立於行禮臺前）。

四、主持人就位。

五、上賓就位。

六、點燭、燃香。

七、上香、祭祖（主持人持香，率行成年禮者向祖宗神位行三鞠躬）。

八、讀祝告文。

九、飲成年禮酒（行成年禮者行至主持人前領酒後復位，主持人率同悴酒，禮生接回酒杯）。

十、上賓致辭訓勉（上賓為行成年禮者端整服裝後致辭）。

十一、贈送賀禮。

十二、行感恩禮（向家長三鞠躬、向上賓及主持人一鞠躬）。

十三、奏樂（不用樂者略）。

十四、禮成。

第四章　婚禮

第一節　訂婚

第38條　訂婚人報告家長後，在結婚前，得舉行訂婚禮。

雙方家長、訂婚人、介紹人及親友代表，於約定日期，在女家或約定之地點，舉行訂婚禮。

訂婚人在訂婚禮中得相互交換信物。

訂婚人得訂立訂婚證書一或兩份。

附訂婚證書參考式樣如左：

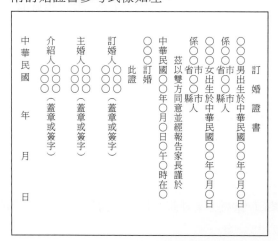

第二節　結婚

第39條　結婚典禮前，新郎至女家迎新，拜見其尊長。婚禮得請男女儐相襄儀。

第40條　婚禮須莊敬隆重，並準時舉行。結婚人穿禮服或整潔服裝，觀禮親友應保持寧靜。

第41條 婚禮之儀式如左：
一、結婚典禮開始。 二、奏樂。
三、來賓及親屬就位。 四、主婚人就位。
五、介紹人就位。 六、證婚人就位。
七、新郎新娘就位。 八、證婚人宣讀結婚證書。
九、新郎新娘用印（或簽字）。 十、主婚人用印（或簽字）。
十一、介紹人用印（或簽字）。
十二、證婚人用印（或簽字）。
十三、新郎新娘交換信物。
十四、新郎新娘相互行三鞠躬禮。
十五、證婚人致詞。
十六、介紹人致祝詞。
十七、來賓致賀詞。
十八、主婚人致謝詞。
十九、新郎新娘謝證婚人行一鞠躬禮（證婚人請回座）。
二十、新郎新娘謝介紹人行一鞠躬禮（介紹人請回座）。
二十一、新郎新娘謝主婚人行一鞠躬禮（主婚人請回座）。
二十二、新郎新娘謝來賓及親屬行一鞠躬禮。
二十三、奏樂。
二十四、禮成。
婚禮後，新郎宜偕同新娘祭拜祖先及拜見尊長，會見親屬。

第42條 結婚證書一式二份，男女雙方各執一份。
附結婚證書參考式樣如左：

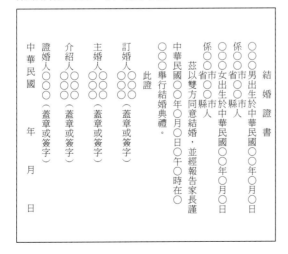

結婚證書
○○男出生於中華民國○○年○月○日
係○○省市○○縣市人
○○女出生於中華民國○○年○月○日
係○○省市○○縣市人
茲以雙方同意結婚，並經報告家長謹
擇於
中華民國○○年○月○日午○時在○
○○舉行結婚典禮。
此證
訂婚人○○（蓋章或簽字）
主婚人○○（蓋章或簽字）
介紹人○○（蓋章或簽字）
證婚人○○（蓋章或簽字）
中華民國　　年　　月　　日

第43條 婚禮之席位如下：

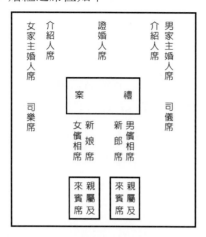

第44條 婚禮除自行辦理外，亦可在法院以公證行之，或參加機關團體舉辦之集團婚禮。

第五章　喪禮

第一節　治喪
第45條 喪事應訃告至親好友，並得設治喪委員會治喪。
　　　　一、由家屬具名之訃告（左圖）
　　　　二、由治喪委員會具名之訃告（右圖）

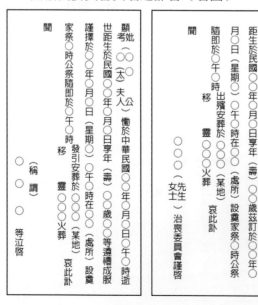

第46條 亡故者入殮，家屬依本章第五節之所定分別成服，並在柩前設置靈案、遺像或靈位。

第47條 大殮蓋棺前，家屬及親友得瞻視遺容。

第二節 奠弔

第48條 家奠在出殯前行之，其儀式如左：
一、奠禮開始。
二、與奠者就位。
三、奏哀樂（不用樂者略）。
四、上香。
五、獻奠品（獻花、獻爵、獻饌）。
六、讀奠文（不用奠文者略）。
七、向遺像或靈位行禮（本款之行禮指鞠躬或跪拜、直系卑親屬家奠時行跪拜禮）。
八、奏哀樂（不用樂者略）。
九、禮成。

第49條 親友奠弔應向遺像或靈位行禮，並向其家屬致唁，團體奠祭得參照前條所定之儀式辦理。親友行禮時，家屬於案側答禮。

第50條 親友之喪，應臨弔展奠，道遠者得函電致唁；奠弔時，應肅穆靜默，不得製造噪音及妨害鄰里安寧。

第51條 靈堂宜設在適當處所，應避免妨害交通及觀瞻。靈堂佈置暨參加奠弔位置如左：

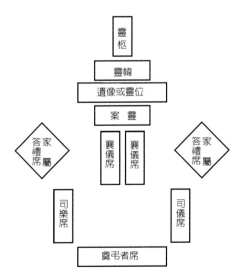

第三節　出殯

第52條　出殯時，親屬向遺像或靈位行啟靈禮後，撤幃、舁柩啟行，其次序如左：
一、前導（標明○○○○○之喪）。
二、儀仗（不用儀仗者略）。
三、樂隊（應用國民禮儀樂曲：不用樂隊者略）。
四、遺像。
五、靈柩。
六、靈位（孝子或孝女恭奉）。
七、重服親屬。
八、親屬。
九、送殯者。

第53條　送殯親友，宜著素色或深色服裝，並佩帶黑紗或素花。除至親好友外，家屬可於啟靈後懇辭。

第四節　安葬

第54條　靈柩至葬所，舉行安葬禮，其儀式如左：
一、安葬禮開始。
二、全體肅立。
三、主奠者就位。
四、奏哀樂（不用樂者略）。
五、上香。
六、獻奠品（獻花、獻爵、獻饌）。
七、讀安葬文（不用安葬文者略）。
八、向靈柩行禮（本款之行禮指鞠躬，但直系卑親屬行跪拜禮）。
九、扶靈柩入壙。
十、掩土封壙（火葬者略）。
十一、奏哀樂（不用樂者略）。
十二、禮成。
靈柩安葬畢，親屬奉遺像或靈位歸。
火葬者遺骨宜奉置靈（納）骨堂（塔）。

第五節 喪期及喪服

第55條 為亡故親人服喪日期，自其逝世日起算，喪期分左列五等：

等別	服喪日期	亡故親人
一	三年之喪 （實二十五月）	父、母
二	一年之喪	祖父、母 伯叔父、母 夫妻 兄、弟、姊、妹 姑 夫之父、母 子、女 姪、姪女 過繼者及養子女為親生父母
三	九月之喪	堂兄、弟 夫之祖父、母 夫之伯叔父、母 孫男、女
四	五月之喪	伯叔祖父、母 堂伯叔父、母 從堂兄、弟 姑表兄、弟、姊、妹 堂姊、妹 姨母 外祖父、母 兄、弟之妻媳
五	三月之喪	曾祖父、母 父之姑 孫媳 曾孫 甥、甥女 婿舅 姨 表兄、弟、姊、妹

　　對於妻族或未規定服喪期之親屬，得比照前項相當親等親屬之所定服喪。

第56條 喪服依左列之所定，在入檢、祭奠及出殯時服之：
一、三年之喪，服粗麻布衣，冠履如之。
二、一年之喪，服苧麻布衣冠，素履。
三、九月之喪，服藍布衣冠，素履。
四、五月之喪，服黃布衣冠。
五、三月之喪，服素服。

第57條 亡故者家屬於服喪期內依左列方式，在手臂或髮際（位置視亡故者性別而定，男左女右）佩帶服裝標誌。
一、服三年之喪者，初喪用粗麻布，三月後改用黑、白布（紗、毛線）。
二、服一年之喪者，初喪用苧麻布，三月後改用黑、白布（紗、毛線）。
三、服九月、五月、三月之喪者，用黑或白布（紗、毛線）。

第58條 亡故者親屬在服喪期間，依左列所定守喪：
一、服三年或一年之喪者，在服喪初三個月內，停止宴會與娛樂；在服喪初六個月內，宜停止嫁娶。
　　服喪期滿於家祭之日除服，在除服前，蓋私章用藍色，函札自稱加[制字]。
二、服九月以下之喪者，在服喪初一個月內，停止宴會與娛樂。於期滿除服之日，宜對亡故者舉行家祭。

第59條 本章各條所定之事項，在有特殊習俗之地區，得從其習俗；亡故者立有遺囑者，得從其遺囑。

第六章　祭禮

第一節　公祭

第60條 具有左列各款之一者，得由有關機關、學校或公私團體決定舉行公祭。

一、先聖先賢先烈。

二、對國家民族確有卓越功勛者。

三、對社會人群、文教民生有特殊貢獻者。

四、仗義為公、除暴禦侮而捐軀者。

五、年高望重者、德行優異者。

六、對各該機關、學校、團體有特殊貢獻者。

第61條 公祭前，應推定主祭者、陪祭者，並得邀受祭者家屬或後裔參加。

第62條 公祭之儀式如左：

一、公祭開始。

二、全體肅立。

三、主祭者就位。

四、陪祭者就位。

五、與祭者就位。

六、奏樂（不用樂者略）。

七、上香。

八、獻祭品（獻花、做為、獻饌）。

九、讀祭文（不用祭文者略）。

十、向遺像（靈位、墓位）行三鞠躬禮。

十一、家屬（或後裔）答禮。

十二、報告行誼（宜簡要，亦可從略）。

十三、奏樂或唱紀念歌（亦可從略）。

十四、禮成。

第63條 公祭之席位如下：

```
          ┌─────┐
          │遺像 │
          │靈位 │
          │或墓位│
          └─────┘
          ┌─────┐
          │祭案 │
          └─────┘
┌──┐┌────┐┌──┐ ┌──┐┌────┐┌──┐
│司││答禮││襄│ │襄││答禮││司│
│儀││席後││儀│ │儀││席後││儀│
│席││裔或││席│ │席││裔或││席│
│  ││家屬││  │ │  ││家屬││  │
└──┘└────┘└──┘ └──┘└────┘└──┘
          ┌─────┐
          │主祭席│
          └─────┘
          ┌─────┐
          │陪祭席│
          └─────┘
          ┌─────┐
          │與祭席│
          └─────┘
```

第二節 家祭

第64條 凡家屬、宗親舉行之家祭，在服喪期滿或歲時令節，或受祭者冥誕忌日，於宗祠、墓地或其他適當場所行之，如人數眾多，得由家長或族長主祭，與祭者依行輩次序排列，由主祭者領導行禮。

第65條 家祭參照左列儀式行之，亦得僅備線香、祭品，依本條第九款所定行禮。

一、家祭開始。
二、全體肅立。
三、主祭者就位。
四、與祭者就位。
五、奏樂（不用樂者略）。
六、上香。
七、獻祭品（獻花、獻爵、獻饌）。
八、讀祭文（不用祭文者略）。
九、向祖先神位（遺像、靈位、墓位）行禮（本款之行禮指鞠躬或跪拜）。
十、恭讀遺訓或報告行誼（無遺訓或報告者略）。
十一、奏樂（不用樂者略）。
十二、禮成。

第七章　附則

第66條 本範例推行要點另定之。
第67條 本範例自頒行日實施。

參考書目

中文書籍

1. 方偉達，《國際會議與會展產業概論》，臺北：五南，2010。
2. 李成華，《中國古代職官辭典》，臺北：長春樹書坊，1988。
3. 李開復，王詠剛《人工智慧來了》，臺北：天下文化，2017。
4. 克萊孟斯（Clements,James P.）、季鐸（Gido,Jack）著，宋文娟、宋美瑩譯，《專案管理》，新加坡：聖智學習，2010。
5. 沈燕雲、呂秋霞編著，《國際會議規劃與管理（第二版）》，臺北：揚智，2007。
6. 唐京軒，《現代外交禮節》，臺北：世界出版社，1980。
7. 陸易斯（Lewis,James P.），葛迺駿譯，《我懂了！專案管理》，臺北：經濟新潮社，2003。

期刊

1. 呂雄，《外交禮儀的「在先權」問題與國際法之探討》，致理法學第2期，2007年10月。
2. 吳毓珍等4人，2010，《如何培養公務人員的國際觀》，國家文官培訓所。
3. 林文程，《全球化下臺灣公務人員的國際觀》，國家菁英季刊，第2卷，第1期，2002年頁。
4. 黃一農，《印象與真相—清朝中英兩國的覲禮之爭》〈中央研究院歷史語言研究所集刊第78本，第1分〉，中央研究院歷史語言研究所，2007年3月。

新聞報章

1. The Lithuania Tribune, "The French Protocol doesn't know the Lithuanian flag"：http://www.lithuaniatribune.com/2009/09/04/the-french-protocol-does-not-know-the-lithuanian-flag/
2. 中央社網路新聞（2015,11月15日）：「張忠謀：台灣學生提升競爭力需強化國際觀」http://hotnews.cc.nthu.edu.tw/view.asp?ID=999。
3. 中央社網路新聞（2017,11月29日）：「臺灣學生國際觀不足，7成不知2012奧運地點」http://www.cna.com.tw/SearchNews/doDetail.aspx?id=200711290155

4. 自由時報網路新聞：「尷尬！高市警局長退休　摔碎花媽致贈琉璃」
   http://news.ltn.com.tw/news/politics/breakingnews/1206006
5. 自由時報（2010,5月10日）：「首例逼印勞吃豬肉　雇主被起訴」
6. 東森新聞雲網路新聞：「花媽贈琉璃退休禮　黃茂穗右手敬禮，左手給摔破」
   https://www.ettoday.net/news/20150115/451773.htm?t=花媽贈琉璃退休禮　黃茂穗右手敬禮，左手給摔破
7. 聯合報A6國際新聞版(2010,9月27日)：「出包！菲國旗倒掛 美『善意錯誤』」
8. 聯合報A15版之民意論壇（2017,12月18日）：「施振榮：與AI「分身」共創價值」
   https://udn.com/news/story/7340/2882582?from=udn-catelistnews_ch2
9. 蘋果日報（2010,12月27日）：「司儀漏請吳揆鬧彆扭拒上台」

外文書籍、論文

Mehrabian,A.(1981) "Silent messages: Implicit communication of emotions and attitudes.Belmont",CA: Wadsworth.

國家圖書館出版品預行編目 (CIP) 資料

安啦！帶你搞定活動企劃與禮賓工作／梁崇偉 著.
－－第一版 . －－臺北市：商鼎數位， 2018.05
　　面；　 公分
ISBN 978-986-144-168-9（平裝）

1. 公關活動　 2. 禮儀

541.84　　　　　　　　　　　　　　 107006885

安啦!帶你搞定活動企劃與禮賓工作

著　　　者：梁　崇　偉

發　行　人：王　秋　鴻
登　記　證：行政院新聞局局版台業字第 5221 號
出　版　者：商鼎數位出版有限公司
　　　　　　地址／台北市金山南路二段 138 號 2 樓
　　　　　　　　　新北市中和區中山路三段 136 巷 10 弄 17 號
　　　　　　電話／ (02)2228-9070　　傳真／ (02)2228-9076
　　　　　　郵撥／第 50140536 號　本社帳戶
　　　　　　商鼎文化廣場：http://www.scbooks.com.tw/scbook/
　　　　　　千華網路書店：http://chienhua.com.tw/bookstore
　　　　　　網路客服信箱：chienhua@chienhua.com.tw

法律顧問：永然聯合法律事務所
編輯經理：甯開遠
主　　編：甯開遠
執行編輯：鍾興諭
校　　對：千華資深編輯群
排版主任：陳春花
排　　版：陳一心

出版日期：　2018 年 5 月　　第一版／第一刷

本書如有勘誤或其他補充資料,
將刊於千華公職資訊網　http://www.chienhua.com.tw
歡迎上網下載。